周易译注

周振甫 译注

中华书局

图书在版编目(CIP)数据

周易译注 /周振甫译注. —北京:中华书局,2018.7
(2025.3 重印)
(国民阅读经典)
ISBN 978-7-101-13264-9

Ⅰ. 周… Ⅱ. 周… Ⅲ.①《周易》-译文②《周易》-注释
Ⅳ. B221

中国版本图书馆 CIP 数据核字(2018)第 111862 号

书　　名　周易译注
译 注 者　周振甫
丛 书 名　国民阅读经典
责任编辑　石　玉　马　燕
装帧设计　毛　淳
责任印制　韩馨雨
出版发行　中华书局
　　　　　(北京市丰台区太平桥西里 38 号　100073)
　　　　　http://www.zhbc.com.cn
　　　　　E-mail:zhbc@zhbc.com.cn
印　　刷　河北博文科技印务有限公司
版　　次　2018 年 7 月第 1 版
　　　　　2025 年 3 月第 3 次印刷
规　　格　开本/880×1230 毫米　1/32
　　　　　印张 13¾　插页 2　字数 240 千字
印　　数　12001-13000 册
国际书号　ISBN 978-7-101-13264-9
定　　价　34.00 元

出版说明

在二十一世纪的当代中国，国民的阅读生活中最迫切的事情是什么？我们的回答是：阅读经典！

在承担着国民基础知识体系构建的中国基础教育被功利和应试扭曲了的今天，我们要阅读经典；当数字化、网络化带来的"信息爆炸"占领人们的头脑、占用人们的时间时，我们要阅读经典；当中华民族迈向和平崛起、民族复兴的伟大征程时，我们更要阅读经典。

经典是我们知识体系的根基，是精神世界的家园，是走向未来的起点。这就是我们编选这套《国民阅读经典》丛书的缘起，也因此决定了这套丛书的几个特点：

首先，入选的经典是指古今中外人文社科领域的名著。世界的眼光、历史的观点和中国的根基，是我们编选这套丛书的三个基本的立足点。

第二，入选的经典，不是指某时某地某一专业领域之内的重要著作，而是指历经岁月的淘洗、汇聚人类最重要的精神创造和知识积累的基础名著，都是人人应读、必读和常读的名著。

第三，入选的经典，我们坚持优中选优的原则，尽量选择最好的版本，选择最好的注本或译本。

我们真诚地希望，这套经典丛书能够进入你的生活，相伴你的左右。

中华书局编辑部

二○一八年五月

目录

Zhouyi Yizhu

下 经

前　言

　　《周易》又称《易经》，不过《易经》也可指《周易》的卦爻辞，《周易》六十四卦，分为《上经》三十卦，《下经》三十四卦，不包括《易传》，即《十翼》。因此，称《周易》就可把经和传都包括进去。再说《周易》的名称来源较早，《周礼·春官·大卜》里就称《周易》，历来有关《周易》的著作也大都称《周易》，如魏王弼、晋韩康伯注、唐孔颖达疏的《周易正义》，唐李鼎祚撰集的《周易集解》，宋朱熹撰的《周易本义》，因此书名还是称《周易》。

周易释名

　　"周易"一名，有几种不同解释。

　　先说"周"，有两种解释：

　　（一）《周易正义》孔颖达《论三代易名》引郑玄《易论》："《周易》者，言《易》道周普，无所不备也。"姚配中《周易姚氏学》："周密也，遍也，言《易》道周普，所谓周流六虚者也。《系辞》

云：'《易》与天地准，故能弥纶天地之道。'又云：'知周乎万物。'又云：'周流六虚。'盖《易》之为书，始终本末，上下四旁，无所不周，故云周也。"

（二）周为周代说。《周易正义》孔颖达《论三代易名》："《周易》称周，取岐阳地名。《毛诗》云'周原朊朊'是也。又文王作《易》之时，正在羑里，周德未兴，犹是殷世也，故题周别于殷，以此文王所演故谓之《周易》。其犹《周书》《周礼》，题周以别余代。故《易纬》云'因代以题周'是也。"朱熹《周易本义·周易上经》注："周，代名也。《易》，书名也。"

按《左传·昭公二年》："韩宣子来聘，观书于太史氏，见《易象》与《鲁春秋》，曰：'周礼尽在鲁矣，乃今知周公之德与周之所以王也。'"可见韩宣子来鲁国聘问时，只有《易象》，即只有《易》卜卦爻辞，还没有"十翼"，他把《易象》与《鲁春秋》都称为《周礼》，这个周当然是代名，所以《周易》之周是代名，孔颖达和朱熹的话是正确的。至于周遍的说法，姚配中引《系辞》的话是后起之说，在《易象》里还没有，不能用来解释"周"字。

再看《易》字的意义有四说，见黄优仕《周易名义考》：

"（一）易由蜥蜴得名说。此说始于许慎。考许氏《说文解字》曰：'易，蜥蜴、蝘蜓、守官也，象形。'《容斋随笔》曰：'易者守官是矣，亦名蜥蜴。身色无恒，日十二变，以易名经，取其变也。'"

"（二）日月为易说。纬书云：'日月为易，象阴阳也。'《参同契》云：'日月为易，刚柔相当。'"

"（三）变易说。传序云：'易，变易也，随时变易，以从道也。

其书广大悉备，将以顺性命之理，通幽明之故，尽事物之情，而示开物成务之道也。'孔颖达曰：'易者变易之总名，改换之殊称。自天地开辟，阴阳运行，寒暑迭来，日月更出，孚萌庶类，亭毒群品，新新相续，莫非资变化之力，换代之功。谓之为易，取变化之义。"

"（四）一易三义说。《乾凿度》云：'易者易也，变易也，不易也。变易者其气也，不易者其位也。'郑康成曰：'易一名而含三义：简易一也，变易二也，不易三也。'"

按蜥蜴亦称壁虎，雄体青绿色，背面有黑色直纹数条，雌色淡褐，体侧各有直纹一条，并非"身色无恒，日十二变"。说取它的变来"以易名经"，完全不确。又"日月为易"说，认为"易"字为"日月"两字构成。按"易"字并不是日月两字合成，二说亦属附会。又变易说亦有问题，似本于《易传》的说法，《易传》是后起之说。《左传·昭公二年》韩宣子看见的《易象》还没有《易传》，已经称《易》，可见《易》的取名早于《易传》。又"一易三义说"，更是后起。三义中简易的易，读去声，与易的读入声不合。因此，这四说似乎都不可信。

朱骏声在《说文通训定声》里提出一种新说：

《周礼·大卜》掌三《易》之法：一曰《连山》，二曰《归藏》，三曰《周易》。骏谓"三易"之"易"读若觋，《周易》之"易"读若阳。夏后首《艮》，故曰《连山》，商人首《坤》，故曰《归藏》，周人首《乾》，故曰《周易》。周者匊（周遍之周）之借字，易者昜（阳）之误字也。帀（周匝）六爻皆易，故曰"匈易"。

朱骏声从《周礼》讲太卜掌三《易》来讲，三《易》就是夏《易》以《艮》卦为首，《艮》是山，所以称《连山》；商《易》以《坤》卦为首，《坤》是地，地归藏万物，所以称为《归藏》；周《易》以《乾》卦为首，《乾》卦☰六爻都是阳爻，周遍六爻都是阳，所以称为"周阳"，作"周易"是错的。就三《易》讲，他认为"三易之易读若觋"。觋，音檄，指易巫，是掌管龟卜的。照朱骏声的说法，那末"易"当改作"觋"，指男巫。按《说文》"觋，能斋宿事神明也，在男曰觋，在女曰巫"，那末觋是男巫。管龟卜的另有太卜，不归男巫管。朱骏声的说法也不可信。

近人吴汝纶《易说》："易者，占卜之名。《祭义》：'易抱龟南面，天子卷冕北面。'是易者占卜之名，因以名其官。《史记·大宛传》：'天子发书易。'谓发书卜也。又武帝轮台诏云：'易之，卦得《大过》。'易之，卜之也。说者以简易、不易、变易说之，皆非。"尚秉和《周易尚氏学·论周易二字本诂》引吴汝纶说。又称："愚案：《史记·礼书》云：'能虑勿易。'亦以易为占。简易、不易、变易，皆《易》之用，非易字本诂，本诂固占卜也。"

照吴汝纶说，易本指龟卜，因称卜官为易，这是《祭义》中的易字。后来用著草占吉凶代龟卜，因称著占为易。《史记·大宛传》和《礼书》中的易即指著占。但龟卜似不称易，此说还有可疑。如《周礼·春官·大卜》"大卜掌三兆之法"，这是看炙龟甲的兆纹，是龟卜，称"三兆"，不称"三易"。又说他"掌三易之法"，那才称"三易"。是太卜既掌龟卜，又掌著占。当时看重龟卜，所以称他为"太卜"，不称"太占"。但他已多用占，所以又称他为"易"，"易"指他掌"三易"说的。先有"三易"，才称掌"三易"的官为"易"，那末"三易"的取名又有什么意义呢？

《礼记·祭义》："昔者圣人建阴阳天地之情，立以为易。易抱龟南面。"王弼注："'立以为易'，谓作易。'易抱龟'，易，官名。《周礼》曰大卜。大卜主三兆、三易、三梦之占。"这是说先有"作易"，后有"易官"，易官即太卜，掌管三兆、三易、三梦之占。再看《周礼·春官·大卜》："大卜掌三兆之法：一曰玉兆，二曰瓦兆，三曰原兆，其经兆之体皆百有二十，其颂皆千有二百。"这指太卜掌管的龟卜，龟卜炙龟壳看裂纹，有似玉纹，有似瓦器纹，有似原田纹。兆数有百二十，兆辞有千二百，即一兆有十个辞。这部记兆数兆辞的书当称兆。再看下文："掌三《易》之法：一曰《连山》，二曰《归藏》，三曰《周易》。其经卦皆八，其别皆六十有四。"王弼注："易者，揲蓍变易之数可占者也。"因为龟卜太繁，有百二十体、千二百颂，改用蓍草就简化了，把百二十体简成六十四卦，把千二百的兆辞简化为三百八十四爻辞。但蓍占要经过揲蓍变易之数，见《系辞上传》，经过这种变易，所以称易。那末说易的取名本于变易是对的，不过不应用《易传》来作说明。吴汝纶因为《易传》是后出，不信变易说，改用易官说，不知先有"作易"说，后有"易官"说。用"易官"说来释易，仍不能说明命名的用意。朱骏声也不相信用《易传》来释易，因此要把《周易》改成"周阳"，更不合了。

卦爻和卦爻辞

筮占和八卦

《周易》的上经是三十个卦爻辞，下经是三十四个卦爻辞，所以《周易》的经是六十四个卦爻辞构成的。六十四卦是从八卦演化出来的。八卦的每一卦是由三个爻构成的。爻和卦又是怎样来的呢？郭沫若《中国古代社会研究》："八卦的根底我们很鲜明地可以看出是古代生殖器崇拜的孑遗。画—以象男根，分而为二（--）以象女阴，所以由此而演出男女、父母、阴阳、刚柔、天地的观念。"

跟郭沫若的说法不同的，是汪宁生《八卦起源》。他调查西南少数民族的占卜法，有与《周易》相似，并不牵涉到生殖器崇拜。他说：

> 与古代筮法最相似的还要算四川凉山彝族的占卜方法，名叫"雷夫孜"。"毕摩"（彝族巫师）取细竹或草杆一束，握于左手，右手随便分去一部分，看左手所余之数是奇是偶。如此共行三次，即可得三个数字。根据这三个数是奇是偶及先后排列，判断"打冤家"、出行、婚丧等事。

> 由于数分二种而卜必三次，故有八种可能的排列组合情况，何者为吉，何者为凶，是因事而异的。

> 偶偶偶——不分胜负（中平）。

> 奇奇奇——非胜即败，胜则大胜，败则大败（中平）。

> 偶奇奇——战斗不大顺利（下）。

奇偶偶——战必败，损失大（下下）。

偶奇偶——战斗无大不利（中平）。

奇偶奇——战必胜，掳获必多（上）。

偶偶奇——战斗有胜利希望（上）。

奇奇偶——战斗与否，无甚影响（平）。

古代的筮法很明显属于"数卜法"的一种。所谓重卦，就是六十四卦，所谓画卦，应只有八卦。重卦的筮法，即用蓍草四十九根一分为二，每各除去四的倍数，视其余数是九、七，还是六、八，决定是阳爻还是阴爻，共卜六次，每卦包括六爻。画卦的筮法，必然和彝族"雷夫孜"法一样，是只卜三次，每卦包括三爻。排列起来，就和"雷夫孜"法一样，只能有八种可能排列情况，即只有八种卦象。每次所得的奇数或偶数究竟如何来表示呢？最简单的也是最自然的办法，当然就是用一画代表奇数，用二画代表偶数。我想，这就是阳爻（一）和阴爻（- -）的由来，这就是八卦的由来（奇奇奇是乾卦☰，偶偶偶是坤卦☷等等）。

总之，八卦原不过是古代巫师举行筮法时所用的一种表数符号。它既不是文字，又与男女生殖器无关，当然更不是龟卜的兆纹所演化。像《周易》所代表那样复杂的筮法是很晚的东西。

这里指出八卦中的阳爻和阴爻，不过表示占筮时所得的奇数和偶数，和生殖器无关。每卦三爻，表示占筮三次，得到三个奇偶数。

分为奇偶，又要占筮三次，就可得到八种不同的符号，即成为八卦。

八卦又怎么代表天、地、山、泽、雷、风、水、火八种事物呢？庞朴《八卦卦象与中国远古万物本原说》：

> 我们如果设想，在八卦之前，有一种观念，有一种思想资料，认为世界的本原是气、水、火、土。八卦出现以后，继承了这种资料，并适应于八卦的"八"数，把它扩展为八种，有无可能呢？

> 为证明这一论点，先来过细检查一下天、地、山、泽、雷、风、水、火。这八种东西中，火与雷本是相通的。《左传·僖公十五年》记晋献公筮嫁伯姬于秦，遇《归妹》☳☱之《睽》☲☱，《归妹》的上卦震变为《睽》卦的上卦离。史苏占之曰："震之离，亦离之震，为雷为火。"就是说，从卦名来说，震是震（震指雷），离是离（离指火），二者互异；但从它们所象征的东西即卦象来看，"震之离，亦离之震"，并无多少不同，"为雷为火"，基本一样。

> 再看地与山。《左传·庄公二十二年》记陈侯使周史筮公子完生命运，遇《观》☴☷之《否》☰☷，《观》的上巽下坤，变为《否》的上乾下坤。占曰："坤，土也；巽，风也；乾，天也。风为天于土上，山也。……"这两个卦里都没有山象，但占辞里冒出一个山来。……其实，坤是土，也是山。占辞的"山也"，原是指《否》的下卦坤而言，……所以，在《左传》"易"说中，地与山也是相通的，它透露了卦象的一些渊源。剩下的四种东西中，水与泽，虽无文献上的根据，但说它们

相通，想来并无大碍。天与风，可否认为都是气的变形呢？"大块噫气，其名为风"（《庄子·齐物论》），……风本是气，总能说得过去。至于天，后来有气之轻清者为天的说法。……因此，八卦所象征的八种元素，归并起来只是四种：气、水、火、土。

这四种元素，在古希腊哲学和古印度哲学里，都曾被当做世界的本位，看来并非偶然。因为它们是人类得以生存的基本条件，当着人们发生了思考自然界之所以的时候，可说是不假思索地、也无法超脱地以自己为标准，想象整个世界的存在也离不开它们，于是便认定它们为万物之产生、构成，最后又复归而去的东西，即认为它们是世界的本原。

筮法和阳九阴六

由奇偶两数的占卜三次，就形成八卦。奇偶数转为阴阳，占卜三次转为六次，这就有了六十四卦。六十四卦每卦六爻，共三百八十四爻，爻分阴阳，阴爻--称六，阳爻—称九，这又是怎么来的？这可以跟上文谈到凉山彝族的"雷夫孜"，联系到筮法来看，筮法见于《易·系辞传上》，所谓"四营而成《易》，十有八变而成卦"，即三变成一爻，十八变成六爻，六爻即成一卦。

高亨《周易古经今注·周易筮法新考》，先讲三变成一爻。

一变　以四十九策演之如下：

一演　将四十九策任意分为两部分，即"分而为二以象两（天地）"。

二演　从一部分中取出一策放在中间，即"挂一以象三（天、地、人）"。

三演　将挂余之策，每四策为一组数之，即"揲之以四以象四时"。

四演　数至最后，或余一策，或余二策，或余三策，或余四策，取而夹之指间，即"归奇于扐以象闰"。

五演　取另一部分，每四策为一组数之，即"再揲之以四"。

六演　数至最后，或余一策，或余二策，或余三策，或余四策，取而夹之指间，即再"归奇于扐"。

七演　取指间所夹之策而挂之，所谓"再扐而后挂"。

右一演毕，其结果有两种：一，余四十四策。二，余四十策。

二变　以一变所余之策，再照一变作七演。二变毕，其结果有三种：一，余四十策。二，余三十六策。三，余三十二策。

三变　以二变所余之策演之如一变，右三变毕，其结果有四种：一，余三十六策，九揲之数，是为九，为老阳，是为可变之阳爻。二，余三十二策，八揲之数，是为八，是为少阴，是为不变之阴爻。三，余二十八策，七揲之数，是为七，是为少阳，是为不变之阳爻。四，余二十四策，六揲之数，是为六，是为老阴，是为可变之阴爻。

这样经过三变得出一爻，经过十八变得出六爻，成一卦。再说经过三变，它的结果有四种，即老阳为九，少阳为七，老阴为六，少阴为八，这即是四营。但一卦六爻，分阴爻为六，阳爻为九，却没有七、八，这是为什么？按《周易正义·乾》"初九"《正义》："但七为少阳，八为少阴，质而不变，为爻之本体；九为老阳，六为老阴，文而从变，故为爻之别名。"七八是属于不变的阳爻、阴爻，九六是属于可变的阳爻、阴爻。在占著时，先求得六爻成一卦，再从这一卦中求得变爻，如《左传·庄公二十二年》，周史著陈敬仲遇《观》䷓之《否》䷋，即先求得《观》卦，再从《观》卦中求出变爻来，用《否》跟《观》比，只有倒数第四爻不同，即倒数第四爻从阳爻变成阴爻，即看《观》卦的六四爻辞来定吉凶。在占著时要看变爻，所以只称九六了。

一卦有六爻，阳爻称九，阴爻称六。讲到这六爻的次第时，是倒数的。如《乾》卦☰，初九是倒数第一个阳爻，九二是倒数第二个阳爻。为什么倒数而不从上到下地顺数呢？《说卦》说："数往者顺，知来者逆，是故《易》逆数也。"因为数过去的事都是顺着时间数的，从远到近，象说夏、商、周，是顺着时间数下来的。《易》是讲未来的事，是从近推到远，如从今年推到明年后年，是逆推上去的，是"知来者逆"，所以《易》的六爻是倒数上去的。

卦爻和卦爻辞产生的时代

《易·系辞传下》说：

> 古者包牺氏之王天下也，仰则观象于天，俯则观法于地，观鸟兽之文与地之宜，近取诸身，远取诸物，于是始作八卦，

以通神明之德，以类万物之情。作结绳而为网罟，以佃以渔，
盖取诸《离》。

这里说的包牺，即伏羲。这里说八卦是伏羲创作的。这里又说伏
羲按照《离》卦的形象作网，来捕捉鸟兽和鱼。这个《离》不是
八卦中的离，是六十四卦中的《离》卦。因为八卦中的离是象火，
根据火的形象不能创作出网来，只有根据六十四卦中的《离》卦
才能创作出网来（见《系辞传下》注）。这说明这里认为六十四
卦也是伏羲创作的。

李镜池《周易的作者问题》里说：

> 传统的说法，《周易》的作者是"人更三圣，世历三古"
> （《汉书·艺文志》），就是伏羲画八卦，文王"重《易》六爻，
> 作上下篇"（即作六十四卦和卦爻辞），和孔子作"《彖》《象》《系
> 辞》《文言》《序卦》之属十篇"的《易传》。伏羲作八卦之说，
> 是根据《系辞传》，但《系辞传》没有肯定文王演《易》，只说：
> "《易》之兴也，其当殷之末世，周之盛德耶？当文王与纣之
> 事耶？""《易》之兴也，其于中古乎？作《易》者其有忧患
> 乎？"……肯定文王作《易》、孔子作《易传》的是司马迁。《史
> 记》的《周本纪》、《日者列传》和《报任少卿书》都说文王
> 演《易》。《孔子世家》说："孔子晚而喜《易》，序《彖》《系》《象》
> 《说卦》《文言》。"自从这位权威的史学家这么一说，遂成定
> 论，二千年来，怀疑的很少。……

> 至于《周易》的作者，是比较难于确定的问题。关于作者，
> 我们以为《系辞传》所说的比司马迁的肯定较为合理。所谓"殷

之末世，周之盛德"，"作《易》者其有忧患乎？"只就它的时代背景说，至作者姓名则不能确指。这是根据卦爻辞得出来的论断。而所谓伏羲，也并非实指其人，伏羲和上古的一些帝王如有巢、燧人、神农等，不过是学者们对于人类社会的起源和发展的程序上拟想的人物，他们的名字只代表时代。所谓伏羲作八卦，只意味着八卦的来源很古远而已。……顾颉刚先生根据卦爻辞所载故事，如"箕子之明夷"，"康侯用锡马蕃庶"等，证明是出于文王之后，文王不可能见到这些事迹，也就有力地反证这个传统说法的错误。……

关于作者问题，我们的看法是：《易经》卦爻辞是编纂成的，有编者，姓名失传，可能是周王室的一位太卜或筮人，即《周礼·春官·宗伯》所说"掌三《易》"的人。编纂时间约在西周中后期。

易传的象数说[①]

《周易》卦爻辞后面附有《彖传》《象传》，就是《易传》的两种，各分上下，合成四篇。这四篇用象数来解释卦爻辞。象指卦象和卦位，即八卦和六十四卦所象的事物及其位置关系；也指爻象，

---

① 易传的象数说，本于高亨《周易大传今注·易传象数说释例》，加以改写，稍有改动。如原著把《艮》卦的"刚柔敌应"归入"刚柔相应"，这里改归"刚柔相敌"。原著的"刚柔相胜"，这里作"刚柔相敌相胜"。原著的"刚柔得中""刚柔居尊位或居上位或居下位"，这里省作"刚柔得中与得尊"，稍加省略。

即六十四卦中阴爻阳爻所象之事物。数指阴阳数及爻数，如奇数为阳，偶数为阴，又每卦六爻的位次表明事物的位置关系。

《周礼·春官·大卜》称"三易"："其经卦皆八，其别卦皆六十有四。"经卦指八卦，别卦即重之为六十四卦。八卦分阴阳两类：乾（☰）、震（☳）、坎（☵）、艮（☶）为阳卦，因为这四卦是用三画及五画组成，三与五都是奇数，奇数是阳，故称阳卦。坤（☷）、巽（☴）、离（☲）、兑（☱）是阴卦，因为这四卦用六画及四画组成，六与四是偶数，偶为阴，所以这四卦是阴卦。《易传》又以阳为刚，阴为柔，《象传》因此以阳卦象刚性之物，以阴卦象柔性之物。乾为天，坤为地，震为雷，巽为风，坎为水，离为火，艮为山，兑为泽，这是八卦的基本卦象。八卦除了基本卦象外，还有引申卦象，见于《说卦》，不再列举了。《象传》解释卦辞时，也用引申卦象。像《乾》卦的《象传》："天行健，君子以自强不息。""天"指乾象，"健"也指乾象，"君子"也指乾象。以"乾"为"天"是基本卦象，以"乾"为"健"为"君子"是引申卦象。

再说卦位，八卦相重为六十四卦，即两经卦合为一别卦，共有六位。

（一）异卦相重是上下之位。如《蒙》（䷃），坎下艮上，水下山上。"《象》曰：'山下出泉，《蒙》。'""山下出泉"，即从山上水下的位来的。

（二）异卦相重是内外之位。如《明夷》（䷣），离下坤上，火内地外。"《象》曰：'内文明而外柔顺。'"火是内文明，地是外柔顺。

（三）异卦相重是前后之位。如《需》（䷄），乾下坎上，健下险上。"《象》曰：'《需》，须下，险在前也，刚健而不陷。'"即险前健后。

（四）异卦相重是平列之位。如《屯》（䷂），震下坎上，雷下水上。"《象》曰：'雷雨之动满盈。'"雷雨并称，乃平列关系。

（五）同卦相重是重复之位。如《巽》（䷸），巽上巽下。"《象》曰：'重巽以申命。'"巽为教命，重复申命。

（六）同卦相重而不分其位。如《乾》（䷀），乾上乾下，《象传》只释《乾》为天。

再看爻象与爻数。爻分—阳爻，--阴爻，阳爻象阳性，阴爻象阴性。如《说卦》："《震》（☳）一索而得男，故谓之长男。《巽》（☴）一索而得女，故谓之长女。""一索"指一数，《震》卦倒数第一是—阳爻，故以—象长男。《巽》卦倒数第一是--阴爻，故以--象长女。这就是爻象。

再说爻数或爻位，每卦六爻，从倒数上去，倒数第一爻称"初"，倒数第二、三、四、五爻称二、三、四、五，最上一爻称上。六爻中，"上"与"五"象天，以"五"为天位。"初"与"二"象地，"二"为地位。"三"与"四"象人，"三"为人位。六爻由上下两卦合成，每卦各分上位、中位、下位。位子相同的两爻称同位。六爻以"初""三""五"为奇数，"奇"为阳，故为阳爻。以"二""四""六"为偶数，偶为阴，故为阴爻。

六爻以阳爻为刚，阴爻为柔，刚柔之间构成种种关系。

（一）刚柔相应　如《比》（䷇）："不宁方来。"《象》曰："上下应也。"倒数第五爻为阳爻，为刚，上下五爻皆为阴爻，为柔。卦辞说："不安宁的方国（侯国）来了。"《易传》说："上下应也。"上指九五的阳爻，为天子。下指不安宁的侯国，应天子的号召来了。这就是刚柔相应。如《小畜》（☰），《象》曰："柔得位而上下应之。"六四是阴爻，是柔。四是偶数，是阴位，阴爻居阴位，所以称得位。上下五爻都是阳爻，为刚。由于阴爻得位，所以上下五爻都和它相应，即刚柔相应。又《恒》（☳），《象》曰："刚柔皆应。"这卦的下卦三爻与上卦三爻阴阳相反，如初六与九四、九二与六五、九三与上六，皆一阴一阳相对，即同位的一阴配一阳，一阳配一阴，刚柔相应。

（二）刚柔相敌与相胜　如《艮》（☶），《象》曰："上下敌应，不相与也。"《艮》卦的上三爻与下三爻阴阳相同，即相敌对而不是相呼应，所以称"上下敌应"，即上下相应的爻是相敌对的，阳爻对阳爻，阴爻对阴爻，不是相助的。如《夬》（☱），《象》曰："刚决柔也。"上爻是阴爻，下五爻都是阳爻，阳爻势强，能胜过阴爻，是刚胜柔。如《剥》（☷），《象》曰："柔变刚也。"上爻是阳爻，下五爻都是阴爻，阴爻势盛，能胜过阳爻，是柔胜刚。

（三）刚柔位当与位不当　如《既济》（☵），《象》曰："刚柔正而位当也。"这卦倒数的初、三、五是奇数，是阳位，都是阳爻，是阳爻得阳位。这卦倒数的二、四、六都是偶数，是阴位，都是阴爻，是阴爻得阴位，所以说"刚柔正而位当"，所以是成功。又《未济》（☲），《象》曰："虽不当位，刚柔应也。"这卦倒数的初、三、五是偶数，是阴位，都是阴爻，是阴爻不当位。这卦倒数的二、四、六是奇数，是阳位，都是阳爻，是阳爻不当位，所以未济，未成功。但这卦的上卦三爻与下卦三爻一阳一阴相对，即刚柔相应，所以还是"亨"的。

（四）刚柔得中与得尊　一卦分上下两卦，下卦的中为二，上卦的中为五。得下卦之中为得中，得上卦之中为得中又得尊，因它又为尊位。有双刚得中，如《乾》（䷀）九二，《文言》曰："龙，德而正中者也。"九二是阳爻，居中位，称有中正之德，是好的。但九二："见龙在田。"因为九二是阳爻居阴位，是不当位，好比贤人在田野不得位。《乾》卦九五："飞龙在天。"《文言》："飞龙在天，乃位乎天德。"九五是阳爻居阳位，又得中。九五又是尊位，比君位，所以称"位乎天德"。有一刚得中得尊，如《渐》（䷴），《彖》曰："其位，刚得中也。"这卦的九五是阳爻，得位得中得尊，这个阳爻以刚得中位，又居君位，所以《彖》又说："可以正邦也。"因居君位，"可以正邦"。有一柔得中，如《同人》（䷌），《彖》曰："柔得位得中。"这卦的六二以阴爻居阴位，又得中位，所以称"柔得位得中"。但"六二：同人于宗，吝"。因为是柔，虽得中，还是吝，有困难。有双柔得中，如《小过》（䷽），《彖》曰："柔得中，是以小事吉也。刚失位而不中，是以不可大事也。"六二是阴爻，得阴位，得中，所以是"柔得中"，办小事吉。六五也是阴爻，阴爻居阳位，不得位，使阳爻失位失中也失尊位，所以不可办大事，阴爻居尊位，还是不能办大事。又刚柔得位得中，如《观》（䷓），《彖》曰："中正以观天下。"这卦六二是阴爻，居阴位，得中。九五是阳爻，居阳位，得中，得尊位，所以"中正以观天下"。

刚柔都得位得中，是好的。这样看来，在卦爻辞中，阴爻和阳爻是否得位、得中、得尊，是有各种关系的。这里也反映出当时尊君和重男轻女的时代局限。

易传产生的时代

李镜池《周易的作者问题》里又说：

> 《易传》七种十篇（《彖上》《彖下》《象上》《象下》《文言》《系辞上传》《系辞下传》《说卦》《序卦》《杂卦》）作者不是一个人，姓名不可考，从内容思想看，可以推定出于儒家后学之手。写作时期，约在战国后期到汉初。

《易传》既不是一个人所作，写作的时代亦有先后，可以分别作些探讨。

《彖传》《象传》之作者

王开府《周易经传著作问题初探》说：

> 《彖》《象传》，今古文家皆以为孔子所作。……然《彖》《象》之作，孔子未曾言，孔门弟子未曾言，即《系辞》亦未曾言。
>
> 《彖传》于《革》云："汤武革命，顺乎天而应乎人。"汤武革命之说起于战国，见于《孟子》，则《彖传》非孔子所作，直是孟子以后之人所为。
>
> 《象传》于《艮》云："君子以思不出其位。"《论语》亦云：

"曾子曰：'君子思不出其位。'"若《象传》为孔子作，则孔门弟子辑《论语》时，何以误孔子之言为曾子之言。《论语》信不误，则《象传》非孔子所作，直是曾子以后之人所为。……

……《彖传》《象传》二者之不同，亦有数端：

1. 所含思想之不同。

《彖传》有儒家思想：

> 圣人以神道设教而天下服矣。(《观·彖》)
>
> 父父子子、兄兄弟弟、夫夫妇妇而家道正，正家而天下定矣。(《家人·彖》)……

然亦受道家影响：……

> 大哉乾元，万物资始，乃统天。(《乾·彖》)
>
> 至哉坤元，万物资生，乃顺承天。(《坤·彖》)

而《象传》则全为儒家思想：

> 君子以果行育德。
>
> 君子以慎言语，节饮食。……

2. 思想表达方式之不同。

> 《彖传》重在释卦义卦辞，偶见议论。《象传》则每卦之下，以"君子以""先王以"之形式，系统化以出议论，所言不出伦理与政治。

3. 释经之义不同。

> 《临·彖》曰："刚中而应，大亨以正，天之道也。"
>
> 《象》曰："'咸临吉，无不利'，未顺命也。"
>
> 《坎·彖》曰："'维心亨'，乃以刚中也。"

《象》曰："'求小得'，未出中也。"

4.《象传》释爻，多望文生训，敷衍字句。

爻辞："初六：师出以律，否臧凶。"（《师》）

《象传》："'师出以律'，失律凶也。"

爻辞："初六：……终来有它，吉。"（《比》）

《象传》："比之初六：有它吉也。"……

由上观之，《彖》《象》之作者，显非一人。……

《彖》《象》《文言》《系辞传》产生的时代

张岱年《论易大传的著作年代与哲学思想》中的《易大传著作年代新考》说：

《礼记·乐记》有这样一段话："天尊地卑，君臣定矣。……"这和《系辞上》首段大体相同。《系辞上》说："天尊地卑，乾坤定矣。……"《系辞》在这里是讲天地和万物的秩序和变化，写得比较自然。《乐记》此段从天地讲到礼乐，讲得比较牵强，看来是《乐记》引用《系辞》的文句而稍加改变。《隋书·音乐志》引沈约说："《乐记》取《公孙尼子》。"《公孙尼子》总是战国时代作品。《系辞》必在《公孙尼子》之前，是没有疑问的。

宋玉《小言赋》："且一阴一阳，道之所贵；小往大来，剥复之类也。是故卑高相配而天地位，三光并照则小大备。"这显然是引述《系辞上》"一阴一阳之谓道"和"卑高以陈，贵贱位矣"的语意。宋玉赋引过《系辞》的文句，足以证明

《系辞》的年代不可能晚于战国。

《荀子·大略篇》说:"《易》之《咸》,见夫妇。……"……《大略篇》不是一篇系统的论文,而是一篇资料摘录,……这条开端三字是"《易》之《咸》",这就足以表明,这条正是引述《周易》中《象传》的文句而加以发挥。

根据以上的论证,可以断定:《系辞》和《象传》基本上是战国时代的作品,但究竟是战国时代哪个时期的作品呢?这还须作进一步考察。

……第一,《系辞上》说"天尊地卑,乾坤定矣;卑高以陈,贵贱位矣",肯定了天地的尊卑高下的关系。而《庄子·天下》篇所载惠施《历物》之意十事,第三条是"天与地卑,山与泽平",指出天地的高下关系是相对的。从思想演变来看,惠子的"天与地卑"正是《系辞上》"天尊地卑"的反命题,所以,应该肯定,《系辞》的基本部分在惠子以前就有了。

第二,《系辞上》又说:"《易》有太极,是生两仪。"以太极为最高的实体。而《庄子·大宗师》篇说:"夫道……在太极之先而不为高……。"……把道凌驾于太极之上。这是对于"易有太极"的反命题。所以,《系辞》的这部分文字应在《庄子·大宗师》篇之前。

……老子最先提出了"道"的范畴,……"字之曰道,强为之名曰大。"这个大字应读为太。……《易大传》的太极,当是受老子影响而略变其说。《易大传》的年代应在老子之后、庄子之前。……

如上所说，我们可以断定，《系辞》的基本部分是战国中期的作品，著作年代在老子以后，惠子、庄子以前。《彖传》应在荀子以前。关于《文言》和《象传》，没有直接材料。《文言》与《系辞》相类，《象传》与《彖传》相类，应当是战国中后期的作品。从《象传》的内容看，可能较《彖传》晚些。

《说卦》《序卦》《杂卦》产生的时代

张岱年《易大传著作年代新考》中又称：

……王充《论衡·正说》篇说："孝宣皇帝之时，河内女子发老屋，得逸《易》《礼》《尚书》各一篇，奏之。宣帝示博士，然后《易》《礼》《尚书》各益一篇。"……《隋书·经籍志》说："及秦焚书，《周易》独以卜筮得存，唯失《说卦》三篇，后河内女子得之。"这又认为《说卦》《序卦》《杂卦》都是宣帝时发现的。但是，《淮南子》已引过《序卦》，司马迁已提到《说卦》，近年马王堆出土帛书《周易》，有《系辞》，那《系辞》中包括通行本《说卦》的一段。这都可证《隋书·经籍志》之说是不可凭信的。王充所说增益"一篇"，是正确的。这一篇当是《杂卦》。

周易的思想

卦爻和卦爻辞的思想

上文指出气、水、火、土这四大元素，在古希腊哲学和古印度哲学里，都曾被当作世界的本原。八卦就是气、水、火、土的演化。不论八卦是不是气、水、火、土的演化，总之用八卦来指八种事物。这八种事物，又分成四组，如天与地、雷与风、水与火、山与泽。这四组中有对立的，如天与地、水与火；有相关的，如雷与风、山与泽。再加上八卦卦和爻因画数的奇偶分为阳奇阴偶的种种变化。任继愈主编《中国哲学史》，在《易经和洪范的思想》里，把《易经》的哲学思想分为三个方面：

（一）观物取象的观念

《易经》从人们生活经常接触的自然界中选取了八种东西作为说明世界上其他更多东西的根源。……这八种自然物中，天地又是总根源，天地为父母，产生雷、火、风、泽、水、山六个子女。这是一种十分朴素的万物生成的唯物主义观念。

《易经》认为自然界也与人和动物一样，由两性（阴阳）产生的。……《易经》从复杂的自然现象和社会现象中抽象出阴（--）阳（—）两个基本范畴，它对后来的哲学、科学的发展有深远的影响。阳代表积极、进取、刚强、阳性等特性和具有这些特性的事物。阴代表消极、退守、柔弱、阴性这些特性和具有这些特性的事物。世界就是在两种对抗性的物质势力（阴阳）运动推移之下孳生着、发展着。……

（二）万物交感的观念

万物在阴阳两势力的推动、矛盾中产生变化，变化的过程是通过交感。这一观念的形成，也可能由于男女交感产生子女的普遍现象概括出来的原则。

《易经》所谓"吉"的一些卦，一般是上下两卦具有交感的性质的；所谓"凶"的一些卦，一般是上下两卦不具有交感性质的。《易经》占卜问吉凶祸福，本身就是迷信，但是《易经》对于吉凶的解释，却包含了当时人们对世界一般事物最原始的哲学见解。《易经》善于从交感的观点观察万物的动静变化，并认为凡有动象、有交感之象的卦是吉的，有前途的，因为它符合了事物发展的原则。

如《泰》卦（䷊）的象是地在上，天在下，实际上是天在上，地在下，天气属阳，地气属阴。阴气上升，阳气下降，就象征着天和地的交感变化。与此相反，如《否》卦（䷋）的象，是天在上，地在下，天本来就在上，地本来就在下，这种情况不会引起上下交感易位的变化。不交感，没有变动，事物就没有发展前途，所以《否》卦就不如《泰》卦吉。《泰》卦和《否》卦是一个对立面，一吉一凶。吉和凶的根据是变和不变，交感和不交感。它通过宗教迷信的形式，反映出极其朴素的辩证法观点。……

（三）发展变化的观念

变化发展的观念也是贯串在《易经》中的一个基本思想。《易经》的作者认为世界上没有东西不在变化，变化着的事物有它发展的阶段。《易经》对每卦的每一爻都作出一般原则的说明。他们认为事物刚开始时，变化的迹象还不显著，继续发展下去，变化就深刻化、剧烈化，发展到最后阶段，超过了它最适宜发展的阶段，它就带来了相反的结果。事物本来是有前途的，过了它的极限，它反而没有前途了。……
《易经》《泰》卦九三爻辞说："无平不陂，无往不复。"这一
物极必反的原则，因为它包含着辩证法的真理，春秋战国时
期得到更广泛的传播，也得到更多人的相信。……

易传的思想

张岱年《论易大传的著作年代与哲学思想》，其中论到《易传》
的思想，分本体论、辩证法、人生理想与政治理想，摘要如下。

《易大传》的本体论学说

《易大传》是《周易》上下经的解说，但它的解说却不
一定合乎《周易》古经的原意。《易大传》在解说古经时提
出了若干关于宇宙人生的创造性见解，就思想的深度而论，
可以说达到了先秦哲学的最高水平。……

《易大传》中的宇宙哲学是唯物论还是唯心论？……今
试就三个方面加以考察。

（甲）太极、乾元、坤元的意义

《系辞上》说："是故易有太极……"，……太极即是天
地未分的原始统一体。《系辞上》以太极为天地的根源，这
是一种朴素的唯物论观点。

《彖上》提出"乾元""坤元"的学说。……乾元可解
为阳气之始，坤元可解为阴气之始（《九家易》说："元者气
之始也。"这是汉儒旧说）。《彖上》以乾元、坤元即阳气、
阴气为万物"资始""资生"的根源，这也是唯物论的观点。……

《易大传》中的万物起源论是一种简单朴素的唯物论。

（乙）易，道，神，天

……《系辞》中的易字有三种不同的意义：一指自然变化，一指易卦或易象，即《周易》上下经一书，另一意义即简易之易。第一项是最重要的。《系辞》肯定自然世界是一个运动变化的过程，这有深刻的意义。……另一方面又肯定运动变化的客观实在性。……乃是一种重要的唯物论观点。

"道"也是《系辞》中的一个重要范畴。……"一阴一阳之谓道"，道的内容是一阴一阳，有阴有阳才有所谓道；阴阳未分的统一体"太极"应比道更为根本。所以，在《易大传》的理论体系中，最高范畴应该是"易"，是"太极"，其次才是道。这样的理论体系应属于唯物论。

……《易大传》中的神字有不同的意义：一是指万物的微妙变化，即"阴阳不测之谓神"。二是指人的智慧、德行的最高境界，如说："神而明之，存乎其人。"（《系辞上》）……三是指易卦预知未来的奇妙作用，如说："……唯神也，故不疾而速，不行而至。"这三项意义中，第一项意义是根本的。……

在《易大传》中，天字屡见。多数的天字指自然之天，少数的天字表示有意志的天。……既表现了唯物论的倾向，又保留了古代原始宗教天降祸福的思想。……

（丙）"易与天地准"的世界图式论思想

《系辞》中对于《易经》的说明，主要有两点：第一，肯定《易经》的卦象是仿效、摹写天地万物的实际情况的；第二，强调《易经》的卦爻体系包罗万象，包括了天地万物的一切道理而无所遗漏。这第一点是从朴素的唯物主义反映论出发的；第二点就是认为《易经》的卦爻体系是天地万物运动变化不可违离的图式，可以说是一种世界图式论，因而也就完全陷入于唯心论之中。

《易大传》中的辩证法思想

《易大传》的最重要的贡献是提出了一些比较精湛的辩证观点。《易大传》的辩证思想在先秦哲学中可以说是最丰富的、最深刻的，对于后来辩证思想的发展有巨大的影响。……

《易大传》辩证思想的最简要的命题是："刚柔相推而生变化"，"一阴一阳之谓道"，"日新之谓盛德，生生之谓易"（《系辞上》）。这些命题肯定了变化的普遍性、永恒性，肯定了对立面的相互转化是最根本的规律，并深刻地说明了变化的根源就在于对立面的相互作用。……

"一阴一阳之谓道"可以说是中国哲学史中关于对立统一原理的最早表述。

《易大传》运用对立转化的观点说明了一些实际问题，《系辞下》说："危者安其位者也，亡者保其存者也，乱者有其治者也。是故君子安而不忘危，存而不忘亡，治而不忘乱，是以身安而国家可保也。"安危、存亡、治乱，都是相互转化的，必须提高警惕，才能保持其安、其存、其治。

《易大传》更提出关于"健顺险阻"的深刻思想。《系辞下》说："夫乾，天下之至健也，德行恒易以知险；夫坤，天下之至顺也，德行恒简以知阻。"……这就是说，必须知险而能克服其险，然后为至健；必须知阻而能克服其阻，然后为至顺。这些都是深刻的辩证思想。

《易大传》阐明了对立的转化，但不能贯彻到底，而认为尊卑上下的对立是不可能转化的。……这充分反映了地主阶级的阶级偏见。但《易大传》中的辩证思想还是比较丰富的。

为什么《易大传》能有丰富而深刻的辩证思想呢？……《易大传》强调忧患，这正是当时社会矛盾激化的反映。因为见到忧患，所以要求改变当时的现状，于是重视变化，重视对立的转化，于是阐发了关于变化日新与对立统一的精湛学说。《易大传》中的辩证思想是中国古代哲学中的宝贵遗产。

《易大传》中的人生理想与政治观点

《易大传》的人生理想论也有特色。《易大传》宣扬刚健有为的人生观，以天人协调为最高理想，把扩充知识（"精义"）、改进物质生活（"利用安身"）与提高品德（"崇德"）三个方面结合起来。

《易大传》认为，天的本性是健，人应该效法天的健。……健是刚强不屈的意思。人应该自强不息，永远努力前进。……《易大传》以为，处事接物，必须知柔知刚。……《易大传》的刚健学说是老子守柔学说的反响，是对于老子守柔学说的纠正。

《易大传》提出"裁成天地之道，辅相天地之宜"的命题。……就是对自然加以适当的调整，使自然更符合人类的要求。……《文言》说："……先天而天弗违，后天而奉天时，……"……这里所谓先天指引导自然，所谓后天指适应自然。在自然变化尚未发生之前先加以引导、开发，在自然变化既发生之后又注意适应。这也就是裁成辅相之意。这裁成辅相论可以说是一种天人协调论，一方面要适应自然，一方面又要加以引导开发，使人类与自然界相互协调起来。所谓裁成辅相，实际上主要是指农业生产及礼乐刑政的措施而言。这种学说在一定程度上肯定了人的主观能动性，但主要是肯定"大人""君子"的主动作用，并没有认识人民群众的力量。

　　这种辅相论也可以说是对于老子思想的改造。老子曾说"以辅万物之自然而不敢为"。《易大传》的态度是辅万物之自然而有所为。……

　　《易大传》的政治思想有两点值得注意：一是强调上下分别而主张"损上益下"，二是重视"变通"，赞扬"汤武革命"。……实际上，所谓"损上益下"不过是在上者将对于在下者的剥削压迫略加节制而已。《节》卦《象》说："节以制度，不伤财，不害民。"不伤财，不害民，就是损上益下了，这实际上还是为统治阶级的长久利益设想的。

　　……《易大传》肯定汤武革命，顺乎天时，合乎人心。……这所谓革命虽然有别于我们今天所谓革命，但《易大传》重视变革，还是显著的。这是进步的政治思想。

……《易大传》对于后来哲学思想发展的影响是非常巨大的。以后的唯物主义思想家与唯心主义思想家都从《易大传》中吸取思想营养。应该肯定：《易大传》对于中国哲学思想的发展确实有其不可磨灭的贡献。

其他周易研究

《周易》研究的范围很广，除了上引各家的研究外，还有其他不少的《周易》研究，这里只想就钱钟书的《管锥编》中论《周易正义》的部分，就其中有关理解《周易》的研究，不属于上引的部分，酌量谈一些。

实象假象 "象曰：天行健"，《正义》："或有实象，或有假象。实象者，若地上有水、地中生木升也；皆非虚言，故言实也。假象者，若天在山中、风自火出；如此之类，实无此象，假而为义，故谓之假也。"按《系辞上》："圣人有以见天下之赜，而拟诸形容，象其物宜，故谓之象。"是"象"也者，大似维果所谓以想象体示概念。……理赜义玄，说理陈义者取譬于近，假象于实，以为研几探微之津逮，释氏所谓权宜方便也。古今说理，比比皆然。甚或张皇幽眇，云义理之博大创辟者，每生于新喻妙譬，至以譬喻为致知之具、穷理之阶，其喧宾夺主耶？抑移的就矢也？《易》之有象，取譬明理也，"所以喻道，而非道也（语本《淮南子·说山训》）。求道之能喻而理之能明，初不拘泥于某象，变其象也可；

及道之既喻而理之既明，亦不恋着于象，舍象也可"。（11—12 页）

这段论"象"的话，对于研究《易》象很重要。按照这段话说，《易》的象，不论是实有的实象，或实无此象的假象，都是"以想象体示概念"，是一种概念的想象，是用来表达"理赜义玄"的"取譬"。研究《易》的象，主要在理解它所表达的概念、它所表达的理与义。抛开了它所表达的理与义去解释象，就不免买椟还珠了。像《乾》卦爻辞中的"龙"，应该研究"龙"是比喻什么。象数派认为是比阳气。这是抓住象的要求的。阳气又是比什么？象数派认为是比人事。"亢龙"比什么？义理派认为比"过于上而不能下"，比君主的脱离臣民，所以有悔。这样研究象，才符合象的要求，不是脱离象所表达的理义，把"龙"说成是"龙星"。

再看这段讲的实象，如"地上有水"，这是指《比》卦（䷇），坎下坤上，即水下地上，"《象》曰：地上有水，《比》。先王以建万国，亲诸侯"。这个"地上有水"，比喻大地上有人民，在周代要分封诸侯来统治，"比"指亲近，所以要亲近诸侯。李镜池《周易通义》"作者幻想一个上下左右互相亲善和睦的政治环境"，这样解释，符合《比》卦"地上有水"的象的含义。再像"天在山中"，指《大畜》（䷙），乾下艮上，天下山上。"《象》曰：天在山中，《大畜》。君子以多识前言往行，以畜其德。""天在山中"的象，以天比君，山比贤人。以天的光明照耀山中，比君能尚贤，贤人能积学蓄德以待用，这是"天在山中"的含义。《周易通义》说："本卦与《小畜》卦都属农业专卦，但比《小畜》内容上多了饲养牲畜一项。"这样说，就忽略了"天在山中"这个象的含义了。可见这里讲的实象假象的含义对研究《易》象是有帮助的。

相反相成 "噬、嗑，亨"，《注》："噬，啮也；嗑，合也。凡物之不亲，由有间也；物之不齐，由有过也；有间与过，啮而合之，所以通也。"按此以噬嗑为相反相成之象。故《彖》曰："颐中有物曰噬嗑，噬嗑而亨；刚柔分动而明，雷电合而章。"盖谓分而合，合而通。上齿之动也就下，下齿之动也向上，分出而反者也，齿决则合归而通矣。比拟亲切，所谓"近取诸身"也。（22页）

《睽》，"《彖》曰：火动而上，泽动而下，二女同居，其志不同行。……天地睽而其事同也，男女睽而其志通也，万物睽而其事类也。睽之时义大矣哉!"《正义》："水火二物，共成烹饪，理宜相济；今火在上而炎上，泽居下而润下，无相成之道，所以为乖。……历就天地、男女、万物，广明睽义，体乖而用合也。"按此亦明反而相成、有间而能相通之旨。（26页）

这里讲《易》卦中含有相反相成的意思。如《噬嗑》卦指咬嚼："《彖》曰：颐中有物曰噬嗑。"面颊中有食物要咬嚼。咬时，上齿向下，下齿向上，上下相反，成为咬嚼，即相反相成，才是"噬嗑而亨"，亨是通，咬嚼成功。再看《睽》卦（䷥），兑下离上，即泽下火上，泽中有水，即水下火上，所以是乖违。只有火在下，水在上，象烹饪，才是水火既济，水火相反而相成，水下火上就是乖违而不相成了。"二女同居，其志不同行。"二女都是女性，性同而不是相反，所以不相成。又说："天地睽而其事同也，男女睽而其志通也，万物睽而其事类也。"天上地下是相反的，所以能够化生万物，是相成的。男女是异性，相反的，所以能结为夫妇，是相成的。万物象动物雌雄相反，植物雄蕊雌蕊相反，所以能够结合相成。是《噬嗑》卦有相反相成之义，《暌》卦有不相反则不相成、相反则相成之义。再看《周易通义》："噬嗑：和现代汉语'吃喝'音义相近。全卦讲饮食及跟饮食有关的事。"又："暌：……卦中作名词，指旅人。因为旅人与家人乖离，旅行在外，不能与家人相见。从内容标题。"不考虑卦名的取义，有相反相成之义，没有体会这两个卦名的用意。

反象以征 《革》卦："《象》曰：革，水火相息。"《注》："变之所生，生于不合者也。息者，生变之谓也。"《正义》："燥湿殊性，不可共处。若共其处，必相侵克。既相侵克，其变乃生。"按王弼、孔颖达说"息"字，兼"生变"与"侵克"两义。……《说文解字》："革，更也。……巩，以韦束也。《易》曰：'巩用黄牛之革。'"段玉裁注："王弼曰：'巩，固也。'按此与卦名之'革'相反而相成。"殊得窈眇。盖以牛革象事物之牢固不易变更，以见积重难返，习俗难移，革故鼎新，其事殊艰也。夫以"难变"之物，为"变改之名"，象之与意，大似凿枘。此固屡见不鲜者，姑命之曰"反象以征"。（28—29页）

这里讲《革》卦。《象》说："《革》，水火相息。"这里指出"息"有侵克、变革两义，因物受水或火的侵克，才发生变化。《革》卦是讲变革的。但"初九：巩用黄牛之革"。用黄牛皮带捆牢，就很牢固，与变革之义相反，来比喻变革之难，这叫"反象以征"，用相反的形象来征验改变的困难。根据这样理解来读《革》

卦，卦辞说："《革》：已日乃孚。"在祭祀日向神报告改革的成就，人民乃相信。"九三：……革言三就，有孚。"改革的话，讲到多次成就，才有信任。说明改革只有取得成功，才能使人民相信，指出改革的不易。可是《周易通义》把卦辞"《革》：已日乃孚"解作"到了祭祀那天才去捉俘虏来作人牲"，这就跟改革无关了。一个"孚"字，解作"捉俘虏来作人牲"，恐也没有这样的含义。释"巩用黄牛之革"，谓"古代车战，战马的胸带束得牢固必须用黄牛皮的皮革。本爻可与九三爻联看"，即认为马胸带束得不牢固，与爻辞的说"巩"不合。再释"九三"爻的"革言三就有孚"，用闻一多说，"言借为靳"，"三就：三重"，"马胸带绑了三匝"。这样，把"革"指改变，初九的"反象以征"全没有了。参观《革》卦后的说明，可见"反象以征"对理解《易》卦是有帮助的。

　　《管锥编》中对《易》义的阐发还有很多，不能尽述，就引这三点吧。

周易译注

　　最后谈一下《周易》的译注。译注是通俗性的工作，不同于专门研究。对有关《周易》的知识，需要作些介绍的，只从对《周易》有研究的著作中引来。对这些研究，有不同意见的，稍作说明，就其中较确切的加以肯定。《周易》分《易经》和《易传》两部分，《易经》指卦爻辞，产生的时代早，约在西周初期。文辞简洁，不好懂。要弄懂它，就得靠注释。对《周易》卦爻辞的注释，有《易传》，即《彖传》《象传》《文言》和《系辞传》的一部分，这是《周易》内部对卦爻辞的解释。《周易》以外的解释，粗略说来，似可分为四种：（一）象数说。象数说的注，著名的有唐李鼎祚的《周易集解》、清孙星衍的《周易集解》。这两部书保留了不少古注，内容有相同的，也有不同的。这些古注，偏重于按象数解《易》，当然也有按义理来解的，只是偏重在象数罢了。又清陈梦雷的《周易浅述》，也有按象数来讲的，讲得比较浅显，跟今译的要求接近，所以在对每卦的说明里，多引用《浅述》。如《乾》卦"九三：君子终日乾乾，夕惕若厉"。《周易集解》："虞翻曰：'谓阳息至三，二变成离，离为日，坤为夕。'"这是说，九二的阳爻生长到九三，九二变成离（☲），"离为日"，所以说"君子终日"，"坤为夕"，所以说"夕惕若厉"。按从九二到九三，都是阳爻，没有阴爻。离是两阳爻夹一阴爻，从九二发展到九三，怎么变成离呢？又《乾》卦是六个阳爻，《坤》卦（☷）是六个阴爻，怎么又来个"坤为夕"呢？这个《坤》从哪里来的呢？按李道平《周易集解纂疏》："息，长也。阳长至三，为《泰》（䷊）；二失位，变正成离（☲）。"这是说，虞翻用"消息""之正"来讲《易》。"息"指长，长指初九进到九二、九三，即《乾》卦的下卦从初九到九三是阳爻（☰），是乾下。"消"指变，即《乾》卦从九四、九五、上九的阳爻变成阴爻（☷），即坤上，成为《泰》卦（䷊），所以《乾》卦的上卦成坤（☷）了。又讲"之正"，认为《乾》卦的"九二"是阳爻居阴位（二是偶数，是阴位），不正，要变为阴爻，所以成离（☲）。按《乾》卦，九二以阳爻居阴位，不正，是对的，但没有变为阴爻。《易》讲消息是对的，但《乾》的上卦不能变成坤。虞翻用"消息"来使《乾》的上卦变成坤，用"之正"来使《乾》的九二变成六二，即阳爻变为阴爻，与《乾》卦的爻辞不合，故不取。再看《周易浅述》："九，阳爻。三，阳位，在下卦之上，重刚而不中，乃危地也。六爻取象三才，则三为人位，故不取于龙，而称君子。处危地而以学问自修，君子之事，非可言龙也。三下乾终而上乾继，故其体性刚健，有乾乾自惕之象。"这样讲比较好懂。九三是倒数第三爻，即下卦的上爻，又是连接三个阳爻，所以是三重刚而不在下卦的中位，所以是危地。六爻分为天地人，初爻、二爻是地，三爻、四爻是人，五爻、六爻是天，所以九三属于人位。人处危地而乾乾自强不息，加上警惕，虽危无咎。《浅述》的话好懂。只是他说九三是人位，所以"不取象于龙而称君子"，这是不对的。因为九四也是人位，为什么说"或跃在渊"，即龙在渊跳出来呢？但他讲象数而好懂，所以在每卦的说明里多用《浅述》说。（二）义理说。著名的有魏王弼、晋韩康伯注、唐孔颖达疏的《周易正义》，宋朱熹的《周易本义》。（三）训诂，如清王念孙说，见于王引之的《经义述闻》，有俞樾的《群经平议》。（四）近人研究新说，有闻一多的《周易义证类纂》，李镜池的《周易通义》，可称古史说，用史的眼光解《易》；高亨的《周易古经今注》、《周易大传今注》，有新说。这四种中，主要是象数说、义理说和古史说三种，今译就参考这三种书。

就这些书说，对卦爻辞的解释也有分歧。对于分歧的解释，只能认为那种说法用来解释原文比较符合，就采用那种说法，不管是象数说或义理说，是新说或旧说。比方《周易》开头的第一句话："《乾》：元亨，利贞。"有三种解释：（一）《周易集解》：子夏传曰："元，始也。亨，通也。利，和也。贞，正也。"《文言》曰："元者，善之长也。亨者，嘉之会也。利者，义之和也。贞者，事之干也。"这两说都解为四德。（二）《彖传》："大哉乾元，万物资始。"这是释"元"为始。"乃统天，云行雨施，品物流形。大明终始，六位时成。"这是释"亨"为通，即万物化生，六爻随时而成，都讲通顺。"乾道变化，各正性命，保合大和，乃利贞。"这是释"利贞"，指天道生长万物，各正性命而得太和为"利贞"。即把元、亨、利贞释为三德，不作为四德。（三）李镜池《周易通义》："元亨约同于大吉。""利贞，利于贞问。"即占问有利。不是四德或三德。结合卦爻辞来看，贞是讲占问，不是讲德性,(三)说是符合实际的，即采用新说。

《乾》卦接下去的爻辞，有"初九：潜龙勿用"；"九二：见龙在田"；"九三：君子终日乾乾"；"九四：或跃在渊"；"九五：飞龙在天"；"上九：亢龙有悔"。这些爻辞中的"龙"，有二说：（一）闻一多《周易义证类纂》认为是指天上的"龙星"。李镜池《周易通义》采用了，并引了闻一多引《说文》："龙，春分而登天，秋分而潜渊。"（二）《周易集解》："马融曰：'物莫大于龙，故借龙以喻天之阳气也。初九建子之月（阴历十一月），阳气始动于黄泉，既未萌牙，犹是潜伏，故曰潜龙也。'"闻一多、李镜池说"龙"是天上的"龙星"，是新说。但天上的龙星是在天上，怎么会潜伏到地下去呢？又怎么出现在田野里呢？又怎么从渊中跃出来呢？是讲不通的。再看《说文》："龙，鳞虫之长，能幽能明，能细能巨，能短能长。春分而登天，秋分而潜渊。"《说文》不是讲天上的龙星。摘引其中两句，用来讲天上的龙星，也不合。用龙来比阳气，这是象。用"初九"来指阴历十一月，这是数。这是象数说符合原文，就用象数说，不用新说。

又，从"初九"到"上九"都讲"龙"，独有"九三"讲"君子"，不讲龙，为什么？闻一多、李镜池没有讲，从王弼到朱熹也没有讲。《周易集解》："干宝曰：爻以气表，繇以龙兴。嫌其不关人事，故著君子焉。阳在九三，正月之时，自《泰》来也。阳气始出地上而接动物，人为灵，故以人事成天地之功者，在于此爻焉。故君子以之忧深思远，朝夕匪懈。"这里干宝指出，爻辞用龙来表阳气，要是都讲龙，好像跟人事无关，所以插入"君子"，讲明讲龙也关人事，这是一。又指出"九三"是阴历正月，阳气已出地上，君子正朝夕匪懈来成天地之功，所以突出君子。这样，干宝的象数说，在说明"君子"上胜过新说，也胜过义理说。再联系"君子终日乾乾"的"乾乾"，有二说：（一）李镜池《周易通义》："乾乾：闻一多谓当读为惕惕，惕，忧貌。"（二）上引干宝说，解"终日乾乾"为"朝夕匪懈"。《周易正义》释"终日乾乾"为"终竟此日，健健自强，勉力不有止息"。释乾乾为自强不息。按（一）说改字作释，没有旁证，联系原文也不合，不可取。（二）说符合原文，可用。这里用象数义理说，不用新说。

又"上九"曰"亢龙"又有二说：（一）李镜池《周易通义》："亢龙：闻一多解为直龙。亢有直义。龙欲曲，不欲直。""直则凶。"

（二）朱熹《周易本义》：“上者最上一爻之名。亢者过于上而不解下之意也。阳极于上，动必有悔，故其象占如此。”（二）说与"上九"结合，符合原意，亦与"有悔"合。（一）说不与"上九"结合，又称"直则凶"，与"有悔"不合，在卦爻辞中，"悔"与"凶"不同。即采义理说不采新说。说明译注只采用较符合原文的说法，不管是新说或旧说，是义理说或象数说。

这样来理解卦爻辞，还有不好理解的。如《丰》卦："六二：丰其蔀，日中见斗。"《周易通义》："大房子用草或草织小席盖房顶，白天能见到北斗星。"按大房子有门窗院子，用草席盖房顶，房外在日中还是很明亮的，怎么能看见北斗星呢？《周易集解》："虞翻曰：日蔽云中称蔀。"指云把太阳蔽住了。假如云只遮住太阳，天空还是亮的，又怎么能看见北斗星呢？假如云把整个天空都遮住了，那也看不到北斗星。《周易大传今注》："《释文》：'见斗，当作见主。'主乃古烛字。院中搭大席棚，室中黑暗，日中之时燃烛以取明。"又："九四：丰其蔀，日中见斗。"同上："大其院中之席棚，以蔽夏日，日中之时，忽逢日食，见斗星。"同样的话，见于同一个《丰》卦，何以作两种解释？在"日中见斗"里，没有日蚀的记载，何以知为日蚀？《周易正义》："'丰其蔀'者，（六）二以阴（爻）居阴（位），又处于内，幽暗无所睹见，所丰在于覆蔽，故曰'丰其蔀'也。蔀者覆暧障光明之物也。'日中见斗'者，（六）二居离卦（☲）之中，如日正中，则至极盛者也。处日中盛明之时，而斗星显见，是（六）二之至暗，使斗星见明者也。处光大之世，而为极暗之行，譬日中而斗星见，故曰'日中见斗'也。"这是说，

"日中见斗"，不是实象，是假象，并非真有其事，只是比方，一个人处在极光明的时代，内心极为阴暗。用了实象假象之说，还可以说得通。译注就取这个说法。但这个说法是否对，无法判断。译注中类似这样的地方还有。因此译注一定还有错误和不恰当的，还请专家和读者指正。

上　经

乾（卦一）

☰（乾下乾上）

《乾》：元亨，利贞。①

初九：潜龙，勿用。②

九二：见龙在田，利见大人。③

九三：君子终日乾乾，夕惕若。厉，无咎。④

九四：或跃在渊，无咎。

九五：飞龙在天，⑤利见大人。

上九：亢龙，有悔。⑥

用九：见群龙无首，吉。⑦

【译文】

《乾》卦：大通顺，占问有利。

倒数第一阳爻：象龙潜伏着，不可有所作为。

倒数第二阳爻：龙出现在田野里，见贵人有利。

倒数第三阳爻：贵人整天自强不息，晚上警惕着。（情况）严重，没有害。

倒数第四阳爻：龙或者跃进深渊，没有害。

倒数第五阳爻：龙飞在天上，见贵人有利。

最上阳爻：处在极高处的龙，有悔恨。

用阳爻：看见许多龙，没有龙王，是吉利的。

【注】

①《乾》：乾，卦名，指天，用三个阳爻☰组成。重卦☰，由六个阳爻组成。"元亨，利贞"是《乾》卦的卦辞。元亨是大通顺。利贞是占问的事有利，贞是占问。

②初九：乾卦☰有六画，称六爻。一为阳爻，称九。初九：指倒数第一爻为阳爻。以上九二、九三指倒数第二、第三阳爻。上九：指最上阳爻。潜龙：李鼎祚《周易集解》（以下只称《周易集解》）："马融曰：'物莫大于龙，故借龙以喻天之阳气也。初九建子之月（阴历十一月），阳气始动于黄泉（地下），既未萌牙，犹是潜伏，故曰潜龙也。'"

③见：同现。大人：指贵族。

④君子：指贵族。乾乾：自强不息貌。惕若：警惕着。厉：危险。无咎：无害。

⑤九五：《周易集解》："干宝曰：'五在天位，故曰飞龙。'"

⑥亢龙：朱熹《周易本义》："亢者，过于上而不能下之意也。阳极于上，动必有悔。"比喻处在高危的地位。

⑦用九：占筮时先求出两个卦来，如"《乾》☰之《同人》☲"，即求出《乾》卦和《同人》卦，把这两个卦比一下，只有倒数第二爻不同，即《乾》卦的阳爻—变成《同人》卦的阴爻--。这样即可找《乾》卦的九二爻辞来定吉凶。要是碰到"《乾》☰之《坤》☷"，《乾》卦的阳爻对

着《坤》卦的阴爻，两卦的六爻完全不同，无法找到哪一爻，这时就看《乾》卦的用九来定吉凶。同例，要是《坤》卦☷碰上《乾》卦☰，《坤》卦的阴爻--称六，那也找不到爻辞，也来个"用六"，据《坤》卦的用六来定吉凶。这种六爻都变的现象在别的卦里是没有的，所以只有《乾》《坤》两卦各多了一个"用九""用六"的爻辞。

《彖》曰：⑧大哉乾元，万物资始，乃统天。⑨云行雨施，品物流形。⑩大明终始，六位时成。时乘六龙以御天。⑪乾道变化，各正性命。保合大和，乃利贞。⑫首出庶物，万国咸宁。⑬

【译文】

《彖传》说：盛大啊天的元气，万物靠着它有了开始，是属于天。云的流动，雨的下降，各类物品变动形成。太阳成终成始（在运行），上下四方的方位于是形成。按时驾着六条龙拉的车子运行在天空中。天道的变化，（使万物）各自端正它的性命。保持住冲和之气，是有利于正道。（天）开始生出众物，（使）万国都安宁。

【注】

⑧《彖》(tuàn)：解释卦辞的话，称《彖传》。《彖传》解释卦辞"元亨利贞"，分元、亨、利贞来释，与原来卦爻辞的含义不同。

⑨乾元：天的元气，认为元气化生万物，都属于天。《周易集解》引《九家易》："元者，气之始也。"这是释"元"。

⑩雨施：犹雨降。品物：品类之物，指万物。流形：变动成形。

⑪"大明"三句：《周易集解》："侯果曰：'大明，日也。六位，天

地四时也，六爻效彼而作也。大明以昼夜为终始，六位以相揭为时成。言乾乘六气而陶冶变化，运四时而统御天地，故曰时乘六龙以御天也。"大明指日，日出，天在上，地在下，四时的寒暑变化也因日照而成，故称"六位时成"。天乘六气，指乾元，即天乘着六位之气来化生万物。以上释"亨"，"亨"为通。

⑫乾道：天道。天道变化，即"大明终始，六位时成"。各正性命：万物各得性命之正。性指属性，命指寿命。保合：保持住。大和：太和，指冲和之气，即四时之气谐调，无疾风暴雨旱涝灾害。这是讲"利贞"，以"贞"为正，有利于贞，即"各正性命"的意思。

⑬《周易集解》引刘瓛曰："阳气为万物之所始，故曰'首出庶物'。立君而天下皆宁，故曰'万物咸宁'也。"

《象》曰：天行健，⑭君子以自强不息。"潜龙勿用"，阳在下也。"见龙在田"，德施普也。⑮"终日乾乾"，反复道也。"或跃在渊"，进无咎也。"飞龙在天"，大人造也。⑯"亢龙有悔"，盈不可久也。"用九"，天德不可为首也。⑰

【译文】

《象传》说：天道刚健，君子以（天为法），所以自强不息。（看到初九）"潜龙勿用"，因阳爻在一卦的下位（所以隐居不出）。（看到九二）"见龙在田"，（喻大人在民间，）恩德普遍推行。（看到九三君子）"终日乾乾"，反反复复都合于正道。（看到九四）"或跃在渊"，（喻有人象龙跳进深渊，）前进没有害处。（看到九五）"飞龙在天"，喻大人（居君位）有所作为。（看到上九）"亢龙有悔"，（喻居极高之位）骄傲自满不能长久。（看到）"用九",（见群龙无首，德齐力均，合于）天德，不能有个做首领的。

【注】

⑭《象》：《象传》，对卦爻辞的解释。天行：天道。这两句讲卦辞的意义。

⑮普：普遍。

⑯《周易集解》："荀爽曰：'大人造法，见居天位，圣人作而万物睹，是其义也。'"

⑰《周易集解》引宋衷曰："群龙纯阳，则天德也。"《乾》卦六爻都是阳爻，所以称纯阳为天德。

《文言》曰："元"者善之长也，"亨"者嘉之会也，"利"者义之和也，"贞"者事之干也。⑱君子体仁足以长人，嘉会足以合礼，利物足以和义，贞固足以干事。⑲君子行此四德者，故曰："乾，元、亨、利、贞。"

【译文】

《文言》说："元"是善的首位，"亨"是美的集合，"利"是义的应和，"贞"是百事的主干。君子实行仁够做人的首长，集合美够合于礼，对人物有利够跟义相应和，坚持正道够主干各事。君子实行这仁、礼、义、正四种德行，所以说："乾卦，元、亨、利、贞。"

【注】

⑱《文言》：对《易经》《乾》卦和《坤》卦的卦爻辞的解释，把《乾》《坤》卦爻辞给与理论的意义，与《乾》《坤》卦爻辞原为占问吉凶的不同。因此把"元、亨、利、贞"分开来释。嘉：美。和：相应。贞：正。

⑲体仁：实行仁。利物：对人物有利。贞固：正而坚，坚持正道。

初九曰"潜龙勿用"，何谓也？子曰："龙，德而隐者也。不易世，⑳不成名，遁世无闷，不见是而无闷。乐则行之，忧则违之，确乎其不可拔，㉑潜龙也。"

九二曰"见龙在田，利见大人"，何谓也？子曰："龙，德而正中者也。㉒庸言之信，庸行之谨，闲邪存其诚，善世而不伐，德博而化。㉓《易》曰：'见龙在田，利见大人'，君德也。"

九三曰"君子终日乾乾，夕惕若。厉，无咎"，何谓也？子曰："君子进德修业，忠信所以进德也，修辞立其诚，所以居业也。㉔知至至之，可与言几也。知终终之，可与存义也。㉕是故居上位而不骄，在下位而不忧，故乾乾因其时而惕，虽危无咎矣。"

九四曰"或跃在渊，无咎"，何谓也？子曰："上下无常，非为邪也。进退无恒，非离群也。君子进德修业，欲及时也，故无咎。"

九五曰"飞龙在天，利见大人"，何谓也？子曰："同声相应，同气相求。水流湿，火就燥，云从龙，风从虎，圣人作而万物睹。本乎天者亲上，本乎地者亲下，则各从其类也。"

上九曰"亢龙有悔"，何谓也？子曰："贵而无位，高而无民，贤人在下位而无辅，是以动而有悔也。"

【译文】

初九说"潜龙勿用",说什么?夫子说:"潜龙,比喻有德而隐居的君子。不为世俗所转移,不求成名,避世隐居而没有苦闷,(世人)不看见他的正确而没有苦闷。对高兴的事就去做,对可忧的事就避开,坚定地不可改变,是潜龙(是隐居的君子)。"

九二说"见龙在田,利在大人",说什么?夫子说:"龙现,比喻有德而行正中之道(的大人)。常言的信,常行的谨慎,防止邪僻,保存他的真诚,使世俗变好却不自夸,德泽广大而感化人。《易》说:'见龙在田,利见大人',是有人君之德。"

九三说"君子终日乾乾,夕惕若。厉,无咎",说什么?夫子说:"君子提高品德,治理事业。讲忠信所以提高品德,修饰言辞确立在诚实上,所以处理事业。知道(进德的程度)而达到它,可以跟他讲诚伪微茫的辨别。知道(修业的)结果,终于达到它,可以保存合宜。因此处在上位而不骄傲,处在下位而不忧郁,所以不停地前进,随时警惕,虽处境危险也无害了。"

九四说"或跃在渊,无咎",说什么?夫子说:"(象龙)或上或下,没有一定,不是为了邪僻。或进或退,没有一定,不是离开群众。好比君子进德修业,要及时(有所作为),所以无害。"

九五说"飞龙在天,利见大人",说什么?夫子说:"声同的互相应和,气同的互相求取。水流向低湿处,火趋向干燥处。云跟从龙,风跟从虎。圣人制作而万人仰望。确立在天上的(如日月星辰)亲附上天,确立在地上的(如鸟兽草木)亲附下地,是各从它的类别。"

上九说"亢龙有悔",说什么?夫子说:"尊贵而没有地位(君位在九五,所以上九无位)。高而没有民(民在下,所以上九无民)。贤人在下位而他没有辅佐，（贤人指九三之君子，在九三，所以上九无贤，）因此动而有悔。"

【注】

⑳易：转移。

㉑确：坚正。拔：转移。

㉒正中：正确，中指不偏。

㉓庸言、庸行：常言、常行，不易之谓庸，指正确。闲：防制。善世：使世俗变好。伐：自夸。化：感化。

㉔居业：陈梦雷《周易浅述》："居者守而勿失，如屋之既修，居之乃为我有也。"

㉕知至至之：进德之事。理无加于忠信，故曰至。至之，则进而不已也。诚伪微茫之判曰几。知终终之：居业之事。万事究竟归于一诚，故为终。终之则居而不失也。事物有裁制之宜为义。

"潜龙勿用"，下也。㉖"见龙在田"，时舍也。"终日乾乾"，行事也。"或跃在渊"，自试也。"飞龙在天"，上治也。"亢龙有悔"，穷之灾也。㉗乾元"用九"，天下治也。

【译文】

（初九）"潜龙勿用"，指处在下位。（九二）"见龙在田"，指暂时住在（民间）。（九三）"终日乾乾"，指（勤勉地）办事。（九四）"或跃在渊"，（比喻活动于下层，）自试（他的才能）。（九五）"飞龙在天"，（比喻）在上位治国。（上九）"亢龙有悔"，（比喻高到）极点造成灾祸。乾元"用九"（群龙无首，没有天子，只有酋长，）天下太平。

㉖这是从人事方面来解释《乾》卦的爻辞。

㉗穷：指穷高，高到极点。

"潜龙勿用"，阳气潜藏。㉘"见龙在田"，天下文明。㉙"终日乾乾"，与时偕行。㉚"或跃在渊"，乾道乃革。㉛"飞龙在天"，乃位乎天德。㉜"亢龙有悔"，与时偕极。㉝乾元"用九"，乃见天则。㉞

【译文】

（初九）"潜龙勿用"，指阳气潜藏（在地下）。（九二）"见龙在田"，指天下富文采而光明。（九三）"终日乾乾"，指跟着时节一起前进。（九四）"或跃在渊"，指天道乃变。（九五）"飞龙在天"，是处在天德的位子（指登上君位）。（上九）"亢龙有悔"，（阳气）跟着时节一起达到极点。乾元"用九"，乃看到天道运行的规律。

【注】

㉘这是从天道来解释《乾》卦的六爻。初九，指阴历十一月，阳气藏在地中。

㉙九二，指阳气出于地面，当阴历正二月，大地花草萌生，故大地有文采而光明。天下，指大地。

㉚九三，当阴历三四月，草木繁茂，故称君子与时并进而不息。

㉛九四，当阴历五六月，天气转热，故称天道乃变。

㉜九五，指阴历七八月，谷物成熟，故称天德成就。又九五是君位，指登上君位。

㉝上九，指阴历九十月，阳气由盛而衰，草木亦由盛而衰，故说"与时偕极"。

㉞尚秉和《周易尚氏学》："（上九）阳气将尽矣，故曰'与时偕极'。阳极反阴，阴极反阳，乃天道之自然，故曰'乾元用九，乃见天则'。"指阳气尽后，乾元即天的元气，用九的阳爻，即阳气又生，是天的法则。

《乾》"元"者，始而亨者也。㉟"利贞"者，性情也。㊱乾始能以美利利天下，不言所利，大矣哉！㊲大哉乾乎！刚健中正，纯粹精也。六爻发挥，旁通情也。"时乘六龙"，以"御天"也。"云行雨施"，天下平也。㊳君子以成德为行，日可见之行也。"潜"之为言也，隐而未见，行而未成，是以君子"弗用"也。

君子学以聚之，问以辩之，宽以居之，仁以行之。《易》曰"见龙在田，利见大人"，君德也。

九三重刚而不中，㊴上不在天，下不在田，故乾乾因其时而惕，虽危无咎矣。

九四重刚而不中，上不在天，下不在田，中不在人，㊵故"或"之。"或"之者，疑之也，故"无咎"。

夫"大人"者与天地合其德，与日月合其明，与四时合其序，与鬼神合其吉凶，先天而天弗违，后天而奉天时。天且弗违，而况于人乎？况于鬼神乎？

"亢"之为言也，知进而不知退，知存而不知亡，知得而不知丧。其唯圣人乎！㊶知进退存亡而不失其正者，其唯圣人乎！

【译文】

《乾》卦的称"元"（元气），开始（化生万物）而得通顺。"利贞"，天的化生能有利于万物性情之正。天开始能用美利来使天下得利，不说得利之物，大啊！大啊天，又刚健，又中正，纯粹而精美。《乾》卦六爻发挥作用，广通于天道、人道的情状。乾德象按时乘着六龙驾的车子巡行天上。象云流动，雨下降，天下和平。

君子以成就德业为行动，每天可以看见他的行动。(初九)说的"潜"，隐伏而没有看见，行动而没有成就，因此君子不"用"它。

君子用学习来积累知识，用问来辨明是非，用宽容来存心，用仁心来行事。《易》（九二）说"见龙在田，利见大人"，是君主的德行。

九三处在两重刚位，但在六爻内不在中间，向上不象九五的在天位，向下不象九二的在田野,(九三处在人位,)所以"奋勉地"随时"警惕"，处境虽危而"无害"了。

九四处在三重刚位，在六爻内不在中间，向上不象九五的在天位，向下不象九二的在田野，向中不象九三的在人位，所以说"或"。说"或"表示疑而未定，所以"无害"。

（九五）"大人"的德与天地好生之德相合，他的明察与日月的普照相合，他的恩威与四时的顺序相合，他的赏罚与鬼神福善祸恶相合，他走在天象之前而天不违反他，他走在天象之后依天时行事。天象尚且不违反他，何况人呢？何况鬼神呢？

（上九）的讲"亢"，只知进而不知退，只知存而不知亡，只知得到而不知丧失，他是愚人吧。知道进退存亡而不失掉他的正确的，他是圣人吧。

【注】

㉟这里再释《乾》卦卦辞，释"元"为始，释"亨"为通，即元亨是天始生万物而通顺。

㊱释《乾》卦的"利贞"，认为天的化生万物，有利于使万物得性情之正。《周易集解》："干宝曰：'以施化利万物之性，以纯一正万物之情。'"

㊲陈梦雷《周易浅述》："《坤》利牝马，他卦利建侯、涉川，皆有所指。《乾》始无所不利，非可指名，故言利，不言所利也。"

㊳同上："六龙即六爻。……言乘龙者，将以御天也。六爻不外一时，圣人以时乘此六龙，将以御天下也。云行雨施，就圣人言之，政教如云之行，德泽如雨之施，天下自无不平也。"

㊴同上："不中，非二五也，不在天，非上中。不在田，非下之中。"上卦之中指九五，是在天位；下卦之中是九二，是在田，即在民间。

㊵中不在人：同上："（九）三（九）四皆人位，而（九）四居人之上而近君（九五君位），故曰'不在人'。"所以不在民间了。

㊶高亨《周易大传今注》："上'圣人'二字，《释文》云：'王肃本作愚人。'按王肃本是也。愚人、圣人相对为文。愚人承亢者而言，圣人承不亢者而言。今依王肃本释之。'唯'犹是也（王引之《经传释词》有此例）。"

【说明】

《乾》卦分经和传两部分：经指卦辞及爻辞，是供占筮吉凶用的。卦辞"元亨，利贞"，即占到这卦，是大通顺，占问有利。《乾》卦☰共有六爻，有六条爻辞，还有一条"用九"爻辞，即七条。《乾》卦的六条阳爻一，指阳气，所以爻辞用龙来比阳气。冬至一阳生，阳气跟节令有关，所以这六爻爻辞讲的阳气也和节令有关。《乾》卦中的卦辞和爻辞有各种不同解释，何去何从，已见《前言·周易译注》，不再重说。还有一些不同解释，在这里补述一下。如《乾》卦的乾字，有三说：（一）《周易·说卦》："乾，天也。"（二）李鼎祚《周易集解》："案《说卦》：'乾，健也。言天之体以健为用，运行不息，应化无穷，故圣人则之，欲使人法天之用，不法天之体，故名乾，不名天也。"（三）李镜池《周易通义》："乾，闻一多认为本当为斡（wò 沃）。""乾、斡都指北斗星。北斗星是天的枢纽，象征天体。"这三说彼此相关，以"乾"为天，指体说；以"乾"为健，指用说；以"乾"为斡，为北斗星，指天的枢纽说。看来在八卦中即以"乾"为天，所以还是以"乾"为天，最为通行。

又"用九：见群龙无首，吉"。闻一多说："群读为卷。……卷龙如环无端，莫辨首尾，故曰'无首'，言不见首耳。"《周易通义》采用闻说。按改"群"为"卷"，不免改字解经。爻辞说"无首"，解作"不见首"，"无"与"不见"也不同。高亨《周易大传今注》："六爻象群龙并出，各秉刚健之天德。此乃比喻诸侯并立，德齐力均，不可能有帝王为之首领；但以其各秉天德，故吉。"同样是新说，一不合原文，一对原文极为贴切，因此采取后一说。

《乾》卦《文言》里有"子曰"，对《乾》卦的爻辞作了不少解释。这些解释，都是假托孔子的话，不是孔子说的。如"九二：见龙在田，利见大人"。何谓也？子曰："龙德而正中者也。……善世而不伐，德博而化。《易》曰：见龙在田，利见大人，君德也。"按"见龙在田"，指君子在野，不在朝，不掌权。按《论语·先进》篇"子路、曾皙、冉有、公西华侍坐"章,孔子要他们各言尔志。曾皙不讲做官从政,说:"'莫(暮)春者,春服既成,冠者五六人,童子六七人。浴乎沂,风乎舞雩(求雨坛),咏而归。'夫子喟然叹曰:'吾与点也!'"孔子是赞同曾皙的,说明孔子在野时只想做些教学工作,并不认为可以"善世而不伐,德博而化",有"君德"。《孟子·尽心上》里说:"古之人得志泽加于民,不得志修身见于世。穷则独善其身,达则兼善天下。"也是孔子在野时"吾与点也"的意思。所以《文言》里讲在野已经"善世而不伐,德博而化",有"君德",显然不是孔子的思想。所以《文言》不是孔子的著作,"子曰"是假托孔子说的。

按《乾》卦《文言》里有极进步的思想,似应点出,即"先天而天弗违,后天而奉天时","知进退存亡而不失其正者,其唯圣人乎!"这话是反对道家《老子》"天下神器不可为也,为者败之,执者失之"的"无为",主张"先天而天不违",是要有所作为的。这种作为,有的是"先天",有的是"后天"。"先天"是自然现象或社会现象中的变化还没有显露时,或刚露出一点苗头时,就抓住它,好的苗头就加以倡导,坏的苗头就加以制止。这种作为是合于客观规律的,所以"先天而天弗违"。有的现象已经显露出来,好的加以倡导,坏的加以制止,也是合乎客观规律的,所以"后天而奉天时"。《文言》里又说"亢之为言也,知进而不知退,知存而不知亡,知得而不知丧",它要知进退、存亡、得丧,在进、存、得的时候,还要知退、亡、丧,提高警惕,这里有朴素的辩证观点。尤其是"先天而天弗违,后天而奉天时",是有所作为的。这种作为,不论"先天"或"后天",都能掌握客观规律,按照客观规律办事。所以又说:"天且弗违,而况于人乎,况于鬼神乎。"不违反客观规律办事,自然办得成功，对人民生活有好处，人民乐从，所以说"而况于人乎"。说"况于鬼神乎"，这话不在于迷信鬼神，在于"与鬼神合其吉凶"，即"况于吉凶乎"，即这样的作为，是符合趋吉避凶的。要是领导者的作为，违反客观规律，违反人民的意愿，那就是凶；现在按照客观规律办事，得到人民的拥护，把事情办好，自然是吉。《文言》里提出这样的要求，不正是《易传》中的先进思想吗？

坤（卦二）

☷☷（坤下坤上）

《坤》：元亨。利牝马之贞。①君子有攸往，先迷后得主。②利西南得朋，东北丧朋。③安贞吉。

《彖》曰：至哉坤"元"，④万物资生，乃顺承天。坤厚载物，德合无疆。含弘光大，⑤品物咸"亨"。"牝马"地类，行地无疆，柔顺"利贞"。"君子"攸行，"先迷"失道，"后"顺"得"常。"西南得朋"，乃与类行。"东北丧朋"，乃终有庆。"安贞"之"吉"，应地无疆。

《象》曰：地势坤。⑥君子以厚德载物。

【译文】

《坤》卦：大通顺。占问雌马有利。君子有所往，起先迷路，后来得到房主人（的接待）。有利于到西南方去，得赚钱；到东北去，会失财。占问安居，吉。

《彖传》说：至善啊《坤》卦的元始，万物靠它生长，是顺受天道来的。地广厚能载万物，坤德合于乾德的无疆。含容广大，各种物类都得到畅达。

雌马跟地都属于阴性，在地上行走是无限的，性情柔顺，有贞正的美德。君子有所远行，开始迷惑失路，后来顺利得到正路。向西南去得到朋友，是跟同类的人一起走。向东北去失掉朋友，却是终于有吉庆。安于正道得吉庆，适应地的广大无边。

《象传》说：地势是顺（着天的）。君子（效法地），用深厚的德泽来容纳人物。

【注】

①利牝马之贞：占问用雌马有利。《周易集解》："干宝曰：'行天者莫若龙，行地者莫若马，故乾以龙繇，坤以马象也。坤，阴类，故称"利牝马之贞"矣。'"《坤》卦是六个阴爻，指阴气，故用马来比。因为是阴，故称雌马。

②攸：所。主：房主人。

③朋：卦爻辞的朋，指朋贝。货币起先用贝，贝十枚为一朋。《易传》以朋为友，与卦爻辞不同。西南得朋，东北丧朋：李镜池《周易通义》："周人西南多友邦"，"所以周人到西南各国去能赚钱。而在东北却有个强敌鬼方"，"到强敌处做生意，往往被人抢劫，所以会丧朋"。

④《周易集解》："九家易曰：'坤者纯阴，配乾生物，亦善之始，地之象也，故又叹言至美。'"释"至"为"至美"，释"元"为"善之始"。

⑤光大：高亨《周易大传今注》："光借为广。广大谓地体广阔。"

⑥坤：《说卦》："坤，顺也。"

初六：履霜，坚冰至。

《象》曰："履霜坚冰"，⑦阴始凝也。驯致其道，⑧至"坚冰”也。

六二：直、方、大，不习，无不利。⑨

《象》曰：六二之动，“直”以“方”也。⑩“不习无不利”，地道光也。⑪

六三：含章，可贞，⑫或从王事，无成有终。⑬

《象》曰：“含章可贞”，以时发也。“或从王事”，知光大也。⑭

六四：括囊，无咎无誉。⑮

《象》曰：“括囊无咎”，慎不害也。

六五：黄裳，元吉。

《象》曰：“黄裳元吉”，文在中也。⑯

上六：龙战于野，其血玄黄。⑰

《象》曰：“龙战于野”，其道穷也。

用六：利永贞。⑱

《象》曰：“用六永贞”，以大终也。

【译文】

倒数第一阴爻：踩着霜，坚冰将要到来。

《象传》说：“踩着霜”，阴气开始凝结。顺着推求它的自然规律，会到达“坚冰”的。

倒数第二阴爻：（顺着天道是）直，（地道是）方、大，不熟习它，没有不利。

《象传》说：六二的变动，“直”且“方”。“不习无不利”，地道广大。

倒数第三阴爻：（大地）含蕴着文采，占问是好的。有人从事王事，没有成法，但有结果。

《象传》说："含章可贞"，按时候发动。"或从王事"，才智广大。

倒数第四阴爻：扎好口袋，没有害处，也没有好处。

《象传》说："括囊无咎"，谨慎而没有害处。

倒数第五阴爻：（穿着）黄色的衣裳，大吉。

《象传》说："黄裳元吉"，（外加罩衫）文采在内。

上面的阴爻：两龙在野地相斗，它的血玄黄色（含有不吉利意）。

《象传》说："龙战于野"，它的道穷困。

用阴爻：占问永远吉利。

《象传》说："用六永贞"，（由阴变阳，）以小变大来做终结。

【注】

⑦履霜坚冰：朱熹《周易本义》："按《魏志》（《三国志·魏书·文帝纪》许芝引）作'初六履霜'，今当从之。"即《象传》里只作"履霜"，"坚冰"两字当删去。

⑧驯致：犹顺推。道：指自然之道。

⑨直、方、大：坤讲地的道，初六《象》曰"顺致其道"，即顺着天道，是直的；古人称"天圆地方"，故称地是方的，地又是大的。占到这爻，都是有利的。

⑩以：犹"且"。

⑪光：借为广，指广大。

⑫含章：含有文章，指有文采。可贞：占问认为可以，即吉。

⑬无成有终：尚秉和《周易尚氏学》："阴顺阳，故无敢成，成，法也，式也，言不敢作法也。""代乾作事，故曰有终。"

⑭知：同智。

⑮扎住口袋，不会有漏，所以无咎，但也不能再装东西进去，所以也无誉。

⑯黄裳：是尊贵有彩色的衣裳，要外加罩衣。

⑰龙战：指阴阳交战。玄黄：天玄地黄，含有天地的色意，指上下交战。

⑱用六：见《乾》卦注⑦用九注。用六，指《坤》卦☷的阴爻转为《乾》卦☰的阳爻，所以占问永远有利。

《文言》曰：《坤》至柔而动也刚，至静而德方，后得主而有常，含万物而化光。⑲坤道其顺乎，⑳承天而时行。积善之家必有余庆，积不善之家必有余殃。臣弑其君，子弑其父，非一朝一夕之故，其所由来渐矣，由辩之不早辩也。

《易》曰："履霜，坚冰至"，盖言顺也。

"直"其正也，"方"其义也。君子敬以直内，义以方外，敬义立而德不孤。㉑"直、方、大，不习，无不利"，则不疑其所行也。

阴虽有美，"含"之以从王事，弗敢成也。㉒地道也，妻道也，臣道也，地道"无成"而代"有终"也。

天地变化，草木蕃。天地闭，贤人隐。㉓《易》曰："括囊，无咎无誉"，盖言谨也。

君子"黄"中通理，正位居体，㉔美在其中而畅于四支，发于事业，美之至也。

阴疑于阳必"战"，为其兼于无阳也，故称"龙"焉。

犹未离其类也，故称"血"焉。夫"玄黄"者，天地之杂也。天玄而地黄。㉕

【译文】

《文言》说：《坤》卦（六爻皆阴）所以极阴柔，它的变动（生出阳爻来）所以有刚，（《坤》指地，）所以极静而坤德是方正的，（由坤变动后产生阳爻，阴是主，）后来得主而有常道，地含藏万物而化育广大。坤道是顺吧，承奉天道而按时行动。积善的人家一定有多余的吉庆，积不善的人家一定有多余的灾殃。臣子杀掉他的君主，儿子杀掉他的父亲，不是一朝一夕的缘故，它所造成的原因是逐渐来的，由于辨别它不是早点来辨别的。

《易·坤》卦（初九）说："履霜，坚冰至"，大概是说顺着时令来的。

（六二说，地顺着天道是直的，）"直"是正确的，"方"是合宜的。君子主敬用来使内心正直，处事合宜用来使对外方正，主敬和合宜确立了道德就不孤独。"正直、方正、广大，对于不熟习的事情，处理起来无不利"，那是不怀疑他所做的。

（六三阴爻。）阴虽有好处，含畜着来从事王者的事，不敢制定法式。坤是地道、妻道、臣道。地道没有制定法式而代天道有结果。

天地变化，草木繁盛。天地闭塞，贤人隐居。《易·坤》卦（六四）"括囊，无咎无誉"，大概是说要谨慎。

（六五"黄裳"外加罩衣，）君子黄裳在中间，指中心通于道理。端正所处的地位而守礼，美在内心，畅发于四肢，表现于事业，是极好的。

（上六）阴和阳势钧力敌一定斗争，为了阴要兼并阳，所以称龙。但还没有离开它的阴类，所以称血。"玄黄"是天地相混杂，天色玄而地色黄。

【注】

⑲《坤》☷，六爻皆阴，故至柔。《坤》☷变动为《屯》☳，有了两个阳爻，阳为刚。坤是地，所以称至静。古人称天圆地方，故称"德方"。坤变动而生阳，阳为主，故后得主。常为常道，即规律。光借为广，广大。

⑳坤道顺天道，故称顺。

㉑坤道顺天，所以直而不曲，喻正直。古称天圆地方，地大，喻方正宽大。《周易集解》："君子惟主敬，则其内自直。""惟守义，则其外自方。""敬义既立，事君则忠，事亲则悦，交友则顺，所谓不孤。至此，不期大而自大。"

㉒含：容顺，坤道顺着天道。"成"指制定法式，见上注。

㉓天地变化：《周易集解》："天地交感，则变化万物，虽草木亦蕃，若重阴闭塞，虽贤人亦隐。"

㉔《周易尚氏学》："地色黄，黄中色，五中位，故曰黄中。《玉篇》：'理，文也。'坤为文，故曰理。'黄中通理'者，言由中发外，有文理可见也。'正位居体'，即体居正位。坤为体为事业，言有黄中之德者，身必阔，事业必成也。"

㉕阴疑于阳：疑通拟。《周易本义》："疑谓钧敌而无小大之差也。"为其兼于无阳也，故称龙："兼"一般作"嫌"，今从《周易集解》，指坤以阴兼阳位，故称龙。乾称龙，坤亦称龙，故二龙交战，未离其类，指坤未离阴类，故称血。《周易本义》："血，阴也。玄黄：天地之正色也，亦阴阳皆伤也。"

【说明】

《坤》卦指地，与《乾》卦指天相对；《坤》卦是阴爻，与《乾》卦是阳爻相对；乾是刚健，与坤的阴柔相对。所以用龙来喻乾指阳气，用雌马来喻坤指阴气。就卦爻辞看，坤指地，所以占出外经商，有先迷路后得主，有赚钱和失利。坤指阴气，所以有"履霜"的"阴始凝"。坤指地，所以有"直、方、大"。大地是美的，所以"含章"。地道又是承天道而行的，所以"无成，有终"，所以"黄中通理"。地有收成，所以跟"括囊"有关。地道与天道相抗，所以成为"龙战于野"。卦爻辞的占吉凶，都是从地道所具有的各种特点来的。卦爻辞的编者在编卦爻辞时也有他的思想意义，如"利西南得朋，东北丧朋"，这里就有分清友和敌的含意，去友邦可得利，去敌国会失利。如"履霜，坚冰至"，这里就有自然界的变化在内。"或从王事，无成有终"，这里就有地道承天道而行，有所秉承的意思。"龙战于野"，这里有阴阳相争，两败俱伤的意思。这样，到《易传》里就在思想上作进一步发挥了。

《易传》的解释有与卦爻辞不同的，如卦辞的"西南得朋，东北丧朋"，指经商的得利失利。《彖传》说："西南得朋，乃与类行"，"朋"不指朋贝，成了同类的友朋了。再像卦辞"元亨"指大通顺，《彖传》称"元"为"万物资生，乃顺承天"，即顺承天道来资生万物为"元"。又称"含弘光大，品物咸亨"，即天地的含弘光大使万物都得到生长为"亨"。这既与卦辞不同，又在理论上作了发挥。再像爻辞说："履霜坚冰至"，指自然界的变化。《文言》里说："臣弑其君，子弑其父，非一朝一夕之故，其所由来者渐矣。"这就从自然界的变化推到社会上的变化了。《彖传》又说："坤道其顺乎，承天而时行。积善之家必有余庆，积不善之家必有余殃。"这里发挥坤道的承天而时行，又用了《老子》七十七章"天之道损有余而补不足"的思想。即积善有庆、积不善有殃合于天道的"损有余而补不足"。

对《坤》卦的爻辞有不同解释,如"六二":(一)李镜池《周易通义》作:"直,方,大,不习,无不利。""直、方、大:这是对大地的一种粗浅的认识,认为大地是平直、四方、辽阔的。由于商人到处去,有时走得很远,因而得出了对大地'直、方、大'的结论。有了这种初步认识,行旅就会有一定的方向和经验,所以,虽然是不熟悉的地方也可以去,不会有什么问题。"这样讲,跟卦辞有矛盾。卦辞说:"东北丧朋。"到东北去了就失了财,可见到不熟悉的地方去不是没有问题。(二)高亨《周易大传今注》作:"直方,大不习,无不利。""大字疑是衍文。直读为《诗·宛丘》'值其路羽'之值,持也。方,并船也。习,熟练也。爻辞言:人操方舟渡河,因方舟不易倾覆,虽不熟练于操舟之术,亦无不利。"(三)闻一多《周易义证类纂》:"案'大'盖即下文'不'之误衍。'方'谓方国。古'直''省'同字,'直方'疑即'省方'。……'省方'犹后世之巡狩,其事劳民耗财,不宜常行,故曰'不习,无不利'。"(四)《周易集解》:"九家易曰:'谓阳下动,应之则直而行,布阳气于四方也。'"这是说"大"指天的阳气;"直"指地应阳气而动;"方"指布阳气于四方。(五)同上:"干宝曰:'……阴出地上,佐阳成物,臣道也,妻道也,……臣贵其直,妻贵其方,地体其大,故曰'直、方、大'。……道成于我,而用之彼,……故曰'不习无不利'。"这里已有五种解释。按这里在讲《坤》卦的"六二"爻辞,能够不改字作解就不必改字,因此改"直"为"值"或"省",先不考虑。(一)说以"直、方、大"指地的静态,按爻辞不光指静,也指动。故"《象》曰:'六二之动,直以方也'"。即上引(四)的九家易说。看来(四)的九家易说,既指阳气之大,又指地气的"应之直而行,布阳气于四方",这是指阴阳二气化生万物,所以不用熟习,无不利,这是出于自然,至于(五)

的干宝说，牵涉到臣道、妻道，还不能说"不习无不利"。因此这里取（四）说。

又"六三：或从王事，无成，有终"。（一）《周易通义》："王事：指战争。无成：不会成功。有终：要使之终止。……作者根据周人的农业生产的经验，得出'不利为寇，利御寇'（《蒙》上九）的结论，反对侵略，主张防御。因此本爻也主张要终止这种战争。"（二）《周易大传今注》："或从王事，不能成功，但亦有好结果。"（三）《周易集解》："干宝曰：'……苟利社稷，专之则可，故曰或从王命，迁都诛亲（指周平王迁都、周襄王诛亲），疑于专命，故亦或之，失后顺之节，故曰'无成'；终于济国安民，故曰'有终'。"（四）尚秉和《周易尚氏学》："阴顺阳，故无敢'成'。成，法也，式也，言不敢作法也。阴始《姤》（☴，《姤》卦初六是阴爻，其他五爻都是阳爻，故称'阴始《姤》'），代《乾》终事（到《坤》☷，六爻皆阴），故曰'有终'。"这里的四说，（一）说把"有终"说成要"终止这种战争"，说得太高了，当时人怎会就有要终止侵略战争的想法。（二）说"不能成功，但有好结果"，意义不明。这个好结果是不是指成功呢？（三）说认为"有终"是成功。但是专命，所以"无成"，既是成功，专命也是成功，不能说"无成"。（四）说以"无成"指不能立法，"有终"指成功，最为圆满，故从（四）说。

再说《坤》卦《文言》的讲法，似有胜过《象传》处。《象传》讲《坤》是"乃顺承天"，"柔顺利贞"，只讲柔顺。《文言》说："《坤》，至柔而动也刚，至静而德方。"不是一味柔顺的，在动的时候是刚的，不是一味静的，在德上是方正的。这样讲，就可以补《象传》的不足。又说："直其正也，方其义也，君子敬以直内，义以方外，敬义立而德不孤。"这里对"直方"作了进一步的说明，联系道德来讲，不限于讲地的直方了。这也可跟"《坤》，至柔而动也刚，至静而德方"联系。

屯（卦三）

䷂（震下坎上）

《屯》：元亨，利贞。勿用有攸往。^①利建侯。

《彖》曰：《屯》，刚柔始交而难生。^②动乎险中，大亨贞。^③雷雨之动满盈，天造草昧。^④宜"建侯"而不宁。^⑤

《象》曰：云雷，屯。君子以经纶。^⑥

【译文】

《屯》卦：大通顺，占问有利。不用有所往(出门不利)。利于建国封侯。

《彖传》说：《屯》卦，阳刚阴柔开始交结而产生困难(《屯》卦下震上坎，下雷上水，下动上险)。动于险中，占问大通顺。雷雨的动充满天下，天用(雷雨)来创造草木茂密。宜于建国封侯而不得安宁。

《象传》说：云雷困难(指未下雨，状时世艰难)。君子(处艰难时)用来治理世事。

【注】

①《屯》卦，雷下水上，动下险上，动作在危险处，所以有艰难意。攸：所。

②《屯》卦☳，阴爻和阳爻结合，阳刚和阴柔交结，所以产生困难。

③《周易集解》："震为动，上有坎，是'动乎险中'也。动则物通而得正，故曰'动乎险中，大亨贞也'。"《屯》卦是雷下水上，动下险上，故称动乎险中。又有雷雨之象，能生长万物，故占问称大通顺。

④草昧：指草木茂密。

⑤不宁：侯国新建，安不忘危，不宁即不忘危之意。

⑥陈梦雷《周易浅述》："坎不言水而言云者，在雷之上，郁而未通，雨而未成也。"所以是艰难，比有世难，待君子来治理。经纶：治丝，比治理。

初九：磐桓。利居贞。⑦利建侯。

《象》曰：虽"磐桓"，志行正也。以贵下贱，大得民也。

六二：屯如邅如，乘马班如。⑧匪寇，婚媾。⑨女子贞不字，十年乃字。⑩

《象》曰：六二之难，乘刚也。⑪"十年乃字"，反常也。

六三：即鹿无虞，惟入于林中，君子几不如舍，⑫往吝。

《象》曰："即鹿无虞"，以从禽也。"君子舍"之，"往吝"穷也。

六四：乘马班如，求婚媾。往吉，无不利。

《象》曰："求"而"往"，明也。

九五：屯其膏，小贞吉，大贞凶。

《象》曰："屯其膏"，施未光也。

上六：乘马班如，泣血涟如。⑬

《象》曰："泣血涟如"，何可长也？

【译文】

倒数第一阳爻：徘徊（难进）。占问安居有利，建国封侯有利。

《象传》说：虽"徘徊"，立志和行为端正。（初九，阳爻处阴爻下，）以贵处在贱下，大得民心。

倒数第二阴爻：迟回地（难进），骑着马回旋。不是来抢劫，是来就婚。占问女子不孕，十年才孕。

《象传》说：六二的困难，阴爻凌驾于阳爻之上。"十年才孕"，是违反正常。

倒数第三阴爻：逐鹿没有虞人（帮着驱逐），（鹿）只跑入林中，君子见机，不如放弃，去追捕不利。

《象传》说："即鹿无虞"，因为追鹿。君子放弃它，"往吝"是穷困的。

倒数第四阴爻：骑马回旋，求婚姻、去是吉的，没有不利。

《象传》说：求婚而去，明了情况的。

倒数第五阳爻：储存肥肉。问小事吉，问大事凶。

《象传》说："储存肥肉"，布施没有广大。

最上阴爻：骑马回旋，（去抢亲。被抢的女子）哭得血泪交流。

《象传》说："泣血涟如"，怎么可以长久呢？

【注】

⑦磐桓：同盘桓，徘徊不进，故占问安居有利。

⑧屯如邅（zhān 沾）如：状难进。班如：状回旋不进。

⑨匪：同非。婚媾：李镜池《周易通义》："这种婚姻是原始社会中的对偶婚。恩格斯说：'对偶婚制是与野蛮时代相适应的。''随着对偶婚

的发生，便开始出现抢劫和购买妇女的现象。'……而劫夺婚则一群男子去抢劫女性。两者之间很容易引起误会。故有'匪寇，婚媾'之说明。……对偶婚是一种族外婚，族外婚在当时相当困难，故入《屯》卦。"

⑩字：怀孕。

⑪乘刚：初九是阳爻，六二是阴爻，阴在阳上，故称"乘刚"。

⑫即鹿：就鹿，追鹿。虞：虞人，掌管山林鸟兽的官，为贵族打猎时赶鸟兽。几：知机。

⑬涟如：状血泪不止地流。《周易通义》："写的是和对偶婚同时的劫夺婚。""女子被劫，她不愿意，大哭大喊，哭得非常悲惨。"

【说明】

《屯》卦的意义是困难，《周易浅述》："《屯》卦，震下坎上。震☳一阳动于二阴之下，故其德为动，其象为雷。坎☵一阳陷于二阴之间，故其德为陷为险，其象为云为雨为水。""其卦以震遇坎，乾坤始交而遇坎陷，故其名为屯也。"屯指难，所以占筮有各种难，"勿用有攸往"，是出门难；"匪寇，婚媾"，是婚姻难；"十年不字"，是怀孕难；"即鹿无虞"，是打猎难。但也讲到有利的事，如"利建侯"，为什么？《周易浅述》："草昧之时，震动出险，立君为正。"草昧之时是难，"立君得正"，难时也可有利。又称"初九阳居阴下（君居民下）"，"是以贤下人，得民而可君，故利于建侯"。《象传》对此又作了发挥："雷雨之动满盈，天造草昧，宜建侯而不宁。"《周易浅述》："杂乱晦冥之际，宜立君以统治之。然君初立，治理犹疏，日夜不遑宁处，乃可成拨动反正之功。"既称"宜建侯"，又称"不宁"，这是《象传》在理论上作了发挥。

蒙（卦四）

䷃（坎下艮上）

《蒙》：①亨。匪我求童蒙，②童蒙求我。初筮告，再三渎，渎则不告。利贞。

《彖》曰：《蒙》，山下有险，险而止，《蒙》。《蒙》"亨"，以亨行时中也。"匪我求童蒙，童蒙求我"，志应也。"初筮告"，以刚中也。"再三渎，渎则不告"，渎蒙也。蒙以养正，圣功也。

《象》曰：山下出泉，《蒙》。君子以果行育德。

【译文】

《蒙》卦：通顺。不是我求蒙昧的童子，蒙昧的童子求我。初次占筮告诉（吉凶，不信），再三占筮渎犯（神灵），（神灵）不再告诉。占问有利。

《彖传》说：《蒙》卦，（水下山上，）山下有险，遇险而停止，称《蒙》（是不明情况）。《蒙》卦通顺，因通顺是由于（遇险而止），行动及时而中正。"匪我求童蒙，童蒙求我"，两方的志趣相合。"初筮告"，因问刚健中正之事。

"再三渎,渎则不告",渎犯神灵是蒙昧的。蒙昧的用培养来使有正确认识,是圣人的功效。

《象传》说:山下出泉水,是《蒙》卦。君子用果敢的行为来培养人的品德。

【注】

①《蒙》:指蒙昧,不明事理。但蒙昧的人可以教育启发,所以还是通顺的。

②童蒙:蒙昧的童子。

初六:发蒙,③利用刑人,用说桎梏,④以往吝。⑤

《象》曰:"利用刑人",以正法也。

九二:包蒙,吉。⑥纳妇,吉。子克家。

《象》曰:"子克家",刚柔接也。⑦

六三:勿用取女,见金夫,不有躬。无攸利。⑧

《象》曰:"勿用取女",行不顺也。

六四:困蒙,吝。⑨

《象》曰:"困蒙"之"吝",独远实也。⑩

六五:童蒙,吉。⑪

《象》曰:"童蒙"之吉,顺以巽也。⑫

上九:击蒙,⑬不利为寇,利御寇。

《象》曰:"利"用"御寇",上下顺也。

【译文】

倒数第一阴爻:启发蒙昧,利用受刑的人,脱掉他们的枷锁,用在出外，不利。

《象传》说："利用刑人"，用来端正法律。

倒数第二阳爻：包容蒙昧，吉。娶妇，吉。子能够成家。

《象传》说："子克家"，（子娶妇成家，子为刚，妇为柔，）是刚柔相接。

倒数第三阴爻：不用去抢女，看见武夫，要丧命，无所利。

《象传》说："勿用取女"，做事不顺当。

倒数第四阴爻：困于蒙昧，不利。

《象传》说："困蒙"之"吝"，独独远离于实际。

倒数第五阴爻：蒙昧的童子（处于好的地位可教导），吉利。

《象传》说："童蒙之吉"，柔顺而服从。

最上阳爻：攻击蒙昧，作为侵略是不利的，作为抵抗侵略是有利的。

《象传》说：作为"御寇"是有"利"的，是上下顺从。

【注】

③发蒙：启发蒙昧的人，指因蒙昧而犯罪的刑人。

④说：同脱。《周易浅述》："拘束太苦，则失敷教在宽之义"，故脱桎梏。

⑤以往：用作出外。刑人脱了枷锁，让他出外，怕他逃跑，所以说"吝"。

⑥包蒙：《周易浅述》："九二以阳刚统治群阴，当发蒙之任。然性不齐，不可一概取必，唯刚而得中，故能有所包容而吉也。"

⑦刚柔接：九二是阳刚，初六是阴柔，是刚柔相接。

⑧《周易通义》："取女：抢夺女子。《说文》：'取，捕取也。'金夫：武夫。古代在铁发现之前，用铜制武器最利，故金训武。不有躬：丧命。"攸：所。

⑨困蒙：《周易浅述》："六四""在二阴之间，为困于蒙之象。"

⑩同上："阳实阴虚，唯刚明有实德者能发蒙，四独远之。"

⑪童蒙，吉：同上：所谓"童蒙求我，有可亨之道者，故吉"。

⑫顺以巽：同上："舍己从人，顺也。降志下求，巽也。"

⑬击蒙：攻击愚昧之人或昏乱之国。

【说明】

　　《蒙》卦的蒙指蒙昧。《蒙》卦☶坎下艮上，即水下山上。《周易浅述》："水必行之物，遇山而止，莫知所之，亦蒙之象。《蒙》次于《屯》，盖屯者物之始生。物生必蒙，蒙在物之稚。"是蒙既指蒙昧不明，又指童蒙幼稚。因此《蒙》卦卦辞称"童蒙"。爻辞称蒙昧无知触犯刑律称"刑人"。对刑人要"发蒙"。对蒙昧的人，要包容教导，故称"包蒙"。蒙昧无知而去抢女，则有害。困于蒙昧，则不利。攻击蒙昧无知之人或国，不利于侵犯，利于抵御侵犯。这里也显出卦爻辞编者的思想，即对童蒙加以教导是吉的，困于蒙昧是不利的。"击蒙"，为寇是不利的，御寇是利的，即反对侵略，赞美反侵略。

　　《易传》对卦爻辞再加发挥，如称"蒙以养正，圣功也"。即培养童蒙使得正道，推为"圣功"，对启蒙教育的大为推重。又称"君子以果行育德"，也是对启蒙教育的推重。

需（卦五）

䷄（乾下坎上）

《需》：有孚，光亨。^①贞吉。利涉大川。

《彖》曰：《需》，须也。险在前也，刚健而不陷，其义不困穷矣。《需》，"有孚，光亨，贞吉"，位乎天位，^②以正中也。"利涉大川"，往有功也。

《象》曰：云上于天，《需》。^③君子以饮食宴乐。

【译文】

《需》卦：有收获，大通顺。占问吉。渡大河有利。

《彖传》说：《需》卦，是有等待义。（水在天上，）表示险在前面。（乾指刚健，）刚健而不陷（于险，以待时机），它的意义是不穷困了。《需》卦，"有孚，光亨，占吉"，（乾是天，）处在天的位子，（即王位，）因为有正中之德。"利涉大川"，出外有功效。

《象传》说：云在天上，是《需》卦（等待降雨）。君子用饮食安乐（来等待时机）。

【注】

①《需》：《需》卦有等待意。有孚：有俘获，指有收获。光亨：大通顺。

②位：上一位字作处在。

③云上于天：坎上乾下，坎指云。云在天上，表示将下雨，指朝廷将有德泽下降于民，所以只要等待。

初九：需于郊，利用恒，④无咎。

《象》曰："需于郊"，不犯难行也。"利用恒无咎"，未失常也。⑤

九二：需于沙，小有言，⑥终吉。

《象》曰："需于沙"，衍在中也。⑦虽"小有言"，以"吉""终"也。

九三：需于泥，致寇至。

《象》曰："需于泥"，灾在外也。自我"致寇"，敬慎不败也。

六四：需于血，出自穴。⑧

《象》曰："需于血"，顺以听也。⑨

九五：需于酒食，贞吉。

《象》曰："酒食贞吉"，以中正也。

上六：入于穴，有不速之客三人来，⑩敬之终吉。

《象》曰："不速之客来，敬之终吉"，虽不当位，⑪未大失也。

【译文】

倒数第一阳爻：停留在郊野，有利于久处，无害。

《象传》说："需于郊"，不触犯难以行动的地区。"利用恒无咎"，没有失去正常。

倒数第二阳爻：停留在沙地，有小的谴责，结果是吉的。

《象传》说："需于沙"，内心宽舒。虽有小的谴责，结果还是吉的。

倒数第三阳爻：停留在泥泞里，招致寇盗到来。

《象传》说："需于泥"，灾祸在外面。从我招致寇盗，由于敬慎防御，不会失败。

倒数第四阴爻：停留在血泊里，从洞穴里出来。

《象传》说："需于血"，顺从来听命令。

倒数第五阳爻：停留在饮食里，占问是吉的。

《象传》说："酒食贞吉"，因为有中正的德行。

最上阴爻：进入洞穴，有不请的客三人来，敬重他们终归吉的。

《象传》说："不速之客来，敬之终吉"，（上六）虽不在（九五）的尊位，还没有大的失误。

【注】

④需于郊，利用恒：停留在郊野平旷处，久处有利无害。

⑤未失常：没有失去正常之道。

⑥言：指责难。

⑦《周易浅述》："衍，宽也。以宽居中，不急于进。"

⑧需于血，出自穴：停留在血泊之地，由穴窟中逃出。

⑨顺以听：六四是阴爻，九五是阳爻，阴处阳下，顺从阳刚而听命。

⑩穴：古人穴居，故入穴。不速之客：不请自来的客人。

⑪不当位：九五是尊位，上六不值九五的尊位。

【说明】

《需》卦䷄，乾下坎上，停留等待意。《周易浅述》："乾健坎险，以刚遇险，而不遽进以陷于险，需之义也。"《需》卦卦辞，认为有孚，大亨。以刚遇险，等待时机再行动，不陷于险，所以是有孚，大亨。再看爻辞，即如"九三：需于泥，致寇至"，陷在险地，但因能敬慎从事，不会失败。再象"六四：需于血，出自穴"，进入更险的血泊之地，也能从穴中脱出。说明卦爻辞的编者，能看到险在前面不陷，处于险地而能脱出，说明他的思想。

《易传》对此又作了发挥。如《象传》说："云上于天。"云在天上，等待下雨，这在于等待。《象传》说："自我致寇，敬慎不败也。"指出陷在险境，靠敬慎能得不败。《象传》说："需于血，顺以听也。"指出陷在险地，有时需要顺从以听命，才能脱离险境。《需》既是乾下坎上，所谓顺从，即指顺从天道说的。

讼（卦六）

☰（坎下乾上）

《讼》：有孚，窒，^①惕，中吉，终凶。利见大人。不利涉大川。

《彖》曰：《讼》，上刚下险，险而健，讼。《讼》："有孚，窒，惕，中吉"，刚来而得中也。^②"终凶"，讼不可成也。"利见大人"，尚中正也。"不利涉大川"，入于渊也。

《象》曰：天与水违行，《讼》。君子以作事谋始。

【译文】

《讼》卦：有俘虏，（加以）闭塞，警惕着，中间是吉的，终于凶（被逃跑了）。看到大人有利。渡过大河不利。

《彖传》说：《讼》卦，（上乾下坎，）上刚下险，险而又健，引起争讼。《讼》卦："有孚，窒，惕，中吉"，刚健来而行动中正。"终凶"，争讼是不可能成功的。"利见大人"，崇尚中正之道。"不利涉大川"，（渡大河时与人争吵，）会掉入深水中的。

《象传》说：（天上水下，）天与水相背而行，成《讼》卦。君子因此做事考虑好开头（避免争讼）。

【注】

①孚：同俘，俘虏。窒：《周易集解》："窒，塞止也。"

②得中：得到中正之道。

初六：不永所事，小有言，③终吉。

《象》曰："不永所事"，讼不可长也。虽"小有言"，其辩明也。

九二：不克讼，归而逋其邑人三百户，④无眚。

《象》曰："不克讼"，"归逋"窜也。自下讼上，患至掇也。⑤

六三：食旧德，⑥贞厉，终吉。或从王事，无成。

《象》曰："食旧德"，从上"吉"也。

九四：不克讼，复即命渝。⑦安贞吉。

《象》曰："复即命渝"，"安贞"不失也。

九五：讼元吉。

《象》曰："讼元吉"，以中正也。

上九：或锡之鞶带，⑧终朝三褫之。⑨

《象》曰：以讼受服，亦不足敬也。

【译文】

倒数第一阴爻：不做完所做的事，受到小的谴责，但结果是吉的。

《象传》说："不永所事"，争讼是不可长久的。虽然"小有言"，它的是非辩别已经明白。

倒数第二阳爻：（贵族）没有胜讼，归来时，他的采邑内奴隶三百户逃跑了，无灾祸。

《象传》说："不克讼"，"归逋（其邑人）"是逃跑。从下级控诉上级，患害的到来是自取的。

倒数第三阴爻：靠祖业过活，占问危险，结果是吉的。有人从事战争，没有成功。

《象传》说："食旧德"，顺从上位是"吉"的。

倒数第四阳爻：（贵族）没有胜诉，回来就命令改变（争讼）。安于占问，是吉。

《象传》说："复即命渝"，"安贞"，是不会有失误。

倒数第五阳爻：争讼大吉。

《象传》说："讼元吉"，因合于正道。

最上阳爻：有人赐给他大带，一天里三次赐与三次夺去。

《象传》说：因为争讼受到服饰的赏赐，也是不值得敬重的。

【注】

③言：谴责。

④逋：逃走。

⑤掇：拾取。

⑥旧德：祖业。

⑦渝：变。

⑧鞶带：大的皮带，古代官员命服的一种。

⑨终朝：一天。褫（sī 斯）：夺去。

【说明】

《讼》卦☲，坎下乾上，水下天上。《周易浅述》："天水违行，乾刚在上以制下，坎险在下以伺上。又为内险外健，己险彼健，皆讼之象。"讼指控诉，指斗争，"乾刚""坎险"的上下相争，正指斗争。"有孚窒"，俘虏被闭塞，"惕，中吉"，主人警惕，是吉的；"终凶"，终于逃跑，是凶的，这就是俘虏与主人的斗争。"不克讼"，不能胜诉，这是指诉讼。"或从王事，无成"，"从王事"当指战争，"无成"指没有取胜，这也是指斗争。"或锡之鞶带，终朝三褫之"，指贵族内部的斗争。

《象传》结合卦象的上乾下坎，作了解释："上刚下险"，构成争讼。对"有孚窒，惕，中吉"，也作了解释，"刚来而得中也"，中即中正，得中正之道，俘虏没有逃跑，所以吉。对"终凶"说成"讼不可成也"，即俘虏终于逃跑，说明斗争还会爆发的。此外像"讼元吉"，《象传》说明"以中正也"，因原告是正确的，所以诉讼大吉。再像"不克讼，复即命渝，安贞吉"，败诉了，怎么"安贞吉"呢？因为败诉后改变态度，服从判决，《象传》所谓"不失"，不再错失，所以吉了。《象传》在这里只是作些说明。

师（卦七）

䷆（坎下坤上）

《师》：贞丈人吉，^①无咎。

《彖》曰："师"，众也。"贞"，正也。能以众正，可以王^②矣。刚中而应，行险而顺，以此毒天下，^③而民从之，"吉"又何咎矣。

《象》曰：地中有水，^④《师》。君子以容民畜众。

【译文】

《师》卦：占问（任命）总指挥是吉的，无害。

《彖传》说："师"，群众的意思。"贞"，正确的意思。能够使群众归正，可以王天下了。刚健中正而上下相应，行于险地而顺利，用这来治理天下，人民都听从他，是吉，又有什么害处呢？

《象传》说：地中有水，是《师》卦。君子因此来容纳人民畜养群众。

【注】

①丈人：指总指挥。

②王：王天下，使天下人归心，拥他为王。

③《师》卦䷆，坎下坤上，坎险坤顺，故称"行险而顺"；下卦中间一阳爻是刚的，而跟它的上下的阴爻相应，故称"刚中而应"。毒：《释文》引马云："毒，治也。"俞樾曰："毒读为督，治也。"

④地中有水：《师》卦坎下坤上，即水下地上，故称"地中有水"。

初六：师出以律，否臧凶。⑤

《象》曰："师出以律"，失律"凶"也。

九二：在师中吉，无咎，王三锡命。⑥

《象》曰："在师中吉"，承天宠也。"王三锡命"，怀万邦也。⑦

六三：师或舆尸，凶。

《象》曰："师或舆尸"，大无功也。

六四：师左次，无咎。⑧

《象》曰："左次无咎"，未失常也。⑨

六五：田有禽。利执言，无咎。长子帅师，弟子舆尸，⑩贞凶。

《象》曰："长子帅师"，以中行也。⑪"弟子舆尸"，使不当也。

上六：大君有命，开国承家，⑫小人勿用。

《象》曰："大君有命"，以正功也。"小人勿用"，必乱邦也。

【译文】

倒数第一阴爻：行军靠纪律，纪律不好，凶。

《象传》说："师出以律"，失去纪律是"凶"。

倒数第二阳爻：身在军中吉，无害。王三次嘉奖。

《象传》说："在师中吉"，承受天的宠爱。"王三锡命"，（赏一人）来招来万国。

倒数第三阴爻：军队有人载尸归，凶。

《象传》说："师或舆尸"，极无战功。

倒数第四阴爻：军队驻扎左方，无害。

《象传》说："左次无咎"，没有失去行军的正道。

倒数第五阴爻：打猎得禽兽，执行（上级）的话有利，无害。长子统率军队出征，次子战死，载尸归，占问是凶。

《象传》说："长子帅师"，以正道行事。"弟子舆尸"，使用人不得当。

最上阴爻：天子有命令，封侯国，封大夫。小民不用封爵。

《象传》说："大君有命"，用来端正赏功。"小人勿用"，用了一定要乱国。

【注】

⑤否（pǐ 痞）臧：不善。

⑥锡：赐。

⑦怀：招来。

⑧次：驻扎。

⑨常：正常，正道。

⑩弟子：次子。

⑪中行：指正确。

⑫开国：指封侯国。承家：受邑，指封大夫，有采邑。

【说明】

　　《师》卦，《周易集解》引何晏曰：“师者军旅之名，故《周礼》云‘二千五百人为师’也。”《师》的爻辞已经提出了作战规律，“师出以律，否臧凶”，即规律性的话。《师》卦坎下坤上，以坤为顺，以坎为险，坎中为阳爻称刚，故《彖传》称“刚中而应，行险而顺”，用来解释《师》卦。《象传》又从坎下坤上，说明地中有水，推出容民畜众。这样《易传》就从卦象推出军队的作战是行险，要军帅“刚中而应”，应跟“容民畜众”有关，要有民众支持。要“行险而顺”，“师出以律”，是合律；“师左次”，“未失常”，是合于地利；“以中行”，是合于正道，这些就是顺。这样才能取胜。战胜攻取，才能得到封赏，“开国承家”。否则“失律”战败，“师或舆尸”，就凶。这样，《易传》对军旅之事的所以胜或败，作了理论上的发挥。

比（卦八）

䷇（坤下坎上）

《比》：吉。原筮元。永贞无咎。^①不宁方来，后夫凶。^②

《彖》曰：《比》，"吉"也；《比》，辅也，下顺从也。"原筮元。永贞无咎"，以刚中也。^③"不宁方来"，上下应也。"后夫凶"，其道穷也。

《象》曰：地上有水，《比》。先王以建万国，亲诸侯。

【译文】

《比》卦：吉。再筮大通顺。占问长期无害。不愿臣服的侯国来，迟到的人凶。

《彖传》说：《比》卦，"吉"；《比》卦，是辅佐，在下的顺从在上的。"原筮元。永贞无咎"，因为刚健中正。"不宁方来"，上国和下国相应和。"后夫凶"，他的行动碰壁。

《象传》说：（坤下坎上，）地上有水，是《比》卦。先王因此来建置万国，亲近诸侯。

【注】

①原筮:再占。《广雅·释言》:"原,再也。"古代占筮,有占多次的。元:当作"元亨"。《左传》昭公七年十二月,"遇《屯》之《比》,以示史朝。史朝曰:'元亨,又何疑焉?'"是作"元亨"。

②不宁方:不安宁的邦国,即不愿臣服的侯国。后夫:后到的人。《国语·鲁语》:"昔禹致群臣于会稽之山,防风氏后至,禹杀而戮之。"

③刚中:刚健中正,指正确。

初六:有孚,比之无咎。有孚盈缶,④终来有它,吉。⑤

《象》曰:《比》之初六,"有它吉"也。

六二:比之自内,贞吉。

《象》曰:"比之自内",不自失也。

六三:比之匪人。⑥

《象》曰:"比之匪人",不亦伤乎?

六四:外比之,贞吉。

《象》曰:"外比"于贤,以从上也。

九五:显比,王用三驱,失前禽,⑦邑人不诫,⑧吉。

《象》曰:"显比"之"吉",位正中也。舍逆取顺,⑨"失前禽"也。"邑人不诫",上使中也。

上六:比之无首,凶。

《象》曰:"比之无首",无所终也。

【译文】

倒数第一阴爻：得到俘虏，亲近他无害。得宝充满瓦器，最后有别的变故，也吉。

《象传》说：《比》之初六，有别的变故也是吉的。

倒数第二阴爻：亲近他从内部做起，占问是吉的。

《象传》说："比之自内"，自己没有失误。

倒数第三阴爻：阿私不好的人，"凶"。

《象传》说："比之匪人"，不也受害吗？

倒数第四阴爻：跟外部亲近，占问是吉的。

《象传》说："外比"于贤人，用来服从上级。

倒数第五阳爻：亲附光明，王用三面合围去打猎，逃脱了在前面的禽兽。邑中的百姓不惊骇，吉。

《象传》说："显比"的"吉"，站在正确的地位上。放纵不顺我的，取得顺我的，"失前禽"。"邑人不诫"，王使用正确之道。

最上阴爻：阿私他丢脑袋，凶。

《象传》说："比之无首"，没有好结果。

【注】

④上有孚，指得到俘虏，指人；下有孚，指得到财物，指物，都指有收获。缶：瓦器。

⑤有它：有变故，当指可用财物解免，故吉。

⑥比：这个比指阿私，如结党营私。《释文》引王肃本"匪人"下有"凶"字，是。

⑦显：指光明，正确。王用三驱：王出外打猎，用人从左右后三

面赶禽兽，供王射猎，放开前面，让禽兽逃脱，所以往前面逃的禽兽逃脱了。

⑧诚：借为骇，惊骇。

⑨舍逆取顺：放开逆我的，取得顺我的，即放开向前而逃跑的。这里含有放开逆我而去的人或国，得到顺我而来的人或国。

【说明】

《比》卦☷坤下坎上，《周易集解》引《子夏传》说："地得水而柔，水得土而流，《比》之象也。"这是讲"比"好的一面，即亲近、团结、辅佐等，所以《彖传》说："比，辅也，下顺从也。"《象传》说："地上有水，比。"《周易集解》引何晏曰："水性润下，今在地上，更相浸润，比之义也。"这是指亲附，也从好的一面说。所以"比之自内"，"外比之"，内部亲附团结，对外亲附，都从好的一面说。这种亲附要"舍逆取顺"，放开逆我而去的，取得顺我而来的，但"比"又有坏的一面，"比之匪人"，亲附坏人，结党营私，会受伤害，是看得全面的。

小畜（卦九）

☰（乾下巽上）

《小畜》：亨。密云不雨，自我西郊。

《彖》曰：《小畜》，柔得位而上下应之，^①曰《小畜》。健而巽，刚中而志行，^②乃"亨"。"密云不雨"，尚往也。^③"自我西郊"，施未行也。^④

《象》曰：风行天上，^⑤《小畜》。君子以懿文德。^⑥

【译文】

《小畜》卦：通顺。云浓不下雨，从我的西郊来。

《彖传》说：《小畜》卦，（阴爻为柔，）柔得位而上下的阳爻跟它呼应，叫《小畜》。阳爻健而阴爻谦逊，阳爻刚而居中象君子的志行，是"亨"。"密云不雨"，云向上去。"自我西郊"，雨未降下。

《象传》说：（乾下巽上，天下风上，）风在天上吹，是《小畜》卦。君子用来赞美德化在上。

【注】

①《小畜》卦☰乾下巽上，倒数第四爻阴爻--，上下都是阳爻，和

阴爻相应和。

②阴爻上下都是阳爻，阳爻是健，阴爻是巽，即谦逊。阳爻是刚，居上下两卦之中，即上下卦之中都是阳爻。志行：即刚健中正之志得行。

③尚往：上往，向上去，指风在天上吹。

④施未行：施指"雨施"，即雨未降下。

⑤风行天上：乾下巽上，即天下风上，故称。

⑥懿：赞美。文德：德育教化。风行天上，喻德教没有达到民间。

初九：复自道，何其咎，⑦吉。

《象》曰："复自道"，其义"吉"也。

九二：牵复，⑧吉。

《象》曰："牵复"在中，⑨亦不自失也。

九三：舆说辐。夫妻反目。⑩

《象》曰："夫妻反目"，不能正室也。⑪

六四：有孚，血去，惕出无咎。⑫

《象》曰："有孚惕出"，上合志也。⑬

九五：有孚挛如，富以其邻。⑭

《象》曰："有孚挛如"，不独富也。

上九：既雨既处，尚德载。妇贞厉。⑮月几望，君子征凶。⑯

《象》曰："既雨既处"，"德"积"载"也。"君子征凶"，有所疑也。

【译文】

倒数第一阳爻：回到自己的道路，有什么害处？是吉的。

《象传》说："复自道"，它的意义是吉的。

倒数第二阳爻：与初九牵连回到自己的道路，是吉的。

《象传》说：牵连"复自道"，处在下卦之中，也是自己没有错失。

倒数第三阳爻：车轮中的直条脱落了（车子坏了）。夫妻失和。

《象传》说："夫妻反目"，不能使家庭合于正道。

倒数第四阴爻：得俘虏，忧患去了，出以警惕，无害。

《象传》说："有孚惕出"，向上是合于志愿的。

倒数第五阳爻：得俘虏，捆绑着，（出征有得，）富连及到邻居。

《象传》说："有孚挛如"，不是一家独富。

最上阳爻：既下雨既雨止，还得到车子来运载。妇人占问有危险。过了阴历月半，君子出外凶。

《象传》说："既雨既处"，得到车子把积物运载。"君子出外凶"，有所疑惑。

【注】

⑦复自道：《周易浅述》："下卦乾体纯阳，本在上之物，故自下升上，曰'复自道'，言由其故道也。"指阳爻要回到自己上升的路。其：助词。

⑧牵复：九二的阳爻，与初九的阳爻相连，故牵连"复自道"。

⑨在中：九二的阳爻，居下卦之中。

⑩舆说辐：说同脱。辐：车轮中的直条，连结车毂和车辋，车辐脱落，指车坏了。夫妻反目，九三是阳爻，上面的六四是阴爻。阳指夫，阴指妻，妻在夫上，造成失和。

⑪正室：古代以妻从夫为正，故称妻在夫上为不正。

⑫血：《释文》："血，马云'当作恤'，忧也。"惕出：出以警惕。

⑬上：指六四上面的阳爻，阴爻与上阳爻合志，所以无咎。

⑭挛如：捆绑着。以：及。此指向外掠夺，得到俘虏和财物。

⑮处：止。尚德载：《周易尚氏学》："德者雨泽也。'尚德载'，言雨泽下降，乾施坤受，地得载其泽也。巽为妇，柔之为道不利远，高处在上，非妇德所宜，故如贞得此爻者，厉也。"厉，危。

⑯几：通既。既望：阴历十六日。《周易集解》："月几望，上变阳消之坎为疑，故君子征，有所疑矣。"上九指最上的阳爻，最上要有所变，所以出征凶。

【说明】

《小畜》卦☰乾下巽上。《周易浅述》："乾在上之物，乃居巽下，为巽所畜，故为畜也。然以阴畜阳，能系而不能固，以柔顺柔其刚健，非能力止之也，所畜者小之义也。又卦唯六四一阴得位，上下五阳说（悦）之，皆为所畜，阴小阳大，以小畜大之义也，故为小畜。"卦辞称"密云不雨"，《象传》作"风行天上"，雨比恩泽，恩泽未下；风比德教，德教在上未及下，故皆为小畜之象。"上九：既雨既处"，则雨既下降，但又以"柔得位而上下应之"，即阴爻得位，五个阳爻应之，所以还是小畜。

履（卦十）

䷉（兑下乾上）

〔《履》〕：履虎尾，不咥人。^①亨。

《彖》曰：《履》，柔履刚也。^②说而应乎乾，^③是以"履虎尾，不咥人。""亨"，刚中正，履帝位而不疚，光明也。^④

《象》曰：上天下泽，^⑤《履》。君子以辩上下，定民志。

【译文】

《履》卦：踩着老虎尾巴，老虎不咬人。通顺。

《彖传》说：《履》卦，以阴爻的柔踩在阳爻的刚上。（兑下乾上，）兑是悦而上应乾，因此像"履虎尾，不咥人"。"亨"，（指九五爻，）是阳刚居中而正，践在帝位而不内疚，是光明的。

《象传》说：（兑下乾上，）上天下泽，是《履》卦。君子用来分辨上下，确定人民的志愿。

【注】

①〔《履》〕：这个《履》，是卦名，因涉及下文的"履"字脱去，故补。履：踩。咥（dié 迭）：咬。

②柔履刚：孔颖达《周易正义》："六三阴爻在九二阳爻之上，故云'柔履刚'也。"

③说而应乎乾："说"同悦。《履》卦兑下乾上，同上："兑自和说（悦），应乎乾刚，以说应刚，无所见疾。"

④刚中正，履帝位而不疚，光明也：同上："谓九五也。以刚处中，得其正位，居九五之尊，是刚中正，履帝位也。""不有内疚，由德之光明故也。"

⑤上天下泽：《履》卦兑下乾上，即泽下天上，即借来分别上下尊卑。

初九：素履往，无咎。

《象》曰："素履"之"往"，独行愿也。

九二：履道坦坦，幽人贞吉。⑥

《象》曰："幽人贞吉"，中不自乱也。

六三：眇能视，跛能履，⑦履虎尾，咥人，凶。武人为于大君。⑧

《象》曰："眇能视"，不足以有明也。"跛能履"，不足以与行也。⑨"咥人"之"凶"，位不当也。⑩"武人为于大君"，志刚也。

九四：履虎尾，愬愬，终吉。⑪

《象》曰："愬愬终吉"，志行也。

九五：夬履，贞厉。⑫

《象》曰："夬履贞厉"，位正当也。⑬

上九：视履考祥，其旋元吉。⑭

《象》曰："元吉"在上，大有庆也。

【译文】

倒数第一阳爻:穿着朴素的鞋子出去,(喻以纯洁的行为办事,)无害。

《象传》说:"素履"之"往",独行他的志愿。

倒数第二阳爻:走的大路平坦,隐居的人占问是吉的。

《象传》说:"幽人贞吉",心中不自乱。

倒数第三阴爻:一只眼瞎的能看,跛脚的能走路。踩老虎尾巴,老虎咬人,凶。武人做了大君。

《象传》说:"眇能视",不够称为明察。"跛能履",不够称为能走。"咥人"之"凶",地位与能力不相称。"武人为于大君",意志刚愎自用。

倒数第四阳爻:踩着老虎尾巴,很害怕,终于吉。

《象传》说:"愬愬终吉",志愿得以实现。

倒数第五阳爻:鞋破裂,占问有危险。

《象传》说:"夬履贞厉",(以刚居尊位,)位子正,才能相称(所用者不当)。

最上阳爻:行为审慎,考虑周到,加上周旋完满,大吉。

《象传》说:"元吉"在上,大有吉庆。

【注】

⑥履道坦坦,幽人贞吉:孔颖达《周易正义》:"履道坦坦者,坦坦,平易之貌。九二以阳处阴,履于谦退。己能谦退,故履道坦坦者,易无险难也。幽人贞吉者,既无险难,故在幽隐之人,守正得吉。"

⑦眇（miǎo 秒）:一目瞎。履:行走。

⑧大君:国君。

⑨与：犹有。

⑩位不当：地位与才能不相称。

⑪愬愬（sù诉）：恐惧貌。

⑫夬（guài怪）：破裂。厉：危。鞋破裂，有伤足跌跤的危害。

⑬位正当：《周易浅述》："以刚居五，正当尊位，伤于所恃故也。"九五以阳爻居尊位，所以位正，才相当，但鞋破裂，伤于所用之物。

⑭视：审察。祥：通详。其：助词。旋：周旋。

【说明】

《履》卦☰兑下乾上。《周易浅述》："《兑》一阴见于二阳之上，其德为说（悦），其象为泽，天在上而泽居下，上下之分，尊卑之义，理之常也，礼之本也。常，《履》之道也。又内和悦而外尊严，礼之象也，故为《履》。"这样讲，已经是把卦爻辞和《彖》《象传》结合起来了。从卦爻辞看，《履》指践履，即行动。行为纯洁，胸怀坦荡，践危地而恐惧，虽危无害。行为审慎，考虑周详，则大吉。但地位与才能不相称则凶，所用的东西破裂，则有危害。说明卦爻辞的编者已有辨别作人处世的思想了。至于讲到上下之分，尊卑之义，是在《彖传》《象传》里提出来的。以柔悦应乾刚，提出"辨上下，定民志"，就有礼之本的含义。又以九五为"刚中正，履帝位而不疚，光明也"。从尊卑之分中，以帝位最尊，称为"中正""光明"了。但九五爻说"夬履贞厉"，以九五为"厉"，即危，显得和《象传》以九五为"中正""光明"不一致。孔颖达《周易正义》称："夬履者，夬者决也，得位处尊，以刚决正，履道行正，故夬履也。贞厉者，厉，危也。履道恶盈，而五以阳居尊，故危厉也。"按九五指居帝位，《象传》称居帝位是中正光明，不说有危。又上九才是盈，履道恶盈，不在九五，所以孔颖达的解释，还是解决不了卦爻辞与《象传》的矛盾。其实只要把"夬履"说成鞋破裂会伤脚，比喻居帝位，行为正确，但用人不当，如鞋破伤足，也会有危，就可讲通了。

泰（卦十一）

☷（乾下坤上）

《泰》：小往大来，吉，亨。

《彖》曰："《泰》：小往大来，吉，亨。"则是天地交而万物通也，上下交而其志同也。①内阳而外阴，内健而外顺，内君子而外小人，君子道长，小人道消也。②

《象》曰：天地交，《泰》。后以财成天地之道，辅相天地之宜，以左右民。③

【译文】

《泰》卦：小的去了大的来，吉，通顺。

《彖传》说："《泰》：小往大来，吉，亨。"就是天气和地气交接，万物生长；上面和下面交接，他们的志趣相同。内卦是阳，外卦是阴；内卦是刚健，外卦是柔顺；内卦是贵族，外卦是小民；贵族的道兴盛，小民的道衰落。

《象传》说：天气和地气交接，是《泰》卦。君王用来制定符合天地自然的规律，辅助天地自然的所宜，来支配人民。

【注】

①天地交：指自然界生长万物。上下交：指朝廷与人民交接。

②《泰》卦☷乾下坤上，乾为内卦是阳爻，坤为外卦是阴爻，阳健而阴顺，阳贵族而阴小民；君子指贵族，小人指小民。小民服从贵族，故有道长道消的分别。

③财成：裁成，制定。辅相：辅佐。左右：支配。

初九：拔茅茹以其汇。征吉。④

《象》曰："拔茅征吉"，志在外也。

九二：包荒，用冯河，不遐遗。⑤朋亡，得尚于中行。⑥

《象》曰："包荒，得尚于中行"，以光大也。⑦

九三：无平不陂，无往不复。⑧艰贞无咎。⑨勿恤其孚，于食有福。⑩

《象》曰："无往不复"，天地际也。⑪

六四：翩翩，⑫不富以其邻，不戒以孚。

《象》曰："翩翩不富"，皆失实也。⑬"不戒以孚"，中心愿也。⑭

六五：帝乙归妹，以祉元吉。⑮

《象》曰："以祉元吉"，中以行愿也。

上六：城复于隍，⑯勿用师，自邑告命。⑰贞吝。

《象》曰："城复于隍"，其命乱也。⑱

【译文】

　　倒数第一阳爻：拔茜草，按它的种类。出外，吉。

　　《象传》说："拔茅征吉"，用意在于出外。

　　倒数第二阳爻：大葫芦挖空了，用它来渡河，不至于坠下水去。钱丢了，在半路上得到补偿。

　　《象传》说："包荒，得尚于中行"，因为光明正大。

　　倒数第三阳爻：没有平坦的不倾斜，没有出外的不回来。占问艰难的无害。勿忧他的诚信，对于粮食是有福的。

　　《象传》说："无往不复"，是天地的极限（快要转变了）。

　　倒数第四阴爻：象轻快地飞翔，不富因为他的邻居（的掠夺），不加戒备因为信任。

　　《象传》说："翩翩不富"，都是失去财物。"不加戒备来保持诚信"，是中心的愿望。

　　倒数第五阴爻：帝乙嫁女，有福，大吉。

　　《象传》说："以祉元吉"，中正来按愿望行事。

　　最上阴爻：城墙倒塌在干城濠里，不要用兵进攻，从邑里传来命令。占问不利。

　　《象传》说："城复于隍"，传来的命令是错乱的。

【注】

　　④茅茹：茜草，可作红色染料。叶似枣。汇：种类。按照种类来辨别，就可拔到。征：出外。

　　⑤包荒：包通匏，葫芦。荒：空，把葫芦挖空。用冯河：用它来渡河。《庄子·逍遥游》："今子有五石之瓠，何不虑以为大樽而浮乎江湖。"

把大葫芦系在腰里可浮水渡河。不遗遗：不至于坠下水去。不遗：不至于。遗：坠。

⑥朋：十贝为朋，指钱。尚：偿。中行：中道，半路。

⑦光大：钱丢了，半路上的客人给以补偿是光明正大的事。

⑧无平不陂，无往不复：指事物对立转化的道理。陂，倾斜。

⑨艰贞无咎：从事物的对立转化看，艰难可以转为平易，所以占问艰难得到无害。

⑩勿恤其孚，于食有福：不忧他的诚信，在粮食上有福可享。恤：忧。

⑪天地际：《周易集解》："宋衷曰：'位在乾极（九三在下卦的顶上），应在坤极（与坤卦顶下爻相接），天地之际也。'"际，极。到了天地的极上极下，指出要对立转变。

⑫翩翩：状鸟的飞翔，指不加戒备。

⑬实：指财物。

⑭不戒以孚，中心愿也：孔颖达《周易正义》："所以不待六四之戒告，而六五、上六皆以孚信者，由中心皆愿下复（六四指坤，坤是地，皆愿回到地下），故不待戒而自孚也。"

⑮帝乙：殷代最后第二个王。归妹：嫁少女给周文王。以祉：有福。

⑯城复：城墙倾倒。隍：干的城濠。

⑰自邑告命：从邑里传来命令，勿进兵。

⑱其命乱：城墙已经倒塌，可以进兵，传来停止进兵的命令，所以是错乱的。

【说明】

《泰》卦☷☰乾下坤上，天气向下，地气上升。《周易浅述》："天地气交，万物生成；君子进用，世道方亨，故为泰。"泰有通达、安宁的意思。从卦爻辞看，"小往大来"，小的去了，大的来了，是兴旺的气象。像按类拔茜草，很顺利。用大葫芦渡河，也顺利。丢了钱得到补偿，也是顺利的。又指出事物的相对转化，艰难的也可转为顺利。但顺利的也可转化为艰难，所以"不富以其邻，不戒以孚"。"城复于隍，勿用师"，成为"贞吝"，即转成艰难。这说明《泰》卦既讲通顺，也讲事物的对立转变，可以由艰难转为顺利，也可以由顺利转为艰难。再看《易传》就有跟爻辞不一致的。如"六四：翩翩，不富以其邻，不戒以孚"。"不富"是因为他的邻居的原因，指邻居对他的掠夺。他"不戒"，是因为诚信。爻辞应该这样讲。但《象传》说："'不富'，皆失实也。"成了他和邻居都失了财物，不是邻居抢他的财物了。"'不戒以孚'，中心愿也"，即不待告戒，都愿向下去。"孚"为诚信，不是俘虏。这说明卦爻辞和《象传》不同。又《彖传》："内健而外顺，内君子而外小人，君子道长，小人道消。"这是重内轻外，尊重内贬低外，这是卦辞"小往大来"中没有的。这说明卦爻辞与《彖传》《象传》是不同时期所作，故有不同的思想。

这个《泰》卦九三爻辞："无平不陂，无往不复。"提出事物转变的理论，具有朴素的辩证观点，是很突出的。又《泰》卦《象传》里提出"财成天地之道,辅相天地之宜"，不仅认为人要顺从自然，还要裁成辅相自然，发挥人的主观能动性。这种主观能动作用，又要合于自然的规律，即合于天地之道与天地之宜，这种思想尤为杰出。

否（卦十二）

☰（坤下乾上）

〔《否》〕：否之匪人。①不利君子贞。大往小来。

《彖》曰："否之匪人。不利君子贞。大往小来。"则是天地不交而万物不通也，上下不交而天下无邦也；②内阴而外阳，内柔而外刚，内小人而外君子，③小人道长，君子道消也。

《象》曰：天地不交，《否》。君子以俭德辟难，不可荣以禄。

【译文】

《否》卦：干坏事的是坏人。贵族占问不利。大的去了小的来。

《彖传》说："否之匪人。不利君子贞。大往小来。"那是天气和地气不交接而万物不生长，上面和下面不通气，天下大乱，邦国危亡；内部阴而外部阳，内部柔而外部刚，小人在朝而君子在野，小人道长盛，君子道消歇。

《象传》说：天气和地气不交接，是《否》卦。君子用崇尚俭德的隐退来避开祸难，朝廷不能用利禄来尊荣他。

【注】

①〔《否》〕：卦名，涉下文"否"字而脱，因补。否（pǐ 痞）：坏，恶，闭塞。之：犹是。匪人：坏人。

②坤下乾上，指地气在下，天气在上，如天不降雨露，万物不长。上下不交：上下不通气，造成天下大乱，邦国危亡。

③内小人而外君子：有小人在朝、君子在野意。

初六：拔茅茹，以其汇。贞吉，亨。④

《象》曰："拔茅贞吉"，志在君也。

六二：包承，小人吉，大人否。⑤亨。

《象》曰："大人否亨"，不乱群也。⑥

六三：包羞。⑦

《象》曰："包羞"，位不当也。

九四：有命，无咎，畴离祉。⑧

《象》曰："有命无咎"，志行也。

九五：休否，大人吉。其亡其亡，系于苞桑。⑨

《象》曰："大人"之"吉"，位正当也。

上九：倾否，先否后喜。⑩

《象》曰："否"终则"倾"，何可长也。

【译文】

倒数第一阴爻：拔茜草按它的类来拔。占问是吉，是通顺。

《象传》说："拔茅贞吉"，立志在为君主。

倒数第二阴爻：包裹蒸肉，小民吉，贵族坏。（贵族和小民分开，）是通顺的。

《象传》说："大人否亨"，大人和群众不相乱（所以终于通顺）。

倒数第三阴爻：包裹熟肉（小人吉，大人坏，亨）。

《象传》说："包羞"，（大人这样做，）地位不相称（所以坏）。

倒数第四阳爻：有天命，无害。谁受到福？（受到的是泰，受不到的是否。）

《象传》说："有命无咎"，志愿得以实现。

倒数第五阳爻：停止干坏事，大人是吉的。衰亡啊衰亡啊，只寄托在脆弱的苞草桑条上（这样担心，故能转危为安，成为通顺）。

《象传》说："大人"的"吉"，跟他的地位相称。

最上阳爻：干坏事的跌倒，先坏后喜。

《象传》说：干坏事的最后便跌倒，怎么可以长久呢？

【注】

④同上《泰》卦注①，本卦开始时还是吉的。

⑤包承：包裹盛在俎内的牲体，盛在俎内的牲体不大，小民这样是好的，贵族这样显得寒酸，就坏了。承：通脀，盛在俎内的牲体。

⑥六二说"大人否"，最终说"亨"，因为大人和小民分开，不加混杂，这是好的。

⑦包羞：包裹熟肉，下文同六二一样，也是"小人吉，大人否，亨"，所以从略。

⑧有命：有天命，即人的或泰或否，不能自主，所以说有命。听天由命就无咎。畴离祉：谁受福，听天由命，受到的是泰，受不到的是否。

畴：谁。离：通罗，受到。祉：福。

⑨休：停止。其：表感叹。苞桑：苞草、桑条。

⑩倾：翻倒。先否后喜：坏事完蛋，转为喜事。

【说明】

《否》卦☷坤下乾上，与《泰》卦☷乾下坤上相反，所以《否》卦卦辞"大往小来"与《泰》卦卦辞"小往大来"也相反。但是《否》卦的爻辞"初六：拔茅茹，以其汇。贞吉"，跟《泰》卦的爻辞"初六：拔茅茹，以其汇。征吉"，除了一个作"贞"，一个作"征"外，都同，不是相反。因此对这个爻辞的解释，有两种不同说法：一是《周易浅述》，说："三阴在下（坤三阴），当否之时，小人连类而进，亦有拔茅茹以其汇之象。然初之恶未形，故许以贞则吉亨，欲其变为君子也。"《否》本指坏，那这个爻辞怎么变得和《泰》一样好呢？因此把"贞"字不说成占问，说成贞固，说成《否》的坏，因贞固而变好。二是《周易通义》，说："与《泰》初九辞同而义异。意谓拔茅茹要按它的种类来辨别，否则就找不到，没有经验，不会识别是《否》的表现。"即认为《泰》是按类来拔苗草，是顺利的；《否》是不能按类来拔苗草，是坏的。同样二句话，为什么在《泰》就说顺利，在《否》就说坏呢？再说，在卦爻辞里，贞是占问，怎么又变成贞固呢？都不好讲。问题就出在以阴爻为不利。按《坤》卦☷六个阴爻，卦辞说"元亨"，即大通顺。阴指阴气，阳指阳气，阴阳合气，才能生物。从卦爻辞看，不能以阴爻为不利。因此《否》卦初六，还是译成通顺，照字面译，不必改"贞"为贞固。即初六还是通顺的，到六二、六三开始转，对"小人吉，大人否"了。

这样看来，《象传》与卦爻辞有不同。爻辞初六说是吉的，不说坏，

六二、六三说是"小人吉，大人否"，不说都不吉。所以卦辞说"不利君子贞，大往小来"，即对大人不利，所以"大往"；对小人有利，所以"小来"。《彖传》却说成"万物不通"，"天下无邦"了。卦爻辞主要认为《否》卦对大人坏，所以说成否了。九五"其亡其亡，系于苞桑"，有两说：《周易浅述》："桑根深固，苞丛生者，其固尤甚也。"系于苞桑，指系于深固之物，可以无危亡。《周易通义》："苞草，桑枝。""像系在柔弱的苞草桑枝上一样危险。"指苞桑为柔弱的，不可靠。这里采后一说。正因为系于苞桑不可靠，所以心存危惧，注意改革，改去坏的，转危为安，所以"大人吉"了。取后义，有辩证观点。

同人（卦十三）

☰（离下乾上）

〔《同人》〕：①同人于野，亨。利涉大川。利君子贞。

《彖》曰：《同人》，柔得位得中，而应乎乾，②曰《同人》。《同人》曰："同人于野，亨。利涉大川"，乾行也。③文明以健，中正而应，"君子"正也。④唯君子为能通天下之志。

《象》曰：天与火，《同人》。⑤君子以类族辨物。⑥

【译文】

《同人》卦：聚集众人在野外，通顺。渡大河有利。贵族占问有利。

《彖传》说：《同人》卦，（离下乾上，其中的阴爻）柔顺（处在下卦之中），是得到位子得处中间，向上和乾上相呼应，称为《同人》卦。《同人》卦说："同人于野，亨。利涉大川"，是君主所做的。（离下是文明，乾上是刚健，）是文明和刚健；（九五为阳爻，居中而正，六二为阴爻，与九五相应，）中正而应和，是贵族正确。只有贵族是能通达天下臣民的意志。

《象传》说：（离下乾上，火下天上，）天和火，合成《同人》卦。

贵族用来分析事物的种类，辨别事物的情况。

【注】

①〔《同人》〕：卦名，承下文卦辞"同人"而脱去，今补。同人：指聚众。

②柔得位得中，而应乎乾：《同人》的下卦六二是阴爻，是柔，居下卦之中，是得位得中，跟乾上相应，乾为刚，与柔相应。

③乾行：乾指君，乾行即君行、君道。

④文明以健，中正而应，"君子"正也：离下为火，为文明；乾上为健。九五为阳爻，居上卦之中而正；六二为阴爻，为柔，居下卦之中，与九五之刚相应。九五象君主守正。

⑤天与火：天比君主，火比明察，比君主能明察一切。

⑥君子以类族辨物：类族，分别事物之族类。辨物，辨别事物之情况。

初九：同人于门，⑦无咎。

《象》曰：出门"同人"，又谁"咎"也。

六二：同人于宗，吝。⑧

《象》曰："同人于宗"，"吝"道也。

九三：伏戎于莽，升其高陵，三岁不兴。⑨

《象》曰："伏戎于莽"，敌刚也。"三岁不兴"，安行也。⑩

九四：乘其墉，⑪弗克攻，吉。

《象》曰："乘其墉"，义"弗克"也。⑫其"吉"，则困而反则也。⑬

九五：同人先号咷而后笑，^⑭大师克，相遇。

《象》曰："同人"之"先"，以中直也。^⑮"大师相遇"，言相"克"也。^⑯

上九：同人于郊，无悔。

《象》曰："同人于郊"，志未得也。

【译文】

倒数第一阳爻：聚众在王门，无害。

《象传》说：出王门聚众，又对谁有害。

倒数第二阴爻：在宗族聚众，有困难。

《象传》说："同人于宗"，有困难。

倒数第三阳爻：埋伏军队在密林里，登上高地，三年不能取胜。

《象传》说："伏戎于莽"，敌人兵强。"三岁不兴"，哪能行动？

倒数第四阳爻：登上城墙，不能攻进去，吉。

《象传》说："乘其墉"，在道义上不能（攻取）。他的吉，那是敌方受困，我方回到法则上去（不去进攻）。

倒数第五阳爻：聚众先嚎哭而后笑，大军战胜，互相碰头。

《象传》说："同人"的"先……"，因为（作战）是正义的。"大师相遇"，说互相战胜。

最上阳爻：聚众在郊野，没有悔恨。

《象传》说："同人于郊"，还没有得志。

【注】

⑦门：指王门，官门。

⑧宗：宗族，限于一族之人，范围较狭，故有困难。

⑨戎：兵。莽：林草深处。兴：振兴，指胜利。

⑩敌刚：敌强。安行：哪能行动。

⑪墉：城墙。

⑫义"弗克"也：在道义上不能攻克，即攻克为不义，故不攻。

⑬困而反则：在敌人困穷时，我方回到法则上，即回到正义而不攻。

⑭号咷：嚎叫大哭。

⑮中直：中正，正确。

⑯相克：互相战胜，大师战胜，我方亦战胜。

【说明】

《同人》卦，从卦爻辞看，指聚众出征。《周易通义》："同，聚。《诗·七月》：'二之日其同，载缵武功。'同即聚众。"卦辞指聚众于野，为出征作准备。从爻辞看"同人于门"，聚于官门，"无咎"。"同人于宗"，聚众限于宗族，有困难。因出征要集众，不能限于宗族。再写出征，写伏击战，因敌强而不胜。又写攻城战，攻破城墙，又因不义而弗攻。再写先败后胜。再看《彖传》《象传》，就不限于讲聚众出征了。《周易浅述》："《同人》离下乾上。""天在上而火炎上，有同之象。上乾为天为君，下离六二一爻在离之中，居人之位。卦中上下五阳（爻）同欲二（六二）之一阴（爻），而二五（六二、九五）又以中正相应，有以天同人、以君同人之象，故曰同人。"即"同人"不仅是聚众，还要和人同心。如《彖传》说"柔得位得中而应乎乾"，"得位得中"指正确；"应乎乾"指与乾相应，即同心。"君子正也"，指正确。"唯君子能通天子之志"，即贵族与人民同心。这是《彖传》《象传》进一步发挥卦爻辞的意义了。

在《同人》的爻辞里，指出"同人于宗，吝"，说明像出外作战的大事，只靠宗族的力量，是不成的。说明办国家大事，不能依靠小集团。爻辞又说："乘其墉，弗克攻，吉。"进攻敌人，登上敌人的城墙，又不攻了，称为吉。因为认识到攻入城内的不义，所以不攻。这样在进攻时注意战争的正义性，也是突出的。在《象传》里提出"唯君子能通天下之志"，指出统治者要同天下人民的意志相通，这更是极有意义的见解。

大有（卦十四）

☰（乾下离上）

《大有》：^①元亨。

《彖》曰:《大有》，柔得尊位大中，^②而上下应之，曰《大有》。其德刚健而文明，^③应乎天而时行，是以"元亨"。

《象》曰：火在天上，《大有》。君子以遏恶扬善，顺天休命。^④

【译文】

《大有》卦：大通顺。

《彖传》说:《大有》卦，（这卦的一个阴爻为六五,六五是尊位,处上卦之中,阴为柔,）是柔得到尊位,处于大中,上下五阳爻跟它呼应,称《大有》。（乾下刚健,离上文明,）它的德是刚健而文明。（乾是天,）它是跟天相应而按时推行,因此大通顺。

《象传》说:（乾下离上,天下火上,）火在天上,是《大有》卦。贵族用来制止奸恶、宣扬贤善,来顺应天道,求得美好的命运。

①大有：大丰收。有指有年，即丰年。

②柔得尊位大中：《大有》卦只有六五是阴爻，是柔，又为上卦之中，称"大中"。

③《大有》卦乾下离上，乾刚健，离文明。

④顺天休命：道家认为天是遏恶扬善的，故称"顺天"。休：使美好。

初九：无交害匪咎。艰则无咎。⑤

《象》曰：《大有》初九，无交害也。

九二：大车以载，有攸往，无咎。⑥

《象》曰："大车以载"，积中不败也。

九三：公用亨于天子，⑦小人弗克。

《象》曰："公用亨于天子"，"小人"害也。⑧

九四：匪其尪，⑨无咎。

《象》曰："匪其尪，无咎"，明辨晰也。⑩

六五：厥孚交如威如，⑪吉。

《象》曰："厥孚交如"，信以发志也。"威如"之"吉"，易而无备也。⑫

上九：自天祐之，吉，无不利。

《象》曰：《大有》上"吉"，"自天祐"也。

【译文】

倒数第一阳爻：没有互相损害，就不是害。处在艰难时，就无害。

《象传》说：《大有》初九，没有互相损害。

倒数第二阳爻：用大车来运载，有所往，无害。

《象传》说："大车以载"，货物堆积在车中不会坏。

倒数第三阳爻：公在天子那里享受宴席，小民不能（享受）。

《象传》说："公用亨于天子"，小民这样就有害。

倒数第四阳爻：不是他的骨骼弯曲，没有害。

《象传》说："匪其尪无咎"，明于辨别明白。

倒数第五阴爻：他的诚信，上下互信，有威严，吉。

《象传》说："厥孚交如"，用诚信来表明他的意志。"威如"之"吉"，平易而没有戒备。

最上阳爻：从天来保祐他，吉，没有不利。

《象传》说：《大有》上九的吉，"自天祐"的。

【注】

⑤无交害：没有互相损害，转到有交利。碰上艰难时更加注意克服困难，所以无害。

⑥攸：所。

⑦公：公侯，指大臣。亨：同享，享受宴席。

⑧"小人"害：小民不能参与大臣的宴会，否则有害，反映当时的阶级观点。

⑨尪：《周易正义》作"彭"，据《周易集解》改。下同。尪，骨骼弯曲者。

⑩辨晰：辨明白。

⑪厥孚：他的诚信。交如：上下交信的样子。

⑫易而无备：上下交信，所以可平易近人而没有戒备。

【说明】

《大有》☲，乾下离上，天下火上。《周易集解》："姚规曰：'互体有《兑》(☱，互体指《大有》六爻中从九三到六五为☱，即内含兑卦)，兑为泽，位在秋也。乾则施生，泽则流润，离则长茂，秋则成收，大富有也。"这是说《大有》卦含有大丰收的意味，所以卦辞是"元亨"，即大通顺。爻辞初九也指农业，无互相损害，不是害。即使有艰难，能互相补助，也无咎。九二讲大丰收，用大车运载谷物，也是好的。九三，天子设盛宴款待大臣。九四，"匪其尪"，古代天旱用巫尪求雨，指有旱非巫尪之罪，则旱象求雨后得解，故亦无咎。六五指大丰收后，君主诚信交如威如。上九指大丰收靠老天帮忙。看卦爻辞都讲农业。其中初九的"无交害匪咎，艰则无咎"，既看到农业需要"无交害"，也看到农业虽有艰难时，只要有交利就好，极有意义，也看到农业的靠天吃饭。

再看《彖传》《象传》，对《大有》的含义又有了扩大。《周易正义》王弼注《彖传》："处尊以柔，居中以大，体无二阴，以分其应。上下应之，靡所不纳，《大有》之义也。"认为《大有》卦以六五阴爻居尊位，处上卦之中，全卦无第二个阴爻，上下五个阳爻和它相应。把《大有》扩大到政治上，以"柔得尊位大中而上下应之"。即《象传》的"君子以遏恶扬善，顺天休命"。认为天也是遏恶扬善的，用了道家《老子》的说法。这是《彖传》《象传》跟卦爻辞有差异的地方。《彖传》提出"柔得尊位"，是柔；又说"其德刚健"，是刚，即要刚柔相济，又称文明。又认为"应乎天而时行"，要应乎自然，这也是宣扬道家思想。

谦（卦十五）

☷ (艮下坤上)

《谦》：亨。君子有终。

《彖》曰：《谦》，"亨"。天道下济而光明，地道卑而上行。①天道亏盈而益谦，地道变盈而流谦，鬼神害盈而福谦，人道恶盈而好谦。②谦，尊而光，卑而不可逾，③"君子"之"终"也。

《象》曰：地中有山，《谦》。君子以裒多益寡，④称物平施。

【译文】

《谦》卦：通顺。贵族（谦让）有好结果。

《彖传》说：《谦》卦，"亨"。天道对下面成就万物而光明，地道位置卑下而地气上升。天道损害满的而增加虚的，地道毁坏满的而增加虚的，鬼神损害满的而加福于虚的，人道憎恶满的而爱好虚的。谦虚，处于尊位就光荣，处于卑位就不可超越，这即是"君子"的有好结果。

《象传》说：（艮下坤上，山下地上，）地中有山，是《谦》卦。君子用来取多补少，称量财物（的多少）来公平施予。

【注】

①天道：天的自然规律。下济：下成，向下生成万物，如日光下照，雷下震，风下吹，雨下降，用来生长万物。光明：指日月照耀。地在下故称卑。上行：指地气上升，与天气相应，生长万物。

②天道亏盈而益谦：亏盈如日中则下降，月满则渐亏。益谦如日出则上升，月虚则渐实。地道变盈而流谦：即损盈而益谦，如桑田变沧海，就桑田说是损盈，就沧海说是益谦。鬼神害盈而福谦：即《易·坤·文言》："积善之家必有余庆，积不善之家必有余殃。"福谦指余庆，害盈指余殃。人道恶盈而好谦：即"满遭损，谦受益"。

③卑而不可逾：地位虽低，坚持原则，使上级也不可使他不顾原则办事。

④裒（póu 剖，阳平）：取出，减少。

初六：谦谦君子，用涉大川，吉。

《象》曰："谦谦君子"，卑以自牧也。⑤

六二：鸣谦，⑥贞吉。

《象》曰："鸣谦贞吉"，中心得也。

九三：劳谦君子，有终，吉。

《象》曰："劳谦君子"，万民服也。

六四：无不利，㧑谦。⑦

《象》曰："无不利，㧑谦"，不违则也。

六五：不富以其邻，利用侵伐，⑧无不利。

《象》曰："利用侵伐"，征不服也。

上六："鸣谦"，利用行师征邑国。

《象》曰："鸣谦"，志未得也。可"用行师"，征邑国也。

【译文】

倒数第一阴爻：谦而又谦的贵族，用（这种态度）来渡过大河，是吉的。

《象传》说："谦谦君子"，用谦卑来自己管理自己。

倒数第二阴爻：有声望而谦虚，占问是吉。

《象传》说："鸣谦贞吉"，（六二居下卦之中，）是中正的心所得到的。

倒数第三阳爻：勤劳而谦让的贵族，有好结果，是吉的。

《象传》说："劳谦君子"，万民佩服。

倒数第四阴爻："没有不利，奋勇向前而谦虚。

《象传》说："无不利，㧑谦"，不违反法则。

倒数第五阴爻：不富，因为邻国来侵犯掠夺。利用邻国的侵伐来防御，没有不利。

《象传》说："利用侵伐"，征伐不服的国家。

最上阴爻：有声望而谦虚，有利地用出兵来征讨大夫的邑、诸侯的国。

《象传》说："鸣谦"，还没有得志。可以"用行师"来"征邑国"。

【注】

⑤自牧：自己管理自己。牧：管理，如牧牛、牧羊。

⑥鸣：有声，指有声望。

⑦㧑：同挥。《说文》："挥，奋也。"

⑧利用侵伐：有利地用战争来对付侵略，指抗击敌人。

【说明】

《谦》卦，艮下坤上。《周易集解》："郑曰：艮为山，坤为地。山体高，今在地下，其于人道，高能下，下谦之象。"这是说艮下坤上构成《谦》卦的意义。再看卦爻辞，提出"谦谦君子"，即贵族要谦而又谦；"鸣谦"，有声望而谦；"劳谦"，勤劳而谦；"扨谦"，发奋而谦；即不光要谦虚，还要有声望、勤劳、发奋而谦虚，这样的谦虚才好。在对待侵略上不是光讲谦让，是"利用侵伐"，对于来侵犯的敌人，要有利地用侵伐来对付，即抵抗。同例，"利用行师征邑国"，有利地用出兵来征伐邑国，这当和上文"利用侵伐"结合起来看，当也是邑国来犯，所以出兵征讨，即不是无原则的谦让。再看《象传》，用天道、地道、人道来讲，再讲到"鬼神害盈而福谦"，即用神道说教。把卦爻辞的意义扩大了。又提出"谦，尊而光，卑而不可逾"。对位尊者谦则光荣，这点是明显的；对位卑者谦而不可逾越，即要坚守原则，这个意义就比较深刻了。

豫（卦十六）

䷏（坤下震上）

《豫》：①利建侯行师。

《彖》曰：《豫》，刚应而志行，顺以动，②《豫》。《豫》顺以动，故天地如之，而况"建侯行师"乎？天地以顺动，故日月不过，而四时不忒。③圣人以顺动，则刑罚清而民服，《豫》之时义大矣哉！

《象》曰：雷出地奋，④《豫》。先王以作乐崇德，殷荐之上帝，以配祖考。⑤

【译文】

《豫》卦：有利于封建侯国，出兵打仗。

《彖传》说：《豫》卦（有一个阳爻，是刚；上下五个阴爻，是柔）。刚得柔相应，（如君得臣民相应，）而君的志意得行。（《豫》卦坤下是顺，震上是动，）顺着自然而动，是《豫》卦。《豫》卦顺着自然而动，所以天地也像它，何况"建侯行师"呢！天地顺着自然而动，所以日月的运行没有过差，四时的循环没有差错。圣人顺着自然而动，就刑罚清明，人民服从。《豫》卦的顺时行动的意义大了啊!

《象传》说:(坤下震上,地下雷上,)雷出地动,(震动万物,)是《豫》卦。先王因此制作音乐,尊崇功德,热烈地进奉上帝,用来献给祖宗。

【注】

①《豫》卦的"豫",有犹豫不决意,有预先计虑意,有豫悦逸乐意。

②刚应:《豫》卦☷一阳爻刚而五阴爻应之,比君一而众臣应之。顺以动:《豫》卦坤下雷上,坤顺雷动。

③忒(tè 特):差错。

④奋:动。

⑤殷:盛,犹热烈地。荐:进。配:献。祖考:祖和父。

初六:鸣豫,凶。⑥

《象》曰:"初六鸣豫",志穷"凶"也。

六二:介于石,不终日,⑦贞吉。

《象》曰:"不终日贞吉",以中正也。

六三:盱豫,悔,迟有悔。⑧

《象》曰:"盱豫有悔",位不当也。⑨

九四:由豫,大有得,勿疑。⑩朋盍簪。⑪

《象》曰:"由豫大有得",志大行也。

六五:贞疾,恒不死。

《象》曰:"六五贞疾",乘刚也。"恒不死",中未亡也。

上六:冥豫,成有渝。⑫无咎。

《象》曰:"冥豫"在"上",何可长也?

【译文】

倒数第一阴爻：有名于享乐，凶。

《象传》说："初六鸣豫"，用意碰壁，是凶。

倒数第二阴爻：坚如石，不过一整天。占问吉。

《象传》说："不终日贞吉"，因为归于中正。

倒数第三阴爻：媚上享乐，有悔。迟疑不决又悔。

《象传》说："盱豫有悔"，地位不相称。

倒数第四阳爻：由于豫悦，大有所得，勿疑。用朋贝组合成簪。

《象传》说："由豫大有得"，意志得到大推行。

倒数第五阴爻：贞问疾病，虽久不死。

《象传》说："六五贞疾"，（六五阴爻，是柔，九四阳爻，是刚，六五居九四之上，）是柔居于刚上。"恒不死"，是没有丧失中道。

最上阴爻：在昏暗中还享乐，成事又变动，（变好，）是无害。

《象传》说："冥豫"在上位，怎么可以长久呢？

【注】

⑥鸣豫：鸣，有声，有声名，即有名。豫，享乐。

⑦介于石，不终日：《释文》："介，古文作砎。"坚也。"于"，犹"如"。坚如石，与六二为阴爻的阴柔不合，不终日即转而为柔，故吉。

⑧盱豫：《周易集解》："向秀曰：'睢盱，小人喜说（悦）佞媚之貌也。'"豫：享乐。迟：迟疑不决。

⑨位不当：六三位在下卦之上，不当佞媚其上。

⑩由豫，大有得，勿疑：九四以一阳居五阴之中，得五阴相应，所以豫乐而大有得，可以勿疑。

⑪朋盍簪：朋贝合于发簪，组合众贝壳于发簪成为首饰。发簪像一阳，众贝壳像众阴，合成首饰像《豫》卦。

⑫冥：昏暗。成有渝：成事又变化，即改好。

【说明】

《豫》卦☷坤下震上，地下雷上，春雷震于上，而地下万物苏醒，故《豫》有悦乐之意。坤顺而震动，故《豫》卦要顺着自然而动，像“天地以顺动”。怎样才能顺着自然而动，不致有差误，这里有时犹豫不决，有待预计熟虑。因此《豫》又有犹豫、预计的含意。《豫》卦卦辞“利建侯行师”，就是《豫》顺以动，是悦乐的。再看爻辞：“初六，鸣豫凶。”鸣则有声，以悦乐出名，就成为出名享乐，转为凶了。“六二：介于石，不终日。”先是坚如石，不终日就有所转变，这是认为坚如石不合顺自然而动，所以不终日而变，归于中正，这里就有计虑在内。“上六：冥豫，成有渝。”在昏暗中还享乐，成事有变化，这里也有计虑的意思。

《象传》对《豫》卦作了很好的发挥，提出“顺以动，故天地如之”。即天地是顺着自然而动，“故日月不过而四时不忒”。圣人也顺着自然而动，“故刑罚清而民服”，说明顺着自然而动的重要。违反自然而动就要失败，《象传》说：“盱豫有悔，位不当也。”处在六三的地位，媚上以求悦乐，不是顺着自然而动，所以有悔了。这里已含有要按照客观规律办事的意思。

随（卦十七）

☳（震下兑上）

《随》：元亨，利贞，无咎。

《彖》曰：《随》，刚来而下柔，[①]动而说，[②]《随》。大"亨贞无咎"，而天下随之，随之时义大矣哉！[③]

《象》曰：泽中有雷，[④]《随》。君子以向晦入宴息，

【译文】

《随》卦：大通顺，占问有利，无害。

《彖传》说：《随》卦，（震下兑上，刚下柔上，动下悦上，）刚来而居柔下，动而喜悦，为《随》卦。大通顺，占问无害，天下人都跟从它，跟从它的时机和意义大了啊！

《象传》说：（震下兑上，雷下泽上，）泽中有雷，是《随》卦。君子因此在向晚时入室安息。

【注】

①刚来而下柔：《随》卦☳震下兑上，震五爻，单数，是阳卦，是刚，在下；兑四爻，双数，是阴卦，是柔，在上。故称刚在柔下。

②动而说（悦）：《随》卦震下兑上，震是动，兑是悦，所以是动而悦。

③而天下随之，随之时义大矣哉：《周易正义》作"而天下随时，随时之义大矣哉"，今据《释文》引王肃本改。

④泽中有雷：《随》卦震下兑上，雷下泽上，所以称"泽中有雷"。这是指天寒时没有雷，说成雷在泽中不出，所以君子也在晚上安息。

初九：官有渝，⑤贞吉，出门交有功。⑥

《象》曰："官有渝"，从正"吉"也。"出门交有功"，不失也。

六二：系小子，失丈夫。

《象》曰："系小子"，弗兼与也。⑦

六三：系丈夫，失小子，随有求，得。利居贞。

《象》曰："系丈夫"，志舍下也。

九四：随有获，贞凶。⑧有孚在道，以明，何咎？⑨

《象》曰："随有获"，其义"凶"也。⑩"有孚在道"，"明"功也。

九五：孚于嘉，⑪吉。

《象》曰："孚于嘉吉"，位正中也。

上六：拘系之，乃从维之，⑫王用亨于西山。⑬

《象》曰："拘系之"，上穷也。⑭

【译文】

倒数第一阳爻：旅馆里有事故，占问是吉，因出门人互相帮助有好处。

《象传》说："官有渝"，遵从正确来办是"吉"的。"出门交有功"，不会失误的。

倒数第二阴爻：拴住小奴隶，跑掉大奴隶。

《象传》说："系小子"，不能兼有大奴隶。

倒数第三阴爻：拴住大奴隶，跑掉小奴隶，跟踪去找，得到。占问居处有利。

《象传》说："系丈夫"，用意在放纵小的。

倒数第四阳爻：相随出外有收获，（但不免相争，）占问是凶。在路上有了俘虏，用盟约定了，有什么害处？

《象传》说："随有获"，（不免相争，）它的意义是凶。"有孚在道"，订盟是有效的。

倒数第五阳爻：在美好处掠夺，吉。

《象传》说："孚于嘉吉"，地位在正中。

最上阴爻：拘留拴住他，又从而说服他。周文王用他去祭岐山。

《象传》说："拘系之"，上面的人穷于应付。

【注】

⑤官：通馆，旅馆。渝：变故，事故。

⑥出门交：出门人互相交往、帮助。

⑦兼与：犹兼有。

⑧随有获，贞凶：指相随出外经商，有收获，也有争夺，所以凶。

⑨明：通盟，订了盟约，照盟约办，可以不争。

⑩义：宜，有获宜争。

⑪嘉：美好处。

⑫从维之：从而维系他的心，说服他。

⑬西山：即岐山。

⑭上穷：上面穷于应付，所以把他拘系，他不屈服。

【说明】

《随》卦☲震下兑上。《周易集解》：“郑曰：震，动也。兑，说（悦）也。内动之以德，外说（悦）之以言，则天下之人咸慕其行而随从之，故谓之《随》也。”《随》卦是随从的意思。“初九：出门交有功”，即相随出门，有交往，就有功。“九四：随有获”，相随出去有收获。“上六：拘系之，乃从维之”，要把拘系的人，从思想上给以维系，使他随从。《象传》对《随》的意义作了发挥，要刚下柔，动而悦，使天下的人都来跟着，这就把爻辞的“出门交有功”、“系小子，失丈夫”等意义扩大了。

《随》卦的“上六：拘系之，乃从维之，王用亨于西山”有几种解释：一，《周易集解》引虞翻说：“两系称维，故拘系之，乃从维之。在《随》之上，而无所随，故维之。”这是说，对待这个俘虏，拘系他，又从而捆住他，即捆了两次，因他不肯投降。跟“王用亨于西山”无关。二，《周易正义》王弼说：“随道已成，而持不从，故拘系之，乃从也。率土之滨，莫非王臣，而为不从，王之所讨也，故维之，王用亨于西山。……处西方而不从，故王用通于西山。”这是指两个人，前一人不从，故拘系他，他服从了。后一人在西方，不从，王用兵通过西山去抓他。三，高亨《周易大传今注》：“殷纣囚系文王于羑里，又释放使之走去。（‘乃从维之’，乃纵走之。从，纵也。维，走也。）文王既归周，祭祀西山，以报答神之保佑。”四，同上引郭沫若说：“得俘虏拘系之，又从而缚绑之，周王用之祭祀西山之神。”即用俘虏来祭神。五，《周易浅述》：“诚敬以享于山川，有固结维系之意，

上经　随（卦十七）　| 89

人心从此而集。"意思是说："拘系他，乃从而维系他，即说服他。他服从了。"今译即用此说，加上周王同他一起去西山祭神说。

蛊（卦十八）

䷑（巽下艮上）

《蛊》：^①元亨。利涉大川，先甲三日，后甲三日。^②

《彖》曰：《蛊》，刚上而柔下，^③巽而止，^④《蛊》。《蛊》"元亨"，而天下治也。^⑤"利涉大川"，往有事也。"先甲三日，后甲三日"，终则有始，天行也。^⑥

《象》曰：山下有风，^⑦《蛊》。君子以振民育德。^⑧

【译文】

《蛊》卦：大通顺。渡大河有利，在辛日，在丁日。

《彖传》说：《蛊》卦，（巽下艮上，阴卦下阳卦上，）阳刚在上而阴柔在下，（巽谦艮止，）止于谦逊，是《蛊》卦。《蛊》卦"元亨"，天下治平。"利涉大川"，是有事出去。"先甲三日"为辛日，"后甲三日"为丁日，（从辛日到丁日循环往复，）终了就又开始，这是天道的运行。

《象传》说：（《蛊》卦巽下艮上，风下山上，）山下有风，是《蛊》卦。贵族用来教化人民，培育他们的德行。

【注】

①《蛊》：蛊（gǔ 古）是事的意思。

②先甲三日，后甲三日：上古历法，每年十二月，每月三旬，有闰月。每旬十日，用甲、乙、丙、丁、戊、己、庚、辛、壬、癸来记。先甲三日即辛日，后甲三日即丁日。即在辛日或丁日，渡大河有利。

③刚上而柔下：《蛊》卦☶上卦五爻是阳卦，刚；下卦四爻是阴卦，柔。

④巽而止：《蛊》卦巽下艮上，巽是谦逊，艮是止，所以是巽而止，即谦逊而静止。

⑤天下治：在上谦逊，在下静止，所以天下治平。

⑥从辛日到丁日是七日，七日一来复，周而复始，是天道的运行。

⑦山下有风：巽下艮上，即风下山上。

⑧振民：教化人民。

初六：干父之蛊，有子考无咎，⑨厉终吉。⑩

《象》曰："干父之蛊"，意承考也。⑪

九二：干母之蛊，不可贞。⑫

《象》曰："干母之蛊"，得中道也。

九三：干父之蛊，小有悔，无大咎。

《象》曰："干父之蛊"，终"无咎"也。

六四：裕父之蛊，往见吝。⑬

《象》曰："裕父之蛊"，往未得也。

六五：干父之蛊，用誉。

《象》曰："干父用誉"，承以德也。

上九：不事王侯，高尚其事。

《象》曰："不事王侯"，志可则也。

【译文】

倒数第一阴爻：继承父亲的事业，有子孝，无害。即使有危险，终于是吉的。

《象传》说："干父之蛊"，意思在继承父的事业。

倒数第二阳爻：继承母亲的事业，占问认为不行（九二是阳刚，母是阴柔，以刚承柔，故不可）。

《象传》说："干母之蛊"，得到中道（九二居下卦之中，故称得中道）。

倒数第三阳爻：继承父亲的事业，虽有小的毛病，没有大害。

《象传》说："干父之蛊"，终于"无咎"。

倒数第四阴爻：扩大父亲的事业，前进将遇到困难。

《象传》说："裕父之蛊"，前进没有得手。

倒数第五阴爻：继承父亲的事业，因此有名誉。

《象传》说："干父用誉"，用道德来继承的。

最上的阳爻：不去事奉王侯，保持高尚的志向。

《象传》说："不事王侯"，用志可作法则。

【注】

⑨干：借为贯。《尔雅·释诂》："贯，习也。"习即继承。考：借为孝。

⑩厉：危。

⑪考：父。

⑫不可：当时是父权制时代，故以继承母的事业为不可。

⑬裕：扩大。咨：困难。

【说明】

《蛊》卦巽下艮上，风下山上，风遇山而止，巽是谦逊。《蛊》卦又是刚上而柔下。上刚健而下柔顺，加上止于谦逊，所以天下治平。这是《蛊》卦卦象的含义。蛊又是事，有继承父的事业，继承母的事业，扩大父的事业。在这里也反映了父权制的时代局限，以继承父的事业为孝，继承母的事业为不行。但这里又显出爻辞与《象传》的不同，爻辞较古，所以以继承母的事业为不行。《象传》较后，所以以继承母的事业为中道，即正确。爻辞上九以不做官为高志，文与《象传》一致，说明爻辞与《象传》的写定，都在政治昏乱的时期，所以有那种思想。

临（卦十九）

☷（兑下坤上）

《临》：①元亨，利贞。至于八月有凶。②

《彖》曰：《临》，刚浸而长，说而顺，刚中而应。大"亨"以正，天之道也。③"至于八月有凶"，消不久也。④

《象》曰：泽上有地，《临》。君子以教思无穷，容保民无疆。⑤

【译文】

《临》卦：大通顺，占问有利。到了八月有凶（因天旱不雨）。

《彖传》说：《临》卦，（下卦下二爻是阳爻，阳爻刚，）刚渐渐生长。（《临》卦下兑上坤，兑是悦，坤是顺，）故悦而顺。（《临》卦下卦的中爻是阳爻，是刚；上卦的中爻是阴爻，是柔，刚柔相应，）故刚居中而和柔居中相应。大通顺而正，这是天道。"至于八月有凶"，阳气消散不能长久的缘故。

《象传》说：（《临》卦兑下坤上，泽下地上，）泽上有地，是《临》卦。贵族因此教民念民至于无穷，容民保民至于无限。

【注】

①《临》：临是从高视下，从上视下，从君视民，有治民的意思。

②至于八月有凶：《礼记·玉藻》："至于八月，不雨，君不举。"指有旱象，当属另外的占辞。占辞有把几次的占写在一起的，元亨是一次占，有凶是另一次占，所以有亨有凶。

③大"亨"以正：上文指出"刚中"，中即正，所以亨。刚中是从爻象来的。《临》卦下面两爻是阳，像春天的阳气渐长，所以是天道，是自然规律。

④消不久：八月是秋，阳气渐消，不能久长。

⑤教思：教育民、关心民。容保：包容民、保护民。

初九：咸临，贞吉。⑥

《象》曰："咸临贞吉"，志行正也。

九二：咸临，⑦吉，无不利。

《象》曰："咸临吉无不利"，未顺命也。

六三：甘临，⑧无攸利；既忧之，无咎。

《象》曰："甘临"，位不当也。"既忧之"，"咎"不长也。

六四：至临，⑨无咎。

《象》曰："至临无咎"，位当也。

六五：知临，大君之宜，⑩吉。

《象》曰："大君之宜"，行中之谓也。

上六：敦临，⑪吉，无咎。

《象》曰："敦临"之"吉"，志在内也。

【译文】

倒数第一阳爻：用感化治民，占问是吉。

《象传》说："咸临贞吉"，（君上的）志意行动都端正。

倒数第二阳爻：用温和政策治民，吉，没有不利。

《象传》说："咸临吉无不利"，人民没有顺从君上的命令。

倒数第三阴爻：用钳制政策治民，没有什么好处。既而担心人民疾苦，没有害。

《象传》说："甘临"，（跟君上的）地位不相称。"既忧之"，"咎"不会长久。

倒数第四阴爻：亲自治民，没有害。

《象传》说："至临无咎"，（跟君上的）地位相称。

倒数第五阴爻：用明智来治民，大君是应该这样的，吉。

《象传》说："大君之宜"，行为正确的说法。

最上阴爻：用厚道来治民，吉，无害。

《象传》说："敦临"之"吉"，用意敦厚存在心内。

【注】

⑥咸：借作"感"，感化。

⑦咸：同諴，《说文》："諴，和也。"《周易》中有同字异义的。

⑧甘：借为"钳"，钳制。

⑨至：亲到。

⑩知：同智，明智。大君：大国之君。

⑪敦：厚道。

【说明】

《临》卦讲治民的政治，有感化、温和、忧民，指政策说，反对钳制压迫。又讲躬亲、明智、敦厚，指统治者说。这些对儒家的理论很有影响。《象传》提出："咸临贞吉，志行正也。"这跟《论语·颜渊》篇"季康子问政于孔子，孔子对曰：'政者正也，子帅以正，孰敢不正'"思想是一致的。《象传》提出"刚浸而长，说而顺，刚中而应，大'亨'以正，天之道也"，认为临民要本于天道的自然，这里又含有道家思想。《易传》是儒道两家思想的结合。

观（卦二十）

☶（坤下巽上）

《观》：盥而不荐。①有孚颙若。②

《彖》曰：大观在上，顺而巽，中正以观天下，③《观》。"盥而不荐，有孚颙若"，下观而化也。观天之神道，而四时不忒。圣人以神道设教，而天下服矣。

《象》曰：风行地上，《观》。先王以省方观民设教。④

【译文】

《观》卦：用酒灌地迎神，不献牲。有俘虏长得高大（要用作人牲）。

《彖传》说：遍观在上位，（《观》卦坤下巽上，坤是顺，）故顺而巽，中正来观察天下，是《观》卦。"盥而不荐，有孚颙若"，下面的臣民观察而受到感化。观察天的神道，如四时的运行没有差误。圣人用神道来设教，而天下服从了。

《象传》说：（《坤》卦坤下巽上，地下风上，）风行地上，是《观》卦。先王因此来巡视邦国，观察人民，布置教化。

【注】

①盥（guàn 贯）：祭祀时用酒浇地迎神。荐：献，献牲于神。

②孚：俘虏。颙（yóng 庸，阳平）：大头。颙若：状高大。

③中正：《观》卦的君位是九五，是阳爻，居上卦之中而正。

④省方：巡视邦国。

初六：童观，小人无咎，君子吝。⑤

《象》曰："初六童观"，"小人"道也。

六二：窥观，利女贞。⑥

《象》曰："窥观女贞"，亦可丑也。

六三：观我生，⑦进退。

《象》曰："观我生进退"，未失道也。

六四：观国之光，利用宾于王。⑧

《象》曰："观国之光"，尚"宾"也。⑨

九五：观我生，君子无咎。

《象》曰："观我生"，观民也。⑩

上九：观其生，⑪君子无咎。

《象》曰："观其生"，志未平也。⑫

【译文】

倒数第一阴爻：幼稚的观察，在小民无害，在贵族就艰难。

《象传》说："初六童观"，"小民"观察的方法。

倒数第二阴爻：一孔之见，女子占问有利（在贵族就艰难）。

《象传》说："窥观女贞"，也是可丑的。

倒数第三阴爻：观察我的亲族的进用或退斥。

《象传》说："观我生进退"，没有失去观察的方法。

倒数第四阴爻：观察王国的光辉，作为周王的宾客有利。

《象传》说："观国之光"，向上（到王朝）作宾客。

倒数第五阳爻：观察我的亲族，（加以团结，）贵族无害。

《象传》说："观我生"，观察人民。

最上阳爻：观察其他的部族，（加以处理，）贵族无害。

《象传》说："观其生"，用意还未能辨明。

【注】

⑤童观：儿童的观察，指幼稚。小人：指小民，认为小民的观察也幼稚。君子：指贵族要从政，故观察幼稚有困难。

⑥窥观：一孔之见，所见者小。当时认为女子所见者小。下文当有"君子吝"，承上省。

⑦我生：我姓，指我的亲族。

⑧观国：承下文当指王国。宾于王：在周王处作客。

⑨尚：上，向上，周王在诸侯之上。

⑩"观我生"，本指观我的亲族，指贵族。这里作"观民"，说明爻辞的原意与《象传》不同。

⑪其生：其他的亲族。

⑫平：高亨《周易大传今注》："平藉为辨，谓辨明也。"

【说明】

《观》卦指观察。从爻辞看，有"童观"，比较幼稚；有"窥观"，一孔之见，所见者小，都不行。再讲观察什么，有"观我生"，指贵族的亲族；"观其生"，观其他的亲族；"观国之光"，观周王国的光辉，经过这样的观察，处理好贵族内部、贵族外部、其他部族和王国的关系，对贵族从政有利。这里反映出贵族轻视小民和女子的时代局限。再就卦辞说："盥而不荐，有孚颙若。"祀神时举行以酒浇地后不献牲，因为要用俘虏作人牲。但《彖传》把"有孚颙若"，解释为有诚信而又肃敬，臣民观看而受到感化。这说明卦辞与《彖传》不同。

噬嗑（卦二十一）

䷔（震下离上）

《噬嗑》：①亨。利用狱。

《彖》曰：颐中有物曰《噬嗑》。《噬嗑》而"亨"，刚柔分，动而明，②雷电合而章。③柔得中而上行④，虽不当位，"利用狱"也。

《象》曰：雷电，《噬嗑》。先王以明罚敕法。

【译文】

《噬嗑》卦：通顺。有利于诉讼。

《彖传》说：面颊中有物叫《噬嗑》。《噬嗑》而通顺，（《噬嗑》震下离上，震为阳卦，离为阴卦，）故刚柔分明；（震为雷，动的；离为火，明的，）故动而明；（震为雷，离为电，）雷电合而彰显。（《噬嗑》上卦和下卦的中爻都是阴爻，阴柔。由下卦中爻上升到上卦中爻，）故柔得中而上行。（上卦的中爻是阳位，却是阴爻，）虽不与位相称，却是"利于诉讼"。

《象传》说：（震为雷，离为电，合成）雷电，是《噬嗑》卦。先王因此明察刑罚，修正法律。

【注】

①噬嗑（shì hé 逝合）：咬嚼。吃东西要咬嚼，诉讼要分明是非，需要辨析，也像咬嚼。

②刚柔分：☳☲震下离上，震数五，是阳卦，刚。离数四，是阴卦，柔。动而明：震动而离明。

③雷电合而章：电比明察，雷比刑罚，用于狱讼。

④柔得中而上行：☲上卦下卦的中爻都是阴爻，柔。下卦的中爻上去也是阴爻。比民得理而上诉，虽无位，于诉讼有利。

初九：屦校灭趾，⑤无咎。

《象》曰："屦校灭趾"，不行也。

六二：噬肤灭鼻，⑥无咎。

《象》曰："噬肤灭鼻"，乘刚也。

六三：噬腊肉遇毒，⑦小吝，无咎。

《象》曰："遇毒"，位不当也。

九四：噬干胏，得金矢。⑧利艰贞，吉。

《象》曰："利艰贞吉"，未光也。

六五：噬干肉得黄金。⑨贞厉，无咎。

《象》曰："贞厉无咎"，得当也。

上九：何校灭耳，⑩凶。

《象》曰："何校灭耳"，聪不明也。

【译文】

倒数第一阳爻：拖着脚枷，遮住脚趾，无害。

《象传》说："屦校灭趾"，不便行走。

倒数第二阴爻：咬肥肉连鼻子也遮住，无害。

《象传》说："噬肤灭鼻"，（六二阴爻，阴，柔，在初九阳爻之上，阳，刚，）所以是柔凌驾在刚上。

倒数第三阴爻：咬腊肉，碰到毒，小的困难，无害。

《象传》说："遇毒"，地位不相称（六三是阴爻，三是阳位，阴处阳位，故不相称）。

倒数第四阳爻：啃带骨的干肉，得到铜箭头。占问艰难事有利，吉。

《象传》说："利艰贞吉"，没有光明。

倒数第五阴爻：咬干肉，得到铜（箭头）。占问危险事，无害。

《象传》说："贞厉无咎"，是得当的（六五处上卦的中位，所以得当）。

最上阳爻：担枷遮住耳朵，凶。

《象传》说："何校灭耳"，听不清楚。

【注】

⑤屦：通娄，曳也，即拖。校：脚枷。灭：遮盖。

⑥肤：肥肉。

⑦腊肉：干肉。因保藏不好，所以有毒。是小毒，所以无害。

⑧胏（zǐ 子）：连着骨头的肉。金矢：铜箭头。

⑨黄金：铜箭头。

⑩何：荷，担。校：头枷。

【说明】

《噬嗑》，噬是咬，嗑是合口，即咬嚼，指吃东西。对贵族说，有吃是好的，所以"亨"，是通顺。对奴隶说，在吃食上有问题，要担枷入狱，所以贵族用"利用狱"来惩戒奴隶。从爻辞看，贵族对奴隶吃东西看不上眼，就可给他带上脚枷，带上头枷。这是卦爻辞里写的。《彖传》又结合卦象，即结合震下离上，雷下电上，用雷电来说明卦辞的"利用狱"，结合卦辞的"亨"，说成"刚柔分，动而明，雷电合而章"。用电来说明审狱的明察，用雷来比刑罚。《象传》说成"先王以明罚敕法"，用电来比明罚，处罚的明察。用雷来比敕法，比整敕刑法。这都说明《彖传》《象传》扩大了卦爻辞的意义。

贲（卦二十二）

䷕（离下艮上）

《贲》：①亨。小利有攸往。

《彖》曰：《贲》亨，柔来而文刚，②故"亨"。分，③刚上而文柔，故"小利有攸往"。刚柔交错，天文也。④文明以止，人文也。观乎天文以察时变，观乎人文以化成天下。

《象》曰：山下有火，《贲》。君子以明庶政，无敢折狱。⑤

【译文】

《贲》卦：通顺。有所往得小利。

《彖传》说：《贲》卦"亨"，（《贲》卦离下艮上，离为阴卦，为柔，艮为阳卦，为刚，）柔来文饰刚，所以"亨"。分别刚柔，（离下艮上，柔下刚上，）刚上而文饰柔，所以"小利有攸往"。刚柔交错，是天文。（离下艮上，离为文明，艮为止，）文明而止，是人文。观察天文来考察四时的变化，观察人文用来感化天下人。

《象传》说：（离下艮上，火下山上，）山下有火，是《贲》卦。贲族用来考察各项政事，没有敢判断狱讼。

【注】

①贲（bì闭）：装饰，文饰。

②《贲》䷕，离下艮上。离四画，阴卦，柔。艮五画，阳卦，刚。故称"柔来而文饰刚"。

③分：分别刚柔。

④朱熹注"'天文'上当有'刚柔交错'四字"，今据补。

⑤庶政：各项政事。无敢折狱：不敢对判断狱讼掉以轻心。

初九：贲其趾，[⑥]舍车而徒。

《象》曰："舍车而徒"，义弗乘也。

六二：贲其须。[⑦]

《象》曰："贲其须"，与上兴也。

九三：贲如濡如，[⑧]永贞吉。

《象》曰："永贞"之"吉"，终莫之陵也。

六四：贲如皤如，白马翰如，匪寇，婚媾。[⑨]

《象》曰："六四"，当位疑也。"匪寇婚媾"，终无尤也。

六五：贲于丘园，束帛戋戋，[⑩]吝，终吉。

《象》曰："六五"之"吉"，有喜也。

上九：白贲，[⑪]无咎。

《象》曰："白贲无咎"，上得志也。

【译文】

倒数第一阳爻：文饰他的脚，放弃车子不坐却徒步走（显示脚的美）。

《象传》说："舍车而徒"，不乘车是合宜的。

倒数第二阴爻：文饰他的须（如老人染白须）。

《象传》说："贲其须"，跟着在上（阳爻）而活动。

倒数第三阳爻：采色照耀地，态度柔和地，占问是长期吉的。

《象传》说："永贞"的"吉"，终没人侵凌他。

倒数第四阴爻：采色照耀地，毛色纯洁地，白马飞一般，不是盗寇，是来迎娶。

《象传》说："六四"，地位恰当，还有怀疑。"匪寇婚媾"，终于没有过错。

倒数第五阴爻：结彩来装饰丘园，送上一束微少的帛，有困难，终于吉。

《象传》说："六五"的"吉"，有可喜的。

最上阳爻：文饰纯白的，没有不利。

《象传》说："白贲无咎"，在上位的人得意。

【注】

⑥贲其趾：文饰他的脚，显示脚装饰后的美，指年轻人。

⑦"贲其须"：指老年人的装饰。六二是阴爻，要依靠九三的阳爻来活动。

⑧贲如濡如：指年老、年轻的人装饰得有文采，态度柔和。

⑨皤如：状洁白的样子。翰如：像飞的样子，翰从羽，状飞。匪寇，婚媾：指上古的对偶婚迎亲，陪同新郎去迎亲的，有长老及家庭公社中的众多成员，所以有年轻与年老的，都讲究打扮。因此女方疑心为寇盗，后来知道非寇婚媾。

⑩丘园：指女方的家园。戋戋：状少。

⑪白贲：指人有纯洁之德而加以文饰。

【说明】

《贲》卦指装饰、文饰。从爻辞看，是写对偶婚，男方有很多人陪着新郎去迎娶，所以有年轻人文饰他的脚的，有老年人文饰他的须的，有白马的奔腾，有女方的装饰丘园，有男方的送上束帛。《彖传》扩大了卦爻辞的意义，认为《贲》卦是刚柔交错的天文，文明以止的人文，是观天文以察时变，观人文以化成天下。《象传》认为君子以明庶政。这里又显出卦爻辞与《彖传》《象传》的不同。

剥（卦二十三）

☶（坤下艮上）

《剥》：^①不利有攸往。

《彖》曰：《剥》，剥也。柔变刚也。"不利有攸往"，小人长也。顺而止之，观象也。君子尚消息盈虚，天行也。

《象》曰：山附于地，《剥》。上以厚下安宅。^②

【译文】

《剥》卦：对有所往不利。

《彖传》说：《剥》卦，是剥落。（《剥》卦一阳爻，五阴爻，阳刚孤而阴柔盛，）柔要改变刚。"不利有攸往"，小民势盛。（坤下艮上，坤顺艮止，）顺而止，是观察卦象。贵族看重事物的消长盈虚，这是天道。

《象传》说：（坤下艮上，地下山上，）山附着在地上，是《剥》卦。在上位的因此厚待下民，故得安居。

【注】

①剥：剥落。

②安宅：安居。

初六：剥床以足，蔑贞凶。③

《象》曰："剥床以足"，以灭下也。

六二：剥床以辨，④蔑贞凶。

《象》曰："剥床以辨"，未有与也。⑤

六三：剥之，⑥无咎。

《象》曰："剥之无咎"，失上下也。⑦

六四：剥床以肤，⑧凶。

《象》曰："剥床以肤"，切近灾也。⑨

六五：贯鱼以宫人宠，⑩无不利。

《象》曰："以宫人宠"，终无尤也。⑪

上九：硕果不食，君子得舆，小人剥庐。⑫

《象》曰："君子得舆"，民所载也。"小人剥庐"，终不
可用也。

【译文】

倒数第一阴爻：去掉床的脚，占梦是凶的。

《象传》说："剥床以足"，因为毁灭下面的基础。

倒数第二阴爻：去掉床板，占梦是凶的。

《象传》说："剥床以辨"，没有人帮助他。

倒数第三阴爻：去掉它没有害（床已无脚无板，成为废物，故可弃去）。

《象传》说："剥之无咎"，失掉上面的板和下面的脚。

倒数第四阴爻：去掉床上的席子，凶。

《象传》说："剥床以肤"，切近于灾病。

倒数第五阴爻：射中了鱼，宫人因而得宠。占问没有不利。

《象传》说："以宫人宠"，终于没有过错。

最上阳爻：大果实不吃，贵族不吃（得到小人的拥戴），像得到车子坐。小民不吃，剥取荠菜来充饥。

《象传》说："君子得舆"，人民所拥护。"小人剥庐"，终于不能用的。

【注】

③剥：剥离，即去掉。"以"犹"之"。蔑贞：梦占，蔑借为梦，梦中去掉床脚，占问是凶。

④辨：《周易大传今注》："辨读为牑，床板。"

⑤与：助。

⑥剥之：犹弃之。床已成弃物，可弃。

⑦上下：指床板床脚。

⑧肤：指席子。

⑨灾：指病。没有床，还可把席子铺在地上睡。连席子也没有，睡地上要生病。

⑩贯鱼：射中鱼。《礼记·射义》："天子将祭，必先司射于泽而后射于射宫，射中者得与于祭，不中者不得与于祭。"天子射中鱼，因为宫人帮助的缘故，所以那宫人得宠。

⑪尤：过错。

⑫硕果：大果实，指收获。君子不食，指贵族把收获分给小民，得到小民的拥护，好比得到可乘载的车子；小民不食，收获都被贵族夺去，只好去掘荠菜根来充饥。《周易大传今注》："庐：汉帛书《周易》作'芦'，《说文》：'芦，荠根也。'"

【说明】

《剥》卦☷☶,《周易浅述》:"卦五阴自下渐长,消剥一阳,故为剥。"又称:"剥,落也。五阴盛而一阳将消,九月之卦,阴盛阳衰,小人壮而君子病,又内坤盛而外艮止,有顺时而止之象,故占者不利于有所往也。"这是通过卦象来说明《剥》卦的意义和对卦辞的解释。再看爻辞,主要是讲"蔑贞",即占梦,梦中有"剥床以足"、"剥床以辨"及"剥床以肤"。再讲到"六五:贯鱼,以官人宠"。《周易浅述》:"鱼,阴物。官人,阴之美,望宠于阳者也。"这样,还是用象来讲爻辞,从剥阳转为尊阳了。到"上九:硕果不食,君子得舆,小人剥庐",则从六五的尊阳转为上九的拥戴阳了。从"君子得舆,小人剥庐"来看,同样是"硕果不食",君子和小人的结果完全不同,这里反映了阶级观点。

再看《象传》,《周易浅述》:"五阴剥阳,小人之长也。此以卦体言也。卦有顺而止之象,君子观之,阳消阴息(长),阴盈阳虚,天运之行如是。君子尚之,顺时而止,所以合乎天之行也。知天行之方剥,则不至不量力以取祸;知剥之必有复,亦不至怨天尤人而变其所守矣。"又解释《象传》道:"象以上厚下取义,人君厚下民,所以治剥也。不以阴阳消长为论,而以上下厚薄为言,于极危之卦,得极安之道,此圣人用卦之微权也。"这也说明《彖传》《象传》扩大了卦爻辞的意义。

复（卦二十四）

☷☳（震下坤上）

《复》：[1]亨。出入无疾。朋来无咎。[2]反复其道，七日来复。[3]利有攸往。

《彖》曰：《复》"亨"。刚反，[4]动而以顺行。是以"出入无疾，朋来无咎"。"反复其道，七日来复"，天行也。"利有攸往"，刚长也。《复》，其见天地之心乎。

《象》曰：雷在地中，《复》。先王以至日闭关，[5]商旅不行，后不省方。[6]

【译文】

《复》卦：通顺。出门入门不生病。赚了钱没有害。在路上来回，七天打一个来回。有所往有利。

《彖传》说：《复》卦"亨"。（《复》的内卦震，震是阳卦，为刚，）刚回到内卦。（《复》卦震下坤上，震为动，坤为顺，）动而用顺来运行。因此"出入无疾，朋来无咎"。"反复其道，七日来复"，是天道的运行。"利有攸往"，是刚在生长（《复》卦最下是阳爻，阳刚，故在生长）。《复》卦，从它可以看到天地的用心吧？（天地的用心在使阳气生长。）

《象传》说:(《复》卦震下坤上,雷下地上,)雷在地中,是《复》卦。先王因此在冬至日关城门,商人旅客不出行,君主不出外巡视侯国。

【注】

①复:往返、反复的意义。

②朋:十贝为朋,指钱财。

③七日来复:见《蛊》卦"先甲三日,后甲三日"注。

④刚反:刚返,震下,震五画,是阳卦,在下,故返。

⑤至日:冬至日。

⑥后:君主。省方:巡视邦国。

初九：不远复，无祗悔，⑦元吉。

《象》曰:"不远"之"复",以修身也。⑧

六二：休复,⑨吉。

《象》曰:"休复"之"吉",以下仁也。

六三：频复,厉,⑩无咎。

《象》曰:"频复"之"厉",义"无咎"也。⑪

六四：中行独复。⑫

《象》曰:"中行独复",以从道也。⑬

六五：敦复,无悔。⑭

《象》曰:"敦复无悔",中以自考也。⑮

上六：迷复,凶,有灾眚。用行师,终有大败,⑯以其国君凶,至于十年不克征。

《象》曰："迷复"之"凶"，反君道也。

【译文】

倒数第一阳爻：走得不远就回来，没有大问题，大吉。

《象传》说："不远"之"复"，用来修身。

倒数第二阴爻：很好地回来，吉。

《象传》说："休复"之"吉"，用来尊崇有仁德的人。

倒数第三阴爻：皱着眉头回来，有危险，但无害。

《象传》说："频复"之"厉"，应说是"无咎"的。

倒数第四阴爻：半路上独自回来。

《象传》说："中行独复"，因为服从道义。

倒数第五阴爻：促迫地回来，没有悔恨。

《象传》说："敦复无悔"，用正道来自我成就。

最上阴爻：迷失回来的路，凶，有灾殃。至于行军迷路，终于有大败，以及他的国君受害，凶。至于十年不能出征。

《象传》说："迷复"的"凶"，违反做君主的规律。

【注】

⑦祇：大。

⑧修身：走得不远回来，因感到自己出去的能力不够，所以要修身来加强自己。

⑨休：美好。

⑩频：通颦，皱眉头。厉：危险。

⑪义：宜，应该。因为知难而退，应该无咎。

⑫中行：半路。

⑬从道：服从道理，按理不当去。

⑭敦：敦促，迫促。

⑮中：中正，正确。自考：自成，自我成就。

⑯灾眚：灾殃。用行师：用于行军，指行军迷路。

【说明】

《复》卦与《剥》卦相反，《剥》卦一阳爻在上，五阴爻在下，有阴爻消剥阳爻之象。《复》卦一阳爻在下，五阴爻在上，阴极盛而阳复生之象，有物极必返之意，故卦辞说"亨"，说"利有攸往"，又说"出入无疾，朋来无咎"，都是不错的。再看爻辞，有"不远复"，有"休复"，都是好的。有"频复"，皱着眉头回来，有问题，但也不严重。有半路回来，敦促回来，说明有些问题。有迷路，才是凶的，说明了有各种复。再看《彖传》，认为复是"天行"，即天道，即"天地之心"，即大自然的规律。《象传》则认为君主根据《复》来制定政策。说明《象传》发挥了卦辞的意义，触及到理论方面。

无妄（卦二十五）

☰（震下乾上）

《无妄》：^①元亨，利贞。其匪正有眚，^②不利有攸往。

《彖》曰：《无妄》，刚自外来而为主于内，动而健，刚中而应。大"亨"以正，天之命也。"其匪正有眚，不利有攸往"，无妄之往何之矣？^③天命不祐，行矣哉！

《象》曰：天下雷行，物与，^④《无妄》。先王以茂对时育万物。^⑤

【译文】

《无妄》：大通顺，占问有利。倘他的行动不正确，有灾祸，有所往不利。

《彖传》说：《无妄》（☰震下乾上，震内乾外，震阳卦，刚，乾阳卦，刚），刚从外卦来，成为内卦的主。（震，动；乾，健；）动而健。《无妄》的九五为阳爻，为刚，居上卦之中位，与六二爻为阴，刚柔相应，）刚居中位而与柔相应。大通顺而正确，这是天命。倘"其匪正有眚，不利有攸往"，狂妄的行动到哪里去呢？妄行是天命不保祐的，能够行了吗？

《象传》说：（震下乾上，雷下天上，）天下雷行，万物生长，是《无妄》卦。先王因此勉力适应按时养育万物。

【注】

①无妄：没有妄想妄行。

②匪正有眚：不正确，即妄想妄行有灾祸。

③无妄之往何之矣：《周易大传今注》："余谓此处'无妄'之'无'乃涉卦名而衍，'妄之往'犹言妄之行。妄之行非正也，此释卦辞之'匪正'也。"何之：到哪儿去了。往：指行动。之：到。

④物与：万物参与，即指万物生长。

⑤茂：通懋，勉力。对：犹应。

初九：无妄往，吉。

《象》曰："无妄"之"往"，得志也。

六二：不耕，获；不菑，畬；则利有攸往。⑥

《象》曰："不耕获"，未富也。

六三：无妄之灾，或系之牛，⑦行人之得，邑人之灾。

《象》曰："行人得"牛，"邑人灾"也。

九四：可贞，无咎。

《象》曰："可贞无咎"，固有之也。

九五：无妄之疾，勿药有喜。

《象》曰："无妄"之"药"，不可试也。⑧

上九：无妄行，有眚，⑨无攸利。

《象》曰："无妄"之"行"，⑩穷之灾也。

【译文】

倒数第一阳爻：不妄行，吉。

《象传》说："无妄"之"往"，是得志的。

倒数第二阴爻：不种田，想收获；不垦荒地，想种熟地，（是妄想；）那出外去（经商）有利。

《象传》说："不耕，获"，没有富。

倒数第三阴爻：意外的灾难：有人（邑主）把牛拴在外面，过路人把牛牵走了，邑人却遭了灾（邑主问他要牛）。

《象传》说："行人得"牛，是"邑人灾"。

倒数第四阳爻：占问可行，无害。

《象传》说："可贞无咎"，本来有可行的缘故。

倒数第五阳爻：没有乱来所得的病，不吃药也会好的。

《象传》说："无妄之药"，不可试用。

最上阳爻：不要乱来，乱来有灾害，没有好处。

《象传》说："妄行"，有碰壁的害处。

【注】

⑥菑（zī 资）：开荒田。畬（yú 于）：耕种第三年熟田。要开了荒田以后，才能耕第三年的熟田，不开荒田，没有熟田可耕。有攸往：有所往，指出外经商。

⑦无妄之灾：不妄行所得的祸，即意外的祸。或：指邑主。

⑧"无妄"之"药"：当改作"'无妄'之'疾'，'药'不可试也"。以上的当改，据高亨《周易大传今注》，下⑨⑩的当改，同。试：用。

⑨无妄行，有眚：当改作"无妄行，妄行有眚"。

⑩ "无妄"之"行"：当改作"妄行"。

【说明】

《无妄》☳，震下乾上，雷下天上。《周易浅述》："《无妄》者，实理自然之谓。震，动也，动以天为无妄，动以人则妄矣。《无妄》次《复》。按《序卦》：《复》则不妄矣，故受之以《无妄》。《复》者，反于道也。既复于道，合于正理而无妄矣，《无妄》所以次《复》也。"《无妄》是震下乾上，即一切震动都要合于自然，合于自然的大动作才是无妄，才是正确的。违反自然，出于人的私意的大动作，都是无知妄作，有灾殃。卦辞说明这个道理。《无妄》是大吉。反过来"其匪正有眚"，不合正道的妄行，有灾殃。再看爻辞，不耕而获，不菑而畬，是妄行，还不如改行从商。"无妄之疾"，不乱来得病，如劳累过度，好好休养会好，可以不吃药。"无妄"还有意外的意思，如"无妄之灾"，是意外的灾祸。再看《彖传》，结合卦象来发挥，认为"动而健，刚中而应，大亨以正，天之命也"。震是动，乾是健，"动而健"，即顺天而动。九五是刚中而应乎天，即应乎自然，是大吉而正确，是天命，即自然规律。《象传》指出"先王以茂对时育万物"，即勉力应天时而育万物，即勉力按照自然规律办事。这也说明《彖传》《象传》发挥了卦爻辞的意义，从理论上作出了说明，不为占问吉凶所限了。

大畜（卦二十六）

䷙（乾下艮上）

《大畜》：利贞。不家食吉。利涉大川。

《彖》曰：《大畜》，^①刚健笃实，辉光日新。其德刚上而尚贤，能止健，^②大正也，"不家食吉"，养贤也。"利涉大川"，应乎天也。^③

《象》曰：天在山中，《大畜》。君子以多识前言往行，以畜其德。

【译文】

《大畜》卦：占问有利。不靠家里吃饭，吉。渡大河有利。

《彖传》说：《大畜》卦，刚健厚实，有光辉，天天有新气象。它的卦象（乾下艮上，乾三画，艮五画，皆为刚卦。乾像朝廷，艮像贤人）。它的德是刚在上而尊重贤人。（乾下艮上，乾是健，艮是止，）能够健而止，极正确。"不家食吉"，靠国君来养贤人。"利涉大川"，顺应自然。

《象传》说：（乾下艮上，天下山上，）天在山中，是《大畜》卦。君子因此多记住前贤的言论行事，来提高他的品德。

【注】

　　①大畜：指积蓄，称"大"，对"小畜"言。从卦爻辞看，指出外经商或从事农业可有积蓄。就《象传》看，指"蓄德"。

　　②能止健：《周易集解》本作"能健止"，是。

　　③应乎天：指顺应自然，不冒险，如用船渡河。

初九：有厉，利已。④

《象》曰："有厉利已"，不犯灾也。

九二：舆说輹。⑤

《象》曰："舆说輹"，中无尤也。⑥

九三：良马逐，⑦利艰贞，日闲舆卫。⑧利有攸往。

《象》曰："利有攸往"，上合志也。⑨

六四：童牛之牿，⑩元吉。

《象》曰："六四元吉"，有喜也。

六五：豮豕之牙，⑪吉。

《象》曰："六五"之"吉"，有庆也。

上九：何天之衢，⑫亨。

《象》曰："何天之衢"，道大行也。

【译文】

　　倒数第一阳爻：事情有危险，停止不做有利。

　　《象传》说："有厉利已"，不去触犯灾祸。

　　倒数第二阳爻：车轮中的直条脱落（车不能前进）。

　　《象传》说："舆说輹"，正确而无过错。

倒数第三阳爻：驾着良马驰逐，路虽艰险，占问有利。每天熟练驾驶保卫的事，有所往有利。

《象传》说："利有攸往"，合于上进的意志。

倒数第四阴爻：小牛角上加上横木，大吉。

《象传》说："六四元吉"，是可喜的。

倒数第五阴爻：阉割的猪的牙齿，（不会伤害，）吉。

《象传》说："六五"的"吉"，是可庆的。

最上阳爻：受天的庇护，通顺。

《象传》说："何天之衢"，正道得以畅行。

【注】

④厉：危。已：止。

⑤说輹：脱辐，见《小畜》注。

⑥尤：过错。舆脱辐，比喻脱离不好的组织，所以是正确而无过错。

⑦逐：追奔。

⑧曰：《释文》引郑本作"日"，是。闲：熟习。舆卫：驾车和保卫。

⑨上：上进。

⑩童牛：小牛。牿（gù故）：牛角上加的横木。小牛角初生，喜以角触物，恐易伤角，加横木防护。

⑪豮（fén坟）豕：经过阉割过的豕。《周易浅述》："如豕牙之猛利，制其牙则力劳。惟豮去其势（生殖器），则躁自止，故亦吉。"

⑫何：通荷，承受。衢：通庥，庇护。

【说明】

《大畜》卦☶，乾下艮上，天下山上。《周易浅述》："天在山中，所畜者大，则有畜聚之义。乾健上进，为艮所止，则有畜止之义。以阴畜阳，所畜者小，则为《小畜》。以阳畜阴，畜之力大，则为《大畜》。"先看卦爻辞，卦辞："不家食吉，利涉大川。"不靠家里吃饭，出外去谋生，才能有利。再看爻辞，从艮卦的"止"着眼，先说不进。如"初九"的有险，要止住不进才有利。如九二的车脱辐，不能前进，先求不失利。九三"良马逐"，利于有所往，是出外有利。六四"童牛之牿"，六五"豶豕之牙"，都是人为而有利的。到上九才靠天得福，当指农业生产的丰收说。这样看来，卦爻辞讲的大畜，靠养牛养猪和农业及出外谋生。

《彖传》讲《大畜》，结合卦象，以天的刚健，山的厚实，加上天光照在山上的光辉，显出日新其德。以艮上比刚上，比贤人在朝的尚贤。以乾健艮止，比健止，健而能止，归于大正。《象传》以天在山中，比"君子以多识前言往行，以畜其德"。从《彖传》《象传》看，《大畜》有畜德、畜贤、畜健的意思，比卦爻辞的用意扩大多了。

颐（卦二十七）

☲（震下艮上）

《颐》：^①贞吉。观颐，自求口实。^②

《彖》曰：《颐》"贞吉"，养正则吉也。"观颐"，观其所养也。"自求口实"，观其自养也。天地养万物，圣人养贤以及万民，《颐》之时大矣哉！

《象》曰：山下有雷，《颐》。君子以慎言语，节饮食。

【译文】

《颐》卦：占问吉。观察面颊。(看人是否吃饱，)自己要求得口粮(来吃饱)。

《彖传》说：《颐》卦，"贞吉"，养生得到正道就吉。"观颐"，观察他的养生。"自求口实"，观察他自己的养生。天地生长万物，圣人养活贤人以及万民，《颐》的及时重要了啊！

《象传》说：(《颐》卦震下艮上，雷下山上，)山下有雷，是《颐》卦。君子因此谨慎言语，节制饮食。

【注】

①《颐》：面颊。《颐》卦有养生、养活的意思。

②口实：口粮。

初九：舍尔灵龟，观我朵颐，③凶。

《象》曰："观我朵颐"，亦不足贵也。

六二：颠颐拂经于丘颐，征凶。④

《象》曰："六二征凶"，行失类也。⑤

六三：拂颐，贞凶，十年勿用，无攸利。⑥

《象》曰："十年勿用"，道大悖也。

六四：颠颐，吉。虎视眈眈，其欲逐逐，⑦无咎。

《象》曰："颠颐"之"吉"，上施光也。

六五：拂经，居贞吉，⑧不可涉大川。

《象》曰："居贞"之"吉"，顺以从上也。

上九：由颐，厉，吉。⑨利涉大川。

《象》曰："由颐厉吉"，大有庆也。

【译文】

倒数第一阳爻：放弃你灵验的龟，窥伺我鼓起面颊里的食物，凶。

《象传》说："观我朵颐"，也是不值得看重的。

倒数第二阴爻：(六二求养于初九，)是养生的颠倒，违反常理。(上九最高，有丘象。)六二求养于上，(非正应，)往必凶。

《象传》说："六二征凶"，出行违反法则。

倒数第三阴爻：违反养生，占问凶。所以十年不用，用了无所利。

《象传》说："十年勿用"，大大违反道理。

倒数第四阴爻：（六四养初九，以阴养阳，）是养生的颠倒。（但六四在初九之上，以上养下，）是吉。（初九之刚，）如虎视盯紧，它的欲望急迫，（六四不失以上养下之正，）无害。

《象传》说："颠颐"之"吉"，在上的布施是光明的。

倒数第五阴爻：（六五居尊位，赖上九以为养，）是违反常理。（六五安静居于尊位，）故占问居处吉。（既安静，）故不可渡大河。

《象传》说："居贞"之"吉"，是顺从上九的。

最上的阳爻：（从上九来养人，）是从养。（但上九位高，）故心危才吉。（上九阳刚，）故利于渡大河。

《象传》说："由颐厉吉"，大为可庆。

【注】

③灵龟：上古占卜用的龟，它的甲壳可以卜吉凶，故称灵。灵龟在上古极为贵重。朵颐：吃东西时面颊鼓起像花朵，指食物。放弃贵重的灵龟，窥伺人家的食物，不合理，所以凶。

④颠颐：颐养颠倒。拂经于丘颐：违反正常道理，在向上求养。参下说明。征：往。

⑤类：犹法则。

⑥拂颐：违反颐养之道，所以"十年不用"。

⑦颠颐，吉：见下说明。眈眈（dān 单）：紧盯。逐逐：动得快。

⑧拂经：违反正常道理，求安静，故安居吉。

⑨由颐：从上颐养，要心怀危惧才吉。厉：危。

【说明】

《颐》卦☲，震下艮上，震动艮止，而动下止上。颐是面颊，吃东西时颐鼓起。吃东西是自养，颐指养，指自养、求养、养人。先看卦辞："观颐，自求口实。"观面颊，自求食物在吃，这是自养。《周易浅述》："六爻下震动，多言求人之养，求养者多不正，故多凶。上艮止，多言养人，养人者多得正，故多吉。此全卦六爻之大旨也。"从爻辞看，又有求养和养人的不同，有不正和正的不同。

《象》初九，"观我朵颐"，窥伺我吃东西，即想从我取得食物，不正，所以凶。《象》"六二：颠颐拂经于丘颐，征凶"。《周易浅述》："阴不能自养，必欲从阳求养。今（六）二求养于初（九），则颠倒而违常理矣。上九最高，有丘象。（六）二求养于上（九），则非正应，往必取凶矣。"这是说六二的阴，求养于初九的阳，六二在上，初九在下，上求养于下，是颠倒。丘高是上九，六二求养于上九，地位不相应，所往凶。这是求养不正，所以凶。《象》"六三：拂颐，贞凶"。《周易浅述》：六三"居动之极，是媚上以贪求而无厌者，拂颐之贞矣，其占必凶"。六三是下卦的最高位，是阴爻，求养于上面的阴爻，是媚上贪求，所以违反颐养之道，占问是凶。

《象》"六四：颠颐，吉。虎视眈眈，其欲逐逐，无咎"。上文"六二"的"颠颐"是凶，怎么"六四"的"颠颐"吉呢？《周易浅述》："但（六）四居初（九）之上，所处得正，又为正应。自初（九）而言之，则初（九）之见养于（六）四为凶；自（六）四而言之，则（六）四之能养初九为吉。初九之刚，其视若虎之眈眈，不可驯也。六四顺其所欲而致之，逐逐焉而来，不失以上养下之正，咎可无矣。"这是说，六四在上，初九在下，六四为上卦的末爻，初九为下卦的末爻，称为正应，从以上养下说是正，是吉；

但初九是刚，六四是柔，从以柔养刚说，又是"颠颐"，颠倒的养。但从以上养下说是吉，是无咎。《象》"六五：拂经，居贞吉，不可涉大川"。《周易浅述》："六五以阴居尊，不能养人，反赖上九以为之养，拂于经矣。然居尊而能顺阳刚之德以为养，又艮体之中，故有静安于正而得吉之象。阴柔不可以大有所为，故又有'不利涉大川'之象。六二拂经而凶，此拂经而犹吉者，（六）二动体，贪求于人以自养，则失正而凶；（六）五止体，虽不能养人，而能用人以养人，则正矣，故吉。时解作君用贤养民，近之。"这是说，六五是阴爻，在下；上九是阳爻，在上。阴不能养人，靠阳来养，是下靠上养，是违反正道，是拂经。但六五居君位，君柔不能养人，靠上九来养人，即君靠阳刚之臣来养民，所以又是正而吉。再说，六五属于上卦，上卦是艮，是山，是静止的，所以能用人来养人是正而吉。六二属于下卦，下卦是震，是动，是贪求于初九以自养，所以不正而凶。这是从六爻的分阴阳和所处地位的或上或下、所属的卦或震或艮来说的，总之在说明"求养者多不正，故多凶"；"养人者多得正，故多吉"。

再看《彖传》，《周易浅述》："天地之于万物，无庸区别，阴阳运行，而万物各遂其生，一出于正而已。""圣人之养人，不能家赐而人益之也，必择贤才与共天禄，使之施泽于天下，是养贤以及万民，一出于正而已。"再看《象传》，《颐》卦震下艮上，动下止上。《周易浅述》："言语饮食，皆颐（面颊）之动，慎之节之，法艮之止也。慎语所以养德，节饮食所以养身，此则专就自善言之。己得其养，然后可以及人也。《彖传》言养之大者，故极其所养，至于万物天下。《象传》言养之切者，故是其自养，而始于言语饮食，要皆出于正者也。"这是对《颐》卦从卦爻辞到《彖传》《象传》都作了充分的发挥。

大过（卦二十八）

䷛（巽下兑上）

《大过》：^①栋桡，利有攸往，^②亨。

《彖》曰：《大过》，大者过也。"栋桡"，本末弱也。^③刚过而中，巽而说，行。^④"利有攸往"，乃"亨"。《大过》之时大矣哉！^⑤

《象》曰：泽灭木，^⑥《大过》。君子以独立不惧，遁世无闷。^⑦

【译文】

《大过》卦：正梁弯曲，利于出外有所往，通顺。

《彖传》说：《大过》卦，大的过失。"栋桡"，用作正梁的木料软弱。（《大过》以九二为阳爻居阴位，九四亦为阳爻居阴位，是为"刚过"。九二为刚，居中位，九五为刚，居中位，是为"中"，）即刚过而中。（巽下兑上，巽是谦，兑是悦，）是谦逊而和悦，可以行动。有所往则利，是"通顺"。《大过》的时机是重大了啊！

《象传》说：（巽下兑上，巽是木，兑是泽，木下泽上，）泽水淹没木船，是《大过》卦。君子因此独立不惧，隐居而不苦闷。

【注】

①大过：大过失，大错误。

②利有攸往：正梁弯曲是危房，不走有被压的危险，所以走开有利。

③本末：木料的本身和两头都软弱。

④说：同悦。行：行动。

⑤时：时机，如离开危房是时机。

⑥泽灭木：泽水淹没木船。《荀子·王制》引《传》："君者，舟也；庶人者，水也。水则载舟，水则覆舟。"泽灭木即庶民推翻君主。

⑦独立不惧，遁世无闷：朝政昏乱时，不跟风气转，是独立，不做官是隐居。等拨反反正时，出来有所作为，所以"无闷"。

初六：藉用白茅，⑧无咎。

《象》曰："藉用白茅"，柔在下也。

九二：枯杨生稊，⑨老夫得其女妻，无不利。

《象》曰："老夫女妻"，过以相与也。⑩

九三：栋桡，凶。

《象》曰："栋桡"之"凶"，不可以有辅也。⑪

九四：栋隆，吉。有它，吝。⑫

《象》曰："栋隆"之"吉"，不桡乎下也。

九五：枯杨生华，老妇得其士夫，无咎无誉。

《象》曰："枯杨生华"，何可久也。"老妇士夫"，亦可丑也。

上六：过涉灭顶，凶。无咎。⑬

《象》曰："过涉"之"凶"，不可咎也。

【译文】

倒数第一阴爻：（祭祀时）用白茅衬垫（祭品），无害。

《象传》说："藉用白茅"，柔软在于下面。

倒数第二阳爻：枯杨树抽新芽，老男人娶得年轻的妻子，没有不利。

《象传》说："老夫女妻"，相配是错误的。

倒数第三阳爻：正梁弯曲了，凶。

《象传》说："栋桡"之"凶"，不可能有补救。

倒数第四阳爻：正梁高起，吉。有别的变故，危险。

《象传》说："栋隆"之"吉"，正梁不向下弯曲。

倒数第五阳爻：枯杨树开花，老妇人嫁给没有结过婚的男子，无害也无称誉。

《象传》说："枯杨生华"，怎么可能长久？"老妇士夫"，也是可丑的。

最上阴爻：错误地渡河没顶，凶。（有救应，）无害。

《象传》说："过涉"之"凶"，（有救应，）不可害。

【注】

⑧藉：衬垫。白茅：茅草的一种，祭祀时用来垫在礼器上，上放祭品。用各地方不同的土来封诸侯时，用白茅作衬垫，表敬重。

⑨稊：同荑，发芽。

⑩过：过错。相与：相配。《象传》认为老夫配少女是错误的，与爻辞认为"无不利"不同。

⑪辅：支持。正梁弯曲了，无法支持。

⑫栋隆：正梁高起，即挺拔牢固。有它：有别的变故，还是可危。

⑬过：错误。涉：渡河。《周易尚氏学》："灭顶则死，故凶。""然上六当位（阴爻居最上称当位）有应，凶则有之，咎则无也。""有应"指有救应，故无害。

【说明】

《大过》卦☱，巽下兑上。大过是大过失。先看卦爻辞，卦辞说"栋桡"，正梁弯曲。《周易大传今注》："造屋者用本末弱之木材为屋栋，乃大事上之错误，其屋将坏矣。此比喻国君用庸材为将相，亦大事上之错误，其国将亡矣，是以卦名曰《大过》。其次，《大过》之九四为阳爻居阴位（第四爻为阴位）。阳爻居非其位，是为'刚过'，像君子有居非其位之错误。再次，《大过》之九二为刚，居下卦之中位，九五为刚，居上卦之中位，是为'刚中'，像君子守正中之道。又次，《大过》之下卦为巽，上卦为兑。巽，谦逊也；兑，悦也。"这样，《大过》既有错误的一面，又有无咎的一面。再看《象传》以巽下兑上为木下水上，为泽灭木，水覆舟，比喻农民起义推翻王朝，是王朝犯了大错误。但"君子独立不惧，遁世无闷"，等待时机，有所作为，那末大错误还可以拨乱反正，这是《象传》发展了卦爻辞。

坎（卦二十九）

䷜（坎下坎上）

《习坎》：①有孚维心，②亨。行有尚。③

《彖》曰："习坎"，重险也。水流而不盈。行险而不失其信。"维心亨"，乃以刚中也。"行有尚"，往有功也。天险，不可升也。地险，山川丘陵也。王公设险以守其国。④险之时用大矣哉！

《象》曰：水洊至，⑤《习坎》。君子以常德行，习教事。⑥

【译文】

《习坎》，重坑（坑中有坑）：有俘虏，要维系他的心，通顺。出行有赏赐。

《彖传》说："习坎"是重险（险中有险）。水流在坑中不满盈。走在险处却不失去他的诚信。"维心亨"，（《习坎》的上卦下卦的中爻都是阳爻，是刚，）为刚健而正中。"行有尚"，出行有功效。天险，不可以升到天上去。地险，有山河丘陵。王公设置险要处来守卫他的国家。险的因时发挥作用大了啊！

《象传》说：水再至，是《习坎》卦（即坎下坎上，水下水上）。君子因此经常讲究德行，熟习教育的事。

【注】

①《习坎》：是卦名，省称"坎"。"习"借作"袭"，重复的意思，《习坎》卦坎上坎下，是坎的重复，故称。坎是坑，坑中有坑，是危险的意思。

②孚：俘虏。维心：要维系他的心，使他不逃跑。

③尚：同赏。

④设险：设置险要处，如筑城郭、掘沟渠等。

⑤洊（jiàn 建）：再。

⑥常：经常。习：熟习。

初六：习坎，入于坎，窞，⑦凶。

《象》曰："习坎入坎"，失道"凶"也。

九二：坎有险，求小得。⑧

《象》曰："求小得"，未出中也。

六三：来之坎，坎险且枕，⑨入于坎，窞勿用。

《象》曰："来之坎坎"，终无功也。

六四：樽酒簋贰用缶，纳约自牖，⑩终无咎。

《象》曰："樽酒簋贰"，刚柔际⑪也。

九五：坎不盈，祗既平，⑫无咎。

《象》曰："坎不盈"，中未大也。

上六：系用徽纆，寘于丛棘，三岁不得，⑬凶。

《象》曰："上六"失道，"凶""三岁"也。

【译文】

倒数第一阴爻：重坑，进到坑里，下面还有坑，凶。

《象传》说："习坎入坎"，迷失了路是凶。

倒数第二阳爻：坑里有危险，（人进入坑内，为了）求小的好处。

《象传》说："求小得"，没有离开正道。

倒数第三阴爻：来到坑里，坑险又深。进入坑里，下面又有坑，不用（再进去）。

《象传》说："来之坎坎"，终究没有功效。

倒数第四阴爻：一杯酒，两碗饭，用瓦器盛，从窗里送进取出，终于无害。

《象传》说："樽酒簋贰"，刚柔相接（六四的阴爻为柔，与上九五的阳爻为刚，两爻相接）。

倒数第五阳爻：坑没有填满，小丘的土已经铲平，无害。

《象传》说："坎不盈"，中正之道还没有扩大（扩大了就可把坑填平）。

最上阴爻：用绳索捆绑俘虏，放在围着成丛棘木的牢狱内，过了三年还不能使他服从当奴隶，凶。

《象传》说："上六"失于正道，所以过了"三岁"还是"凶"的。

【注】

⑦窞（dàn旦）：坑，有陷入意。

⑧小得：《周易通义》"大概坎中有鱼，所以入坎打鱼为'求小得'。"

⑨枕：借为沉，深也。

⑩樽：杯。簋（guǐ鬼）：盛饭的器皿。簋贰：二碗饭。用缶：用瓦

器。纳约自牖：送进取出从窗户，约指取出。这是对犯人说。

⑪刚柔际：指六四阴爻与九五阳爻相接，比狱吏与犯人相接触。

⑫祇：借作坁，小丘。

⑬徽纆（mò 墨）：三股绳为徽，两股绳为纆。丛棘：古代狱外围上成丛的荆棘，指牢狱。三岁不得：《周易通义》："把俘虏""关了多年还不能使他服从当奴隶，最后还出了事，所以说'凶'"。

【说明】

《坎》卦☵，《周易浅述》："《坎》卦，一阳陷于二阴之中，阳实阴虚，上下无据，为坎陷之义。""坎为险陷，全象取一阳在中，以为内实有常，刚中可以有功，时世有险而此心无险，故虽险而亨，此全卦之大旨也。"这是讲卦辞，认为上下卦的中爻都是阳爻，阳刚居中，所以虽险而亨。再讲六爻辞："六爻皆不言吉，（九）二、（九）五虽刚中，而皆在险中。（九）五得位而（九）二不得位，故（九）五'既平'而（九）二仅'小得'也。（六）四阴爻亦皆从阳爻起义，（六）三、（六）四在阳爻之中，犹愈于初（六）、上（六）在阳爻之外。（六）三以失位乘阳（在二九之上）而无功，（六）四以得位承阳（在九五下），犹得'无咎'。若初（六）、上（六）则在两阳爻（九二、九五）之外，初（六）居险之下，而上（六）居险之极，故凶为最甚。此六爻之大略也。"这是讲爻辞，结合阳爻、阴爻和各爻所处的地位来讲无咎或凶。再看《象传》："行险而不失其信"，以卦辞的"有孚维心"的"孚"为"有信"，与卦辞的以"孚"指俘虏不同。又称"王公设险以守其国"，来扩大《坎》卦的意义。《象传》称"君子以常德行，习教事"，来比水的再至，从德行、教事来说，称"常"和"习"，是经常和熟习，比水的再至，也是扩大了《坎》卦的意义。

离（卦三十）

䷝（离下离上）

《离》：^①利贞。亨。畜牝牛吉。

《彖》曰:《离》，丽也。^②日月丽乎天，百谷草木丽乎土。重明以丽乎正，乃化成天下。^③柔丽乎中正，故"亨"，^④是以"畜牝牛吉"也。

《象》曰：明两作，《离》。^⑤大人以继明照于四方。

【译文】

《离》卦：占问有利。通顺。养母牛吉。

《彖传》说:《离》卦，是附着。日月附着在天上,百谷草树附着在地上。双重光明附着在正确上，就化育成为天下万物。（六五是阴爻,）柔而附着在（上卦）的中正，所以"通顺"，因此"畜母牛吉"。

《象传》说：（日月）光明两次升起，是《离》卦。大人用前后相继的光明照耀于四方。

【注】

①《离》：指火，是光明。《离》卦是一个阴爻附着在两个阳爻中，

又有附着的意思。

②丽：附着。

③重明：双重的光明。正：正确。化成天下：《周易集解》"虞翻曰：'日月在天，动成万物'"，故称"化成天下"。

④柔丽乎中正：六五阴爻为柔，居上卦中位而正，故通。

⑤明两作：《周易集解》："虞翻曰：'两谓日与月也。''作，成也。'"

初九：履错然，⑥敬之无咎。

《象》曰："履错"之"敬"，以辟咎也。⑦

六二：黄离，⑧元吉。

《象》曰："黄离元吉"，得中道也。

九三：日昃之离，不鼓缶而歌，则大耋之嗟，凶。⑨

《象》曰："日昃之离"，何可久也？

九四：突如，其来如，焚如，死如，弃如。⑩

《象》曰："突如其来如"，无所容也。

六五：出涕沱若，戚嗟若，吉。⑪

《象》曰："六五"之"吉"，离王公也。

上九：王用出征，有嘉折首，获匪其丑，⑫无咎。

《象》曰："王用出征"，以正邦也。"获匪其丑"，大有功也。⑬

【译文】

倒数第一阳爻：步子错乱着，恭敬地对待他无害。

《象传》说："履错"之"敬"，用来避开害处。

倒数第二阴爻：黄色附着在物上，大吉。

《象传》说："黄离元吉"，得到中正之道。

倒数第三阳爻：太阳偏西附着（在天上），不敲着瓦器唱歌，就到老了叹气，凶。

《象传》说："日昃之离"，怎么可以长久呢？

倒数第四阳爻：（敌人）突如其来，焚烧着，杀死着，抛弃着。

《象传》说："突如其来如"，无处可以容纳的。

倒数第五阴爻：泪流滂沱着，悲伤叹着，吉。

《象传》说："六五"的"吉"，附着王公的缘故。

最上阳爻：王因出击，有喜事斩了敌首，捉住他们的敌众，无害。

《象传》说："王用出征"，安定国家。"获匪其丑"，大有功劳。

【注】

⑥履错然：步子杂乱的样子。

⑦辟：同避。

⑧黄离：当时以黄为贵色，黄所附着之物亦贵，如"黄金"、"黄裳"。

⑨日昃：日偏西，指日将落，比人老将死，如不鼓缶而歌，及时行乐，悔将无及，故凶。耋（dié 蝶）：七八十岁。

⑩此当指敌人突然来袭击，进行烧杀。

⑪沱若：泪流多的样子。敌人烧杀，受害的人民悲伤哭泣，思所以报复，故转化为吉。

⑫有嘉：有喜。匪：彼。丑：众。

⑬获匪其丑，大有功也：今本无。高亨《周易大传今注》："《释文》引王肃本有，今据补。"

【说明】

《离》卦☲，《周易浅述》："离，丽也，明也，于象为火，体虚丽物而明者也。又为日，亦丽天而明者也。"这里指出《离》卦的两个意义，一是明，即光明；一是附着。又称。"全卦以柔顺得正为吉，六爻以（六）二阴爻为主，（六）二中正而（六）五非正，故不如（六）二。其四阳爻则从阴爻起义，初（九）、上（九）在阴爻之外，胜于（九）三、（九）四在阴爻之中。（九）三'日昃'而（九）四'焚如'，以在（六）二、（六）五两阴（爻）之内也。初（九）能敬而上（九）出征，以在（六）二、（六）五两阴（爻）之外也。"这里指出《离》卦以两个阴爻为主，（六）二居下卦之中，下卦之中以阴爻为正，是中正，即全卦以柔顺为正。（六）五以阴爻居上卦之中，上卦之中以阳爻为正，（六）五是阴爻，故非正。即结合阴爻阳爻与它们所处的地位来立论，说明六爻的或吉或凶与无咎。再看《象传》，结合明和附着来讲，日月光明而附着在天上，这是光明；百谷草木具有文采而附着于地上，这是文明；比喻君臣上下皆有明德而处于中正，可以完成文明的教化，这是文明。这就扩大了卦爻辞的意义了。

这卦的"初九：履错然，敬之，无咎"，有四种解释：（一）《周易集解》："荀爽曰：'火性炎上，故初欲履错于二，二为三所据，故敬之则无咎矣。'"孙星衍注："错然者，警慎之貌也。处《离》之始，将进而盛，未在既济，故宜慎其所履，以敬为务，辟其咎也。"这是说，初九是倒数第一爻，是《离》卦的初爻。《离》是火，火是向上的，这就要影响到六二爻被九三爻控制着，所以要对六二爻表示敬重。履错然，指行动要敬重，要谨慎。《周易集解》又说："王弼曰：'错然，敬慎之貌也。'"用意同。（二）《周易通义》："履：步履。错然：错杂的样子。敬：借为儆，警戒。听到错杂的脚步声，肯定出了什么事，大概是发现了敌人来犯，大家准备迎击。由于警惕戒备，终于没事了。"（三）《周易浅述》："刚明在下，其性炎上。刚则躁，明则察，二者杂于胸中，所履交错之象。能敬则心有之，不至于错，可以无咎矣。"这是说，《离》卦是火，属于明，是明察。初九是阳爻，是刚，有些急躁。急躁和明察两者交错，有矛盾，靠敬来解决，不至于两者交错了。（四）《周易大传今注》："履，鞋也。错，黄金色之貌。古代贵人始穿金色之鞋。有人焉，其履错然而黄，是贵人也，敬之乃无咎。"

　　看这四种解释，先看（四），释"错，黄金色之貌"。按错画可作交错涂饰解。如《史记·赵世家》："夫剪发文身，错臂左衽，瓯越之民也。"《索隐》："错臂亦文身，谓以丹朱错画其臂。"即用丹和青两色，交错涂在臂上。错不指金色，也不指涂饰，指交错。错又指镶嵌，《汉志·食货志下》："错刀，以黄金错其文，曰'一刀直五千'。"王莽铸错刀钱，在刀上用黄金镶嵌文字，错不是涂黄色，鞋子上又不能用金子来镶嵌，所以（四）说可以不取。再看（三）说，认为急躁和明察有矛盾，按急躁而不明察，把事情看错了，就发脾气，会把事情搞坏，急躁而明察，不会把事情搞坏，所以也说不通。再看（二），听到脚步声错杂，发现敌人来犯，加以警惕。按听见脚步声，敌人已到了眼前，再加警惕，怕已来不及了，所以也可不取。再看（一），错然是警慎之貌。履错然，即脚步表示警慎的样子，即敬，那末"履错然敬之"中不当用逗号。但"错"字似无警慎之意，这样解似不确切。因此，这里对以上四说都不取。错然指杂乱，从杂乱的脚步声中不知来者的用意，还是用敬重的态度来对待，避免发生冲突。这样看来，有的爻辞确实不好解释，这样的解释是否符合原意，也很难说。

下　经

咸（卦三十一）

䷞（艮下兑上）

《咸》：亨。利贞。取女吉。

《彖》曰：《咸》，感也。柔上而刚下，二气感应以相与，止而说，男下女，①是以"亨利贞，取女吉"也。天地感而万物化生，圣人感人心而天下和平。观其所感，而天地万物之情可见矣。

《象》曰：山上有泽，《咸》。君子以虚受人。

【译文】

《咸》卦：通顺。占问有利。娶新妇吉。

《彖传》说：《咸》卦，是感动。（艮下兑上，艮刚兑柔，）是柔在上而刚在下，阴阳二气相感应而相处。（艮是止，兑是悦，）止而悦。（艮为阳卦，兑为阴卦，是阳在阴下，）男在女下，（婚礼男下于女）。因此"亨利贞，取女吉"。（天气下降，地气上升，）天地阳阴二气相感，而万物化生。圣人用德行来感动人心，而天下和平。观察他们的相感，天地万物的情状可以看见了。

《象传》说：（艮下兑上，山下泽上，）山上有泽，是《咸》卦。君子用虚心来接受人。

【注】

①男下女：古代婚礼，男亲至女家迎娶。女升车，男驾车。男至家，待女于门外，揖女入。这些都是男下女的例子。

初六：咸其拇。②

《象》曰："咸其拇"，志在外也。③

六二：咸其腓，④凶。居吉。

《象》曰：虽"凶居吉"，顺不害也。⑤

九三：咸其股，执其随，⑥往吝。

《象》曰："咸其股"，亦不处也。志在"随"人，所"执"下也。⑦

九四：贞吉。悔亡。憧憧往来，朋从尔思。⑧

象曰："贞吉悔亡"，未感害也。"憧憧往来"，未光大也。

九五：咸其脢，⑨无悔。

《象》曰："咸其脢"，志末也。⑩

上六：咸其辅颊舌。⑪

《象》曰："咸其辅颊舌"，滕口说也。⑫

【译文】

倒数第一阴爻：伤他的足大趾。

《象传》说："咸其拇"，动他的足大指，意在外出。

倒数第二阴爻：伤他的腿肚子，凶。居家不出，吉。

《象传》说：虽"凶居吉"，顺从不出，不再受害。

倒数第三阳爻：伤他的大腿，握住他的裂开的肉，出外难。

《象传》说："咸其股"，动他的大腿，也是不安居。用意在跟人出去，所持的主张是在人后面。

倒数第四阳爻：占问吉，悔没有了。人们往来不断，钱财跟着你来。

《象传》说："贞吉悔亡"，没有感到害处。"憧憧往来"，没有光大。

倒数第五阳爻：伤他的背肉，没有悔恨。

《象传》说："咸其脢"，动他的背肉来背东西，用意在小事上。

最上阴爻：伤他的面颊和舌。

《象传》说："咸其辅颊舌"，动他的面颊和舌，是翻腾他的口说。

【注】

②咸："啮也。从口从戌，会意。戌，伤也。"见朱骏声《说文通训定声·临部》。拇：足大趾。爻辞以"咸"作"伤"解。

③咸：《象传》以咸作动解，与爻辞不同。

④腓（féi肥）：腿肚子。

⑤顺不害：《象传》释"咸其腓"为动他的小腿肚子，即要出外，故称顺从不出为不害。

⑥执：握住。随：同隋，裂开的肉。

⑦《象传》以"咸其股"为动其股，即走路。"执其随"，为执行随人。

⑧憧憧：状往来貌。朋：十贝为朋。思：语助。

⑨脢（méi梅）：背肉。伤背肉不重，故称"无悔"。

⑩《象传》释"咸其脢"为动他的背肉，指背东西，故称志末。

⑪辅颊：面颊。

⑫《象传》释"咸其辅颊舌"为动其辅颊舌，故称为腾口说。

【说明】

《咸》卦的"咸"字有两种不同的解释。先看卦爻辞，卦辞："《咸》：亨。利贞。取女吉。"对"咸"字没有解释。再看爻辞，有"咸其拇"，"咸其腓"，"咸其股"，"咸其脢"，"咸其辅颊舌"。从下到上，从足趾到面颊、舌。这个"咸"作何解，爻辞是不作解释的。再看《易传》，《彖》曰："《咸》，感也。"这是《易传》的解释，《易传》与卦爻辞的时代不同，《易传》的解释不一定符合卦爻辞。再说《彖传》称："二气感应以相与"，"圣人感人心而天下和平"，这两个感，一指阴阳二气交接，二指人心的感触。把这个"感"字来解释"咸其拇"、"咸其腓"等好像都讲不通。因为"咸其拇"既不属于阴阳二气相感，又不同于感动人心。因此，虽然旧说都把"咸其拇"等解释作"感其拇"，如《周易集解》、《周易正义》、《周易本义》等都一样，但说"感其拇"，终不免牵强。因此《周易通义》据朱骏声《说文通训定声》，以"咸"为伤，提出新说。《周易大传今注》也以"咸"为伤。这是一个新的解释。

这样，《咸》卦有一个奇特现象，即卦辞与《彖传》《象传》一致，皆以"咸"为感。爻辞则以"咸"为伤，如"咸其拇"为伤其足大趾，不能解作感其足大趾，因人心可以感动，而足趾不能感动也；倘作为感觉，亦觉难通。先看卦辞与《彖传》《象传》。《周易浅述》："《咸》卦，下艮上兑，取相感之义。兑，少女；艮，少男也。男女相感之深，莫如少者。又艮体笃实，兑体和说（悦）。男以笃实下交，女心说（悦）而上应，感之至也。"故卦辞称"亨。利贞。取女吉"。《彖传》则由男女之相感，推而及于"天地感而万物化生，圣人感人心而天下和平"。《象传》则推而及于"君子以虚下人"。此则皆以"咸"为相感。再看爻辞则以"咸"为伤，伤其足大趾，伤其腿小肚子，伤其股，伤其背肉，伤其面颊舌，即由下而上。这样的伤，当指主人伤奴隶。可能奴隶有欲外出的，故伤其足大趾，伤其腿小肚子，伤其股，奴隶有不肯背东西的，故伤其背肉。或卦辞与《彖传》《象传》，指贵族说，故以"咸"为相感。爻辞指主人与奴隶说，故以"咸"为伤软。

恒（卦三十二）

☵（巽下震上）

《恒》：^①亨。无咎。利贞。利有攸往。

《彖》曰：《恒》，久也。刚上而柔下。雷风相与。巽而动，刚柔皆应，《恒》。《恒》"亨无咎利贞"，久于其道也。天地之道恒久而不已也。"利有攸往"，终则有始。^②日月得天而能久照，四时变化而能久成。圣人久于其道而天下化成。观其所恒，而天地万物之情可见矣。

《象》曰：雷风，《恒》。君子以立不易方。^③

【译文】

《恒》卦：通顺，无害。占问有利。有所往有利。

《彖传》说：《恒》卦是久。（巽下震上，震为阳卦，为刚；巽为阴卦，为柔，）是刚上而柔下。（震为雷，巽为风，）是雷风相结合。（巽为谦逊，震为动，）是谦逊而动。（巽的下爻为阴，震的下爻为阳；巽的中爻为阳，震的中爻为阴；巽的上爻为阳，震的上爻为阴，是巽的三爻与震的三爻）都是刚柔相应，是《恒》卦。《恒》卦"亨无咎利贞"，对于道是经久的。天地的道是经久运行而不停止的。"利有攸往",出外结束了又开始,到了又返回。日月在天上能够经久地照耀,四时在变化能够经久地完成。圣人经久地掌握着道,能够用教化来成就天下人。观察这种经久的道,天地万物的情状可以看到了。

《象传》说:(巽下震上,风下雷上,)风雷交作,是《恒》卦。君子因此掌握着道而不加改变。

【注】

①《恒》指经久。

②终则有始:终则又始,至则又返。

③立不易方:立于方而不易,即执行道而不变。方,道。

初六:浚恒,④贞凶,无攸利。

《象》曰:"浚恒"之"凶",始求深也。

九二:悔亡。

《象》曰:"九二悔亡",能久中也。⑤

九三:不恒其德,或承之羞,贞吝。⑥

《象》曰:"不恒其德",无所容也。

九四:田无禽。⑦

《象》曰:久非其位,⑧安得"禽"也。

六五:恒其德,贞,妇人吉,夫子凶。⑨

《象》曰:"妇人贞吉",从一而终也。⑩ "夫子"制义,⑪从妇"凶"也。

上六:振恒,凶。⑫

《象》曰："振恒"在上，大无功也。

【译文】

倒数第一阴爻：掘深掘得久，占问是凶，没有什么好处。

《象传》说："浚恒"之"凶"，开始要求深。

倒数第二阳爻：悔恨消失。

《象传》说："九二悔亡"，能够经久正确。

倒数第三阳爻：不是经久地（保持）他的德行，或者要受人耻辱，占问有困难。

《象传》说："不恒其德"，没有地方容纳他。

倒数第四阳爻：打猎没有得到鸟兽。

《象传》说：经久地不在合适的环境，哪能得到鸟兽。

倒数第五阴爻：经久地保持德行，占问，妇人吉，丈夫凶。

《象传》说："妇人贞吉"，顺从丈夫终身。"丈夫"按照应该做来做，顺从妻子"凶"。

最上阴爻：经久地雷雨，凶。

《象传》说："振恒"在上面，大大地没有功效。

【注】

④浚：掘深。浚恒，指掘深掘得太久，怕有塌方压人，故凶。

⑤九二：下卦居中的阳爻，是中正，即正确。

⑥承：受。吝：困难。

⑦田：打猎。

⑧位：地位，这里指环境，即不在多鸟兽的环境里打猎，所以打不到鸟兽。

⑨德：这里指顺从。古代以妇人顺从丈夫为德，所以妇人顺从吉，丈夫顺从妇人为凶，这里反映当时是男权社会，妇女受压制。

⑩从一：指从丈夫。

⑪制义：义指合宜、应该，按照应该做的去做。

⑫振恒：《周易集解》作"震恒"，指雷雨过久成灾，是。

【说明】

《恒》卦，巽下震上，风下雷上。《周易浅述》："《彖传》取义有四：刚上柔下，一也；雷动风应，二也；由顺而动，事乃可久，三也；刚柔相应，乃理之常，四也。"又称："《恒》，长男在长女之上（巽下震上，以巽为长女，震为长男），男尊女卑，夫妇居室之常也。"因此，《彖传》的四义，就夫妇言，"刚上柔下"，即夫上妇下，夫尊妇卑。"雷动风应"，即夫唱妇随。"由顺而动"，即妇顺从夫。"事乃可久"，即妇从夫为经久不易之道。"刚柔相应"，即夫妇相应，以夫为主。《彖传》这四义，实际上是宣扬男权夫权，压迫妇女。当然，《彖传》的意义还不止此，还有"圣人久于其道而天下化成"。《象传》称"君子以立不易方"，不限于夫妇，更扩大到化成天下，称君子不易道以制行动了。再看爻辞，就男尊女卑说，"六五，恒其德贞，妇人吉，夫子凶"，此正孟子所谓"以顺为正者，妾妇之道也"。在爻辞里已有男尊女卑之意，不过《象传》称"妇人贞吉，从一而终也"。更进一步提出"从一而终"来，对妇人的要求更为严酷了。《恒》卦既有"由顺而动，事乃可久"之意，故《恒》卦有经久与从顺之意，就经久说，像"初六浚恒，贞凶"，掘深是好的，掘深过久则凶，同样掘井，或吉或凶，这里有朴素的辩证观点。"六五：恒其德，贞，妇人吉，夫子凶"，同样"恒其德"，或吉或凶，这里有男尊女卑之意，这里反映时代局限。

遁（卦三十三）

☶（艮下乾上）

《遁》：^①亨。小利贞。

《彖》曰：《遁》"亨"，遁而亨也。刚当位而应，^②与时行也。"小利贞"，浸而长也。^③《遁》之时义大矣哉！

《象》曰：天下有山，^④《遁》。君子以远小人，不恶而严。^⑤

【译文】

《遁》卦：通顺。占问有小利。

《彖传》说：《遁》卦"亨"，隐遁是通顺的。（《遁》卦九五是阳爻，阳是刚，又在九五，是当位，九五与六二相应，六二是阴爻，阴阳相应）。故刚当位而应，适合那个时机行动。"小利贞"，（初六、六二是阴爻，阴是柔），柔渐渐在向上发展。《遁》卦的适应时机去隐遁的意义是大了啊！

《象传》说：（艮下乾上，山下天上），天下有山，是《遁》卦。君子因此远避在朝的小人，不憎恨而严厉。

【注】

①《遁》卦的"遁"，即隐遁，退隐。

②刚当位而应：上卦的中爻九二是刚，与下卦的中爻六二相应，但六二是柔，初六也是柔，两柔相逼，比喻小人相逼，所以君子退隐。

③浸而长也：高亨《周易大传今注》："'浸'上当有'柔'字，盖转写脱误。"柔指阴爻。浸，渐也。柔渐发展，指初六、六二两阴爻说。

④天下有山：比朝廷之下有贤人，即贤人不在朝廷。

⑤远小人：指小人在朝，故君子远离小人而退隐。不恶而严：不恶指小人得势，不憎恶小人。严，指严厉地与小人分清，不与小人同朝。

初六：遁尾，厉，⑥勿用有攸往。

《象》曰："遁尾"之"厉"，不往何灾也？

六二：执之用黄牛之革，莫之胜，说。⑦

《象》曰："执用黄牛"，固志也。

九三：系遁，有疾厉，畜臣妾吉。⑧

《象》曰："系遁"之"厉"，有疾惫也。"畜臣妾吉"，不可大事也。⑨

九四：好遁，君子吉，小人否。⑩

《象》曰："君子好遁，小人否"也。

九五：嘉遁，⑪贞吉。

《象》曰："嘉遁贞吉"，以正志也。

上九：肥遁，⑫无不利。

《象》曰："肥遁无不利"，无所疑也。

【译文】

倒数第一阴爻：做隐遁的尾巴，危险。不用有所往。

《象传》说："遁尾"的"厉"，不去有什么灾害呢？

倒数第二阴爻：捉住他，用黄牛皮绳来捆着，没有能胜过黄牛皮而逃脱。

《象传》说："执用黄牛"，意在捆得牢固。

倒数第三阳爻：羁留隐遁者，像人有病危险。养着男女奴隶，吉。

《象传》说："系遁"之"厉"，像人有病疲极。"畜臣妾吉"，（只能做些畜养男女奴隶的事，）不可做大事。

倒数第四阳爻：爱好退隐，君子吉，小人坏。

《象传》说：君子爱好隐遁，小人不利。

倒数第五阳爻：赞美隐遁，占问吉。

《象传》说："嘉遁贞吉"，因用意正确。

最上阳爻：远走高飞那样隐遁，没有不利。

《象传》说："肥遁无不利"，没有什么怀疑。

【注】

⑥尾：做尾巴，在后。《周易集解》："陆绩曰：'阴气已至于（六）二，而初（六）在其后，故曰'遁尾'也。避难当在前而在后，故厉。"

⑦执之："之"指什么，没有点明，可能指俘虏、家畜或捕获的野兽。说：同脱。

⑧系遁：牵系隐遁者，不让他去隐遁，所以他像有疾的苦恼。畜臣妾：畜养男女奴隶，不让他们走，是吉的。当时称男奴隶为臣，女奴隶为妾。

⑨不可大事：《周易集解》："荀爽曰：'潜遁之世，但可居家畜养臣

妾，不可治国之大事。'"

　⑩君子吉，小人否：贵族可以退隐，故吉。小民靠劳动过活，不能退隐，故否。否同《否》卦的否。

　⑪嘉：赞美。

　⑫肥：通飞，远走高飞。

【说明】

　《遁》卦艮下乾上，山下天上，天下有山，指朝廷下有贤人。贤人不在朝廷，在野，即隐遁。《周易浅述》："（九）五以阳刚中正（居上卦之中为正），与六二之阴柔中正（居下卦之中为正）相应。（六）二阴能顺（九）五，可以不遁矣。然（六）二阴浸长（初六是阴，六二又是阴，所以是阴渐长盛，不再顺九五之阳，故九五之阳要隐遁），时不可以不遁。"故《遁》卦指君子观察时势，及时退隐。爻辞也讲隐遁。"遁尾"，做隐遁的尾巴，隐遁得太迟，有危险。"好遁"，君子吉。"嘉遁，贞吉"，"肥遁，无不利"，都讲隐遁。只有"六二：执之用黄牛之革，莫之能胜"，不讲隐遁，这里的"执之"可能是执俘虏，加以畜养，指贵族退隐以后，只能畜养奴隶，不能做治国的大事，那也与退隐有关了。

大壮（卦三十四）

䷡（乾下震上）

《大壮》：①利贞。

《彖》曰：《大壮》，大者壮也。刚以动，故壮。《大壮》"利贞"，大者正也。正大，而天地之情可见矣。②

《象》曰：雷在天上，《大壮》。君子以非礼弗履。③

【译文】

《大壮》卦：占问有利。

《彖传》说：《大壮》卦，大的是强壮。（乾下震上，乾是刚，震是动，）刚而动，所以强壮。《大壮》卦"利贞"，大的是正。正大，天地间事物的情状是可见了。

《象传》说：（乾下震上，天下雷上，）雷在天上，是《大壮》卦。君子因此非礼不敢行动。

【注】

①壮：指强壮。

②天地之情可见：天地事物的情状可见，指大正则小亦正，如君正

则臣亦正，父正则家人亦正，树干正则枝叶正。

③非礼弗履：履，践，指行动。雷在天上，指刑在朝廷，故君子畏惧，非礼不行。

初九：壮于趾，征凶，有孚。④

《象》曰："壮于趾"，其"孚"穷也。⑤

九二：贞吉。

《象》曰："九二贞吉"，以中也。⑥

九三：小人用壮，君子用罔，贞厉。羝羊触藩，羸其角。⑦

《象》曰："小人用壮，君子用罔"也。⑧

九四：贞吉，悔亡。藩决不羸，壮于大舆之輹。⑨

《象》曰："藩决不羸"，尚往也。⑩

六五：丧羊于易，无悔。⑪

《象》曰："丧羊于易"，位不当也。⑫

上六：羝羊触藩，不能退，不能遂，无攸利，艰则吉。⑬

《象》曰："不能退，不能遂"，不详也。⑭"艰则吉"，咎不长也。

【译文】

倒数第一阳爻：伤于脚趾，出行是凶，有所收获。

《象传》说："壮于趾"，他的"孚"完了。

倒数第二阳爻：占问吉。

《象传》说："九二贞吉"，因为处在下卦之中。

倒数第三阳爻：小民（相争）用强力，贵族（相争）用法网，占问有危险。公羊触篱笆，它的角被卡住了。

《象传》说："小人用壮，君子用罔。"

倒数第四阳爻：占问吉，没有悔恨。（公羊触篱笆，）篱笆破了，不卡住它的角，又触在大车的轮条上（撞伤了）。

《象传》说："藩决不羸"，还要去触的。

倒数第五阴爻：（殷代王亥）去易国贩羊，把羊丢了，没有悔恨。

《象传》说："丧羊于易"，地位不相称。

最上阴爻：公羊触篱笆（角被篱笆卡住）。不能退，不能进，无所利，在艰难中得到解脱就吉。

《象传》说："不能退，不能遂"，是不吉利。"艰则吉"，害处是不久的。

【注】

④壮：借为戕，伤。足趾受伤，不便出行，故出行凶。孚：俘获，有收获，当得到别人的帮助。

⑤其"孚"穷：爻辞说"有孚"，他不能出去，还得到别人的帮助，有收获，这当是原始共产主义社会的遗风。《象传》的时代不同，脚趾受伤不能出去，得不到别人帮助，没有收获。

⑥以中：九二在下卦之中，有中正之意，所以占问是吉。

⑦小人用壮：小民用强力相争，容易犯禁。君子用罔：罔指法网，贵族用法网相争，称对方犯法，用来陷害对方，这样做都有危险，故占问有危险。羝羊：公羊。藩：篱笆。羸：卡住。

⑧《校勘记》曰："古本'罔'上有'用'字。"今补。《象传》无释。

⑨决：破。壮：伤。輹：同辐，车轮中的直条。

⑩尚往：尚且往，还要去触。

⑪丧羊于易：殷王名亥，在易国去贩羊的故事，参见《旅》卦上九。他虽丢了羊，所失不大，故无悔。

⑫位不当：殷王不该去贩羊，地位不相称。

⑬遂：指进。艰：困难，因得到援救，脱离困难，故吉。

⑭详：通祥。

【说明】

《大壮》卦☳乾下震上。《周易浅述》："（九）四阳盛长，大者壮盛，故为《大壮》。乾刚震动，以刚而动，大壮之义。又雷之威震于天上，大壮之象。"大壮指威力强大，故卦辞称"利贞"。《象传》称"刚以动，故壮"。乾刚而雷震动，故称壮大。又称"大者正也，正大而天地之情可见矣"。强大要求正确，正大才好，强大而不正也不行。所以《象传》说："君子以非礼弗履。"君子指贵族，有权力，是大壮，但要非礼勿动，正是大而正才好。雷在天上，雷击有伤，所以壮又有伤义。"初九：壮于趾"，指伤于脚趾。"九三：小人用壮，君子用罔，贞厉"，小民用强力相争，不正；贵族用法网陷害人，也不正，不正则危，所以"贞厉"。"羝羊触藩"，也用强力，所以"赢其角"。用强力不正是不行的，所以羝羊虽然从篱笆里得到解脱，还是触在大车的辐上受伤了。"九二贞吉"，因为九二居下卦之中，由于中正，所以占问是吉的。

晋（卦三十五）

䷢（坤下离上）

《晋》：康侯用锡马蕃庶，昼日三接。①

《彖》曰：《晋》，进也。明出地上。②顺而丽乎大明，柔进而上行，③是以"康侯"用"锡马蕃庶，昼日三接"也。④

《象》曰：明出地上，《晋》。君子以自昭明德。⑤

【译文】

《晋》卦：康侯用（周成王）赐给他的良马来繁殖，一天三次交配。

《彖传》说：《晋》卦，是前进。太阳从地上升起。（坤下离上，坤是顺，离是大明的太阳，）顺着而附于大明；（坤是柔，从最末一个阴爻上升到六五的阴爻，）是柔进而上升。因此"康侯用锡马蕃庶，昼日三接"。

《象传》说：太阳的明亮从地上升起，是《晋》卦。君子用来照耀自己的光明之德。

【注】

①晋：前进。康侯：周武王弟康叔封，封在卫国。锡马：周成王赐

给他的良马。蕃庶：繁殖。昼日：一整天。三接：三次交配。

②明：指太阳。

③丽：附着。大明：太阳。柔：指阴爻。上行：指最后的阴爻上升
到六五的阴爻。

④康侯用良马来繁殖，是畜牧业的上进。按《坤》卦称"利牝马之
贞"，故以坤比马，以马的繁殖比上进。

⑤昭：显耀。

初六：晋如摧如，贞吉。罔孚裕，⑥无咎。

《象》曰："晋如摧如"，独行正也。⑦"裕无咎"，未受
命也。⑧

六二：晋如，愁如，贞吉。受兹介福于其王母。⑨

《象》曰："受兹介福"，以中正也。⑩

六三：众允，悔亡。⑪

《象》曰："众允"之，志上行也。⑫

九四：晋如鼫鼠，⑬贞厉。

《象》曰："鼫鼠贞厉"，位不当也。⑭

六五：悔亡，失得，勿恤。⑮往吉，无不利。

《象》曰："失得勿恤"，往有庆也。

上九：晋其角，维用伐邑，厉吉，无咎，贞吝。⑯

《象》曰："维用伐邑"，道未光也。

【译文】

倒数第一阴爻：进攻着，摧毁着，占问吉。没有俘获财物，无害。

《象传》说:"晋如,摧如",独立行动而正确。"裕无咎",宽容而无害,未受到王命。

倒数第二阴爻:进攻着,逼迫着,占问是吉。在他的王母那里受此大福。

《象传》说:"受兹介福",因为中正。

倒数第三阴爻:众人信从他,没有悔恨。

《象传》说:"众允"他,用意还能够推行。

倒数第四阳爻:进攻像田鼠(的偷吃禾苗),占问危险。

《象传》说:"鼫鼠贞厉",地位不恰当(人不能像田鼠的偷吃)。

倒数第五阴爻:悔恨可去,失物可得,勿忧。前去吉,没有不利。

《象传》说:"失得勿恤",前去有庆贺。

最上的阳爻:进攻就较量,考虑用兵攻邑。是危是吉,是无害,占问困难。

《象传》说:"维用伐邑",王道没有光大。

【注】

⑥晋:进攻。摧:摧毁。罔:无。孚:俘,俘获。裕:《说文》:"衣物饶也。"

⑦独行正:指独自进行正确指挥。

⑧裕无咎:《象传》解作宽裕无害,与爻辞释"裕"为"衣物饶"不同,因此"裕"字有属上属下的不同。未受命:因为"独行",所以未受王命。

⑨愁:借作道,逼迫。兹:此。介福:大福。王母:指祖母。《周易通义》:这里说的似是武王克商事。进攻并迫使商人投降之后,武王祭

王母，说这是得王母的福祐。武王的祖母及母亲都是商女，所以克商后要对王母特祭。

⑩中正：六二居下卦之中，因称。

⑪允：信。众人相信，得以合力，故悔可去。

⑫上：同"尚"。

⑬鼫（shí实）鼠：田鼠。进攻如田鼠窃食禾稼，是危险的。

⑭位不当：地位不恰当。

⑮恤：忧。

⑯角：较量。维：考虑。《周易通义》："进攻必须较量敌我双方的力量，考虑是否要攻城伐邑。""作战要考虑各方面复杂情况，有坏的和有利的方面，有比较好的和相当困难的方面。"

【说明】

《晋》卦坤下离上，地下日上。《周易浅述》："日出地上，进而益明。""不言进而言晋者，进但有前进之义，无明之义，晋则进而光明故也。"这是说《晋》卦有前进和光明的意思。这是结合卦辞和《彖传》《象传》的解释。《彖传》："明出地上，顺而丽乎大明，柔进而上行。""出地上"和"上行"即前进；"明"和"大明"即光明。《象传》说："君子以自昭明德。""自昭"有前进意，"明德"有光明意。这是一方面。《周易通义》说："爻辞分三部分：前部主要讲战术；中部讲士卒素质；后部讲战略。表明作者对于军事思想是有相当修养的。"这是又一方面。所谓前部，指初六的进攻和摧毁敌人，六二的进攻和逼迫敌人；中部主要指九四的进袭如田鼠的偷吃禾稼；后部主要指上九的较量敌我力量，考虑各种情况，作出各种估计。这两者似可结合。繁殖良马，为作战之用，也是前进。战胜攻取，如周武王的伐纣，也是进于光明。要是士兵如田鼠，这当然不行。作战有种种考虑，制定取胜的战略，也可进于光明。

明夷（卦三十六）

䷣（离下坤上）

《明夷》：利艰贞。

《彖》曰：明入地中，《明夷》。内文明而外柔顺，以蒙大难，^①文王以之。^②"利艰贞"，晦其明也，内难而能正其志，^③箕子以之。

《象》曰：明入地中，《明夷》。君子以莅众用晦而明。^④

【译文】

《明夷》卦：占问艰难的事有利。

《彖传》说：（离下坤上，日下地上，）日入地中，是《明夷》卦。（离下坤上，离内坤外，离文明而坤柔顺，）是内文明而外柔顺，因而遭受大难，周文王像这样。"利艰贞"，（日入地中，）隐晦它的光明，在朝内有难而能端正他的意志，箕子像这样。

《象传》说：日入地中，是《明夷》卦。君子因此治理民众用外面隐晦而内心明察。

①文明：离为日，比文明。蒙：遭受。

②以：《释文》："以之，郑、荀、向作似之。"

③内难：朝内有难，指政治昏乱。正其志：指意志正确。

④莅众：临于众上，指治理民众。

　　初九：明夷于飞，⑤垂其翼。⑥君子于行，三日不食。⑦有攸往，主人有言。⑧

　　《象》曰："君子于行"，义"不食"也。

　　六二：明夷夷于左股，用拯马，壮吉。⑨

　　《象》曰："六二"之"吉"，顺以则也。

　　九三：明夷于南狩，得其大首，⑩不可疾贞。

　　《象》曰："南狩"之志，乃大得也。

　　六四：入于左腹，⑪获明夷之心于出门庭。

　　《象》曰："入于左腹"，获心意也。

　　六五：箕子之明夷，⑫利贞。

　　《象》曰："箕子"之"贞"，"明"不可息也。

　　上六：不明，晦。初登于天，后入于地。⑬

　　《象》曰："初登于天"，照四国也。"后入于地"，失则也。

【译文】

　　倒数第一阳爻：鸣叫的鹈鹕在飞，塌下它的（左）翼。君子在出行，三天不吃饭，有所往，主人有谴责。

　　《象》传说："君子于行"，按照节义是"不食"的。

倒数第二阴爻：鸣叫的鹈鹕伤在左翼（还能飞）。用骟马，还强壮，吉。

《象传》说："六二"的"吉"，是马驯顺按照驾驶的法则跑的。

倒数第三阳爻：鸣叫的鹈鹕伤在君子南去打猎时，（君子）找到了大路。占问有病不利。

《象传》说："南狩"的用意，是有大的收获。

倒数第四阴爻：（鸣叫的鹈鹕飞）入左边山洞，君子要捉到鸣叫鹈鹕的心，在出门时（就有了）。

《象传》说："入于左腹"，达到要捉它的心愿。

倒数第五阴爻：箕子的遭难退隐，占问有利。

《象传》说："箕子"的"贞"，他的明德不可息灭的。

最上阴爻：（太阳下山，）不亮，暗了。（太阳）开始升上天，后来落入地。

《象传》说："初登于天"，照见四方的侯国。"后入于地"，王侯失去法度（所以没落）。

【注】

⑤明夷：《周易通义》："明夷，借为鸣鹈，即叫着的鹈鹕。鹈、鹕形声均通，是一种水鸟，嘴长而阔，颔下胡大如数斗囊。俗名淘河。

⑥垂其翼：《周易大传今注》："翼字上，汉帛书《周易》有'左'字，当从之。垂其左翼，因其左股受伤（见下文）之故。"

⑦三日不食：同上："君子遭难出走，如鸟飞去，力倦神疲，如鸟垂其翼。在行程中三日不食，亦曾往投人家，而主人有谴责之言，故恐饥不食。"

⑧言：谴责。

⑨夷：伤。同上："拯借为骘，割去牡马之阳具，今谓之骟马。古人骟马，先占筮其吉凶。爻辞言：鹈鹕伤左翼，还能飞；牡马割去阳具，无害于足，仍能走。"

⑩明夷于南狩，得其大首：同上："汉帛书《周易》作'明夷夷于南守（狩）'，当从之。狩，猎也。首借为道。闻一多曰：'可亦利也。'"

⑪入于左腹：同上："汉帛书《周易》作'明夷夷于左腹'，古今本互校，并证以上六爻辞，此句当作'明夷入于左腹'。腹读为窬，山洞也。"

⑫明夷：同上："明夷，日隐于地中，比喻君子遭难退隐。"

⑬《周易通义》："太阳下山，不亮了，天黑了。这就是明夷（灭）。太阳初登于天为明，后入于地为夷。"

【说明】

《明夷》卦离下坤上，日下地上。《周易浅述》："日入地中，明伤而暗。以人事言之，则昏君在上，明者见伤之时也，故为明夷。""全象言，处明夷之道，在艰难而不失其正，文王、箕子，后世之法也。"这是对《彖传》《象传》的说明。对爻辞的"明夷"，采用李镜池说，以"明夷"为"鸣鹈"；又采用高亨说，用汉帛书《周易》来作校补，不主一家。但又有稍作修改的，如"六四：入于左腹，获明夷之心于出门庭"。李镜池说："明夷：大弓。心：心木，又叫朱或柘。意谓一出门口就找到了制大弓的心木，回到左室开始制作。"按爻辞没有"开始制作"意。高亨说："之当作小。""爻辞言，鸣雉入于左边之山洞，君子乃得此鸣雉，君子猎逐鸣雉，曾经历艰险，故筮此爻，则门庭宜小心谨慎。"按这样要改字作解。因此用高说而不改字，即认为在出门庭时已有获明夷之心。

家人（卦三十七）

䷤（离下巽上）

《家人》：利女贞。

《彖》曰：《家人》，女正位乎内，男正位乎外。男女正，天地之大义也。家人有严君焉，父母之谓也。父父，子子，兄兄，弟弟，夫夫，妇妇，而家道正。正家而天下定矣。

《象》曰：风自火出，^①《家人》。君子以言有物而行有恒。

【译文】

《家人》卦：妇女占问有利。

《彖传》说：《家人》卦，（六二为阴爻，在内卦之中，是阴位，）女在内，以正道守位；（九五为阳爻，居外卦之中，是阳位，）男在外，以正道守其位。男女守正道，是天地间的大义。家人有尊严之主，就是父母。父成为父，子成为子，兄成为兄，弟成为弟，夫成为夫，妇成为妇，家道正了。家道正，天下安定了。

《象传》说：（离下巽上，火内风外，）风从火出，是《家人》卦。君子因此说话有内容，行为有准则。

【注】

①风自火出：离下即火是内卦，巽上即风是外卦，故说"风自火出"。其实风从空气流动而成，不一定从火出。离下巽上，即离内巽外，火内风外，火指明德，风指教化，先有明德而后能教化，故先要讲究言行。行有恒，恒指恒久，即准则。

初九：闲有家，②悔亡。

《象》曰："闲有家"，志未变也。③

六二：无攸遂，在中馈，④贞吉。

《象》曰："六二"之"吉"，顺以巽也。

九三：家人嗃嗃，⑤悔厉吉；妇子嘻嘻，终吝。

《象》曰："家人嗃嗃"，未失也。"妇子嘻嘻"，失家节也。⑥

六四：富家，⑦大吉。

《象》曰："富家大吉"，顺在位也。

九五：王假有家，勿恤，⑧吉。

《象》曰："王假有家"，交相爱也。

上九：有孚威如，终吉。⑨

《象》曰："威如"之"吉"，反身之谓也。

【译文】

倒数第一阳爻：在家里注意防闲，悔恨没有。

《象传》说："闲有家"，用意在未有变故的时候（注意防闲）。

倒数第二阴爻：没有什么错失，妇在家中主持家务，占问吉。

《象传》说："六二"的"吉"，顺从而谦逊。

倒数第三阳爻：家人嗷嗷愁苦，悔恨，危险，转化为吉。家人戏笑作乐，（趋向淫逸），终于艰难。

《象传》说："家人嗃嗃"，未有过失。"妇子嘻嘻"，失去家规。

倒数第四阴爻：幸福的家庭，大吉。

《象传》说："富家大吉"，顺从而守住地位。

倒数第五阳爻：王扩大了有家（的意义），勿忧，吉。

《象传》说："王假有家"，家人互相爱。

最上的阳爻：有信用，威严着，终于吉。

《象传》说："威如"之"吉"，反省自身的说法。

【注】

②闲有家：闲：防闲。有：于。防闲于家，如注意防火、防盗、防男女淫乱。

③志未变：用心在未发生变故之时，如加固门户来防盗，曲突徙薪来防火。

④遂：借为坠，过失。中馈：家中饮食的事，指家务。

⑤嗃嗃（hè 鹤）：通嗷嗷，状愁苦。

⑥家节：犹家规。

⑦富家：《周易通义》："富：借为福。富、福均从畐声而义通。经传中两字常常通借（见王引之《经义述闻》四）。"

⑧王假有家，勿恤：孙星衍《周易集解》："陆绩曰：假，大也。以天下为家，故曰王大有家。天下正之，故无忧则吉。"

⑨同上："家道可终，唯信与威。身得威敬，人亦如之，反之于身，

则知施于人也。"

【说明】

《家人》卦离下巽上。《周易浅述》:"风自火出,有由家及外之象。又卦中(九)五、(六)二有'男正位乎外,女正位乎内'之象。"这是说,内卦是离,离是火是明,外卦是巽,是风是化。必先明正而后及于教化,所以称"男正位乎外,女正位乎内"。这就是《彖传》指出的严君,即父母明正,可以教化子女,提高到"正家而天下定"。因为先要求明正,所以《象传》提"君子以言有物而行有恒"。爻辞初九的注意防闲,九二的注意无失坠,九三的注意改正愁苦,九四的求有福,九五的大有家,上九的讲诚信和威望,也都离不开内外的明正来达到教化。

睽（卦三十八）

☲（兑下离上）

《睽》：^①小事吉。

《彖》曰：《睽》，火动而上，泽动而下。二女同居，其志不同行。说而丽乎明，^②柔进而上行，得中而应乎刚，是以"小事吉"。^③天地睽而其事同也，男女睽而其志通也，万物睽而其事类也，睽之时用大矣哉！

《象》曰：上火下泽，《睽》。君子以同而异。^④

【译文】

《睽》卦：做小事吉。

《彖传》说：《睽》卦，（兑下离上，泽下火上，）火焰在上动，泽水在下动。（离为中女，兑为长女，）二女同居，她们的意志不是一起行动。（兑是悦，离是明，）和悦而依附着光明。（六三为阴爻，六五又为阴爻，阴为柔，从六三进到六五，）柔进而上升。（六五居上卦的中位，是柔得中。九二居下卦的中位是阳爻，为刚，与上卦中位的柔相应，）是柔得中而应乎刚，因此办"小事吉"。（天上地下，是天地是乖离的，但天的阳气与地的阴气相接而生长万物，）是天地乖离而生长万物的事又是一致的。（男女性别不同，但结合而生育子女，）是男女性别乖异而生育的意志是相通的。（万物各具形体是乖异，但生存继承有它相类之点，）是万物乖异而它们生存继承的事是相类的。《睽》卦的因时由乖异到相通的作用是大了啊！

《象传》说：（兑下离上，泽下火上，）上火下泽，是《睽》卦。君子因此既结合而又有分别。

【注】

①睽（kuí 葵）：乖离、乖异。

②说：同悦。

③小事吉：《睽》卦的上卦六五是柔，指臣下，所以"小事吉"，倘是九五是刚，指君主，就可大事吉了。以上的"柔进"和"柔得中"都指柔，指臣下，所以称小事。古代大事指战争与祭祀，都要由君主来主持，所以臣下来主持的，只能称"小事吉"了。

④同而异：同指结合，异指分别。

初九：悔亡。丧马勿逐自复。⑤见恶人无咎。⑥

《象》曰："见恶人"，以辟"咎"也。⑦

九二：遇主于巷，⑧无咎。

《象》曰："遇主于巷"，未失道也。

六三：见舆曳，其牛掣，其人天且劓，⑨无初有终。

《象》曰："见舆曳"，位不当也。"无初有终"，遇刚也。

九四：睽孤遇元夫，交孚，厉，无咎。⑩

《象》曰："交孚无咎"，志行也。

六五：悔亡。厥宗噬肤，⑪往何咎？

《象》曰："厥宗噬肤"，往有庆也。

上九：睽孤见豕负涂，载鬼一车，先张之弧，后说之弧，匪寇，婚媾。⑫往遇雨则吉。

《象》曰："遇雨"之"吉"，群疑亡也。

【译文】

倒数第一阳爻：悔恨没有了。马跑掉了不用追寻，它自己会回来。遇见丑人，无害。

《象传》说："见恶人"，用来避开灾害。

倒数第二阳爻：在小巷里碰见接待客人的主人，无害。

《象传》说："遇主于巷"，没有走错路。

倒数第三阴爻：看见大车在拉东西，驾车的牛角一高一低（拉得很累）。驾车的人黥额割鼻，开始困难，结果顺利（得到别人帮助）。

《象传》说："见舆曳"，（驾车的人）地位不相称（不善驾车）。"无初有终"，碰到强有力的人帮助。

倒数第四阳爻：旅人孤单，碰见一个跛子，都被俘虏（因跛子是逃走的奴隶）。处境危险，（经过解释，）无害。

《象传》说："交孚无咎"，他的用意得以通行。

倒数第五阴爻：悔恨消除了。他的同宗族的人在吃肉，前去又何害？

《象传》说："厥宗噬肤"，前去是可喜的（也可分到肉吃）。

最上阳爻：旅人孤单地（走路），看见猪背上都是泥，一车上载着鬼，他先拉开弓，后放下弓，原来不是强盗，是来迎娶的。前去遇雨就吉。

《象传》说:"遇雨"的"吉",各种猜疑都消失了。

【注】

⑤逐:追寻。复:回来。

⑥恶人:从下文看,指容貌丑陋的人,非坏人。

⑦辟:同避。

⑧主:接待旅人借宿的主人。

⑨舆曳:拉大车。掣(chè彻):李《周易集解》:掣作觢(shì士),牛角一低一仰。天且劓:同上:"虞翻曰:'黥额为天,割鼻为劓。'"

⑩《周易通义》:"睽孤:旅人孤单地走路。元夫:闻一多说,元应读为兀。兀夫,跛子。交:俱,一起。孚:被抓。跛子是个逃亡的奴隶,被后面追来的一起抓住了。厉,无咎:虽然危险,但经过解释,终于没事。"

⑪同上:"厥宗:他那个宗族的人。噬:吃。肤:肉。"

⑫负涂:李《周易集解》:"豕背有泥。"载鬼一车:《周易通义》:"载着一车像鬼一样奇形怪状的人。'鬼'是图腾打扮。每个氏族有自己的图腾,多以动物为标志。族外婚时,打扮自己的图腾,以示区别。说:同脱,放下。"婚媾:指族外婚,族中多人去女家迎娶。

【说明】

《睽》卦兑下离上,泽下火上。《周易浅述》:"火炎上而泽润下,二体相违,睽之义也。又二女同居,志不同行,亦睽之义也。"睽指乖离、乖异。但离而又合,异而又同,这里又有些朴素的辩证观点。再看爻辞也这样。初九的"丧马"是乖,马自回是合。"见恶人"是乖,"无咎"是合。九二的旅人在外离乡背井是乖,遇主是合。六三"无初"是乖,"有终"是合。九四写旅人和元夫两人"交孚"是乖,后来"无咎"是合。六五在被俘后见人有疑是乖，后看到是同宗族的人有庆是合。上九先疑载鬼一车是乖，后看到是族外婚的迎娶是合。全卦就是这样的乖异和结合的联系。

蹇（卦三十九）

☰☰（艮下坎上）

《蹇》：利西南，不利东北。^①利见大人，贞吉。

《彖》曰：《蹇》，难也，险在前也。见险而能止，知矣哉！^②《蹇》，"利西南"，往得中也。"不利东北"，其道穷也。"利见大人"，往有功也。当位"贞吉"，以正邦也。《蹇》之时用大矣哉！

《象》曰：山上有水，《蹇》。君子以反身修德。

【译文】

《蹇》卦：到西南去有利，到东北去不利。见大人有利，占问吉。

《彖传》说：《蹇》卦是难，前面有危险。看到危险能够停止前进，智慧了啊！《蹇》卦，"利西南"，去那里得到中意的。"不利东北"，它的路是走不通的。"利见大人"，去是有功效的。（九五为阳爻，居阳位，居君位；六二为阴爻，居阴位，居臣位。）君臣各居适当的位子，"贞吉"，用来治好邦国。《蹇》卦的及时发挥作用大了啊！

《象传》说：（艮下坎上，山下水上，）山上有水，是《蹇》卦。（山比贤人，水比美德，山上有水，）君子因此反省自身，修明道德。

【注】

①蹇（jiǎn 简）：跛足，难走路，训难。利西南，不利东北；同《坤》卦的"利西南得朋，东北丧朋"。见前注。

②知：同智。

初六：往蹇来誉。③

《象》曰："往蹇来誉"，宜待也。

六二：王臣蹇蹇，④匪躬之故。

《象》曰："王臣蹇蹇"，终无尤也。⑤

九三：往蹇来反。⑥

《象》曰："往蹇来反"，内喜之也。

六四：往蹇来连。⑦

《象》曰："往蹇来连"，当位实也。

九五：大蹇朋来。⑧

《象》曰："大蹇朋来"，以中节也。⑨

上六：往蹇来硕，⑩吉，利见大人。

《象》曰："往蹇来硕"，志在内也。"利见大人"，以从贵也。

【译文】

倒数第一阴爻：去时难走，回来走得安舒。

《象传》说："往蹇来誉"，应该等待时机。

倒数第二阴爻：王臣难上加难，不是自身的缘故（是环境所逼）。

《象传》说："王臣蹇蹇"，到底没有过错。

倒数第三阳爻：去时难走，回来时美好。

《象传》说："往蹇来反"，内心喜悦这次出去。

倒数第四阴爻：去时难走，回来时坐车。

《象传》说："往蹇来连"，(六四为阴爻,居阴位,)是位置恰当切实(称他的才德)。

倒数第五阳爻：经过大困难，钱财来了。

《象传》说："大蹇朋来"，因为合于节令。

最上阴爻：去时难行，回来大得利，吉。见大人有利。

《象传》说："往蹇来硕"，是内心得意。"利见大人"，因为追随贵人(而得利)。

【注】

③誉：《周易通义》："誉：从与。《论语·乡党》：'与与如也。'皇疏谓与与犹徐徐，徐徐也是安行之意。这是说商人出门时难行，回来时却很安舒。"

④蹇蹇：难上加难。

⑤尤：过失。

⑥反：《周易通义》："反：犹反反。犹誉之借为与与。《诗·宾之初筵》：'威仪反反。'反反，广大美好的样子。"

⑦连：同上："《说文》：'连，负车也。''辇，挽车也。'负车和挽车都是拉的小车。商人出门时步行艰难，回来时却有车可坐。"

⑧朋：同上："朋贝。商人经历了极端的困难，而后获利，赚了钱。"

⑨中节：合于节令。商人贩运商品，合于节令的需要，可以赚钱。

⑩硕：大，大得。孙《周易集解》："往则长难，来则难终，难终则众难皆济，志大得矣，故曰往蹇来硕。"硕指大得，即大有所得。

【说明】

《蹇》卦艮下坎上，山下水上，山为止而水为险。《周易浅述》："险在前而止，不能进也，故为蹇。""蹇者难也。""九五以刚健中正之君在上，而六二以柔顺中正之臣在下，又有利见大人之象，此全象之大旨也。"是《蹇》卦先难而后获。《象传》说的"往有功也"，"以正邦也"，都指后获说的。再看爻辞，从"往蹇来誉"，到"往蹇来反"，到"往蹇来连"，都指往难而后易。从"大蹇朋来"，到"往蹇来硕"，都指先难而后获。《周易通义》称："《屯》卦说许多难事，主要记事；《蹇》卦说由难变不难之理，主要说理，表现了对立而可以转化的朴素辩证观点。"

解（卦四十）

䷧（坎下震上）

《解》：利西南。①无所往，其来复吉。②有攸往，夙吉。③

《彖》曰：《解》，险以动，动而免乎险，《解》。《解》"利西南"，往得众也。④"其来复吉"，乃得中也。"有攸往夙吉"，往有功也。天地解而雷雨作，雷雨作而百果草木皆甲坼。⑤《解》之时大矣哉！

《象》曰：雷雨作，《解》。君子以赦过宥罪。

【译文】

《解》卦：去西南有利。无所为而去，（没好处，）他的回来，吉。有所为而去，早去吉。

《彖传》说：《解》卦，（坎下震上，水下雷上，水险雷动，）险而动。（坎内震外，险内动外，动在险外，）动而免于险，是《解》卦。《解》卦"利西南"，去得到众人的帮助。"其来复吉"，是得到正道。"有攸往夙吉"，去是有功效的。天地解除封闭而雷雨兴起，雷雨兴起而百果草木都抽芽。

《解》卦因时的作用大了啊!

《象传》说:雷雨兴起,是《解》卦。(坎内震外,坎比恩泽,震比刑罚,恩内刑外,)君子因此赦过宥罪。

【注】

①《解》卦:《解》卦的解,有解脱、解开的意思。利西南:去西南有利,见《坤》卦"利西南,得朋"注。

②无所往,其来复吉:《坤》卦讲"利西南"指经商说。无所为而往,没有目的去,自然无所得,不如回来好。

③夙:早,早去早得利。

④得众:得众人的帮助,所以经商有利。

⑤甲坼:抽芽。

初六:无咎。⑥

《象》曰:刚柔之际,义"无咎"也。⑦

九二:田获三狐,得黄矢,⑧贞吉。

《象》曰:"九二贞吉",得中道也。

六三:负且乘,致寇至,⑨贞吝。

《象》曰:"负且乘",亦可丑也。自我致戎,⑩又谁咎也?

九四:解而拇,朋至斯孚。⑪

《象》曰:"解而拇",未当位也。⑫

六五:君子维有解,吉,有孚于小人。⑬

《象》曰:"君子有解","小人"退也。

上六:公用射隼于高墉之上,获之,无不利。

《象》曰："公用射隼"，以解悖也。⑭

【译文】

倒数第一阴爻：（占问）无害。

《象传》说：刚柔的交接，应该是"无咎"的。

倒数第二阳爻：打猎得到三只狐，(从它们身上)得到铜箭头，占问吉。

《象传》说："九二贞吉"，是（九二居下卦之中），得到正确的道理。

倒数第三阴爻：背着东西而乘车，招致寇盗来抢，占问有艰难。

《象传》说："负且乘"，也是可丑的。从我招致寇盗，又怪谁呢？

倒数第四阳爻：放开你的脚，（让它走去，）钱来了就有收获。

《象传》说："解而拇"，（脚是走路的，不让走，）没有适应脚的位子。

倒数第五阴爻：贵族把他捆绑了又解开，吉。俘虏成为奴隶。

《象传》说："君子有解"，"小人"退让（做奴隶）。

最上阴爻：公在高高的城墙上，把一只鹰射中了，抓到它，没有不利。

《象传》说："公用射隼"，用来除去强暴（鹰是捕食他鸟的强暴之鸟）。

【注】

⑥无咎：见《象传》解释。

⑦初六是下卦的末一爻，与九四是上卦的末一爻相应，恰好一刚一柔相配合，应该"无咎"。际：交接，指相应。义：应该。李《周易集解》："虞翻曰：'与（九）四易位，体震得正，故无咎也。'"即指出初六与九四相接，而刚柔易位，所以无咎。

⑧黄矢：铜箭头。

⑨负且乘：背着东西乘车，不把东西放在车上，说明东西的珍贵，所以招致寇盗来抢劫。

⑩致戎：同致寇。

⑪解而拇，朋至斯孚：孙《周易集解》："解其拇，然后朋至而信矣。"拇，足大指，指足。而，他。解其拇，放开他的脚。"朋至而信"，把友至而信，这里不用"友至而信"解，作朋贝至而有获解，用《坤》卦"西南得朋"的解释。斯：就。

⑫未当位：九四是阳爻居阴位，四是偶数，是阴位，所以"未当位"。

⑬君子维有解，吉，有孚于小人：《周易通义》："维：系，束缚。有：又。解：解开，松绑。有孚：战俘。于：为。小人：奴隶。贵族把战俘绑起来而又解开，战俘愿意归顺，变为奴隶。"

⑭悖：李《周易集解》："九家易曰：'隼，鸷鸟也，今捕食雀者，其性疾害，暴君也。'"

【说明】

《解》卦坎下震上，坎内震外。《周易浅述》："动于险外，出乎险也，故为患难解散之象。又震雷坎雨，阴阳交感，和畅解散，故为解。"《象传》用"雷雨作而百果草木皆甲坼"来释《解》。是解后有万物兴作的含义。再看爻辞，初六的刚柔相接，也有雷雨交作之意。九四的"解而拇"，然后"朋至"，也是解后得利。六五的解后"有孚于小人"，也是解后得利。上六的解悖，除去悖乱也可得利。只有六三"负且乘，致寇至，贞吝"为失利。《周易浅述》："以六居三，在下卦之上。坎为舆，有负荷之小人而乘车也。""卦以解名，解难莫要于解小人。"六三认为是小民招致寇盗，是小民有罪，但没有治罪，有解除小民的罪意，所以也是《解》卦。

损（卦四十一）

䷨（兑下艮上）

《损》：有孚，元吉，无咎。可贞。利有攸往。曷之用二簋，可用享。①

《彖》曰：《损》，损下益上，其道上行。损而"有孚，元吉，无咎，可贞，利有攸往，曷之用二簋，可用享"，二簋应有时。②损刚益柔有时，损益盈虚，与时偕行。

《象》曰：山下有泽，《损》。君子以惩忿窒欲。③

【译文】

《损》卦：得俘虏，大吉，无害。占问可行。有所往，有利。送饭用二圆器，也可用来祭祀。

《彖传》说：《损》卦，损减下面增益上面，它是上面推行的道理。损减而"有孚，元吉，无咎，可贞，利有攸往，曷之用二簋，可用享"，用二圆器饭来祭祀，应该有一定时机。损减刚强补益柔弱有一定时机，损盈益虚，跟着时机一起进行。

《象传》说：（兑下艮上，山下泽上，）山下有泽，是《损》卦。君子因此制止忿怒，杜塞贪欲。

【注】

①曷：高亨《周易大传今注》："曷借为馌（yè谒），馈食（送饭）也。簋（guǐ鬼），盛饭之圆器，如今之饭盆。享，祭也。"

②有时：有时机。如在灾荒年，在旅行中，祭祀时从俭，可用二簋饭。在丰年或朝廷上的祭，不能这样俭。

③惩：制止。窒：杜塞。

初九：已事遄往，^④无咎。酌损之。^⑤

《象》曰："已事遄往"，尚合志也。

九二：利贞。征凶，弗损，益之。

《象》曰："九二利贞"，中以为志也。^⑥

六三：三人行则损一人，一人行则得其友。^⑦

《象》曰："一人行"，"三"则疑也。

六四：损其疾，使遄有喜，无咎。

《象》曰："损其疾"，亦可"喜"也。

六五：或益之十朋之龟，^⑧弗克违，元吉。

《象》曰："六五元吉"，自上祐也。^⑨

上九：弗损，益之，无咎，贞吉。利有攸往，得臣无家。^⑩

《象》曰："弗损，益之"，大得志也。

【译文】

倒数第一阳爻：祭祀的事要快去参加，无害。有时酌量减损它的祭品。

《象传》说："巳事遄往"，还是符合意志的。

倒数第二阳爻：占问有利。出行，凶。不能减损，要增补他。

《象传》说："九二利贞"，是以正中之道为志愿。

倒数第三阴爻：三人同行就损减一人，一人独行就得到他的朋友。

《象传》说："一人行"可以，"三人行"就发生疑惑。

倒数第四阴爻：减轻他的病，使他快好，可喜，无害。

《象传》说："损其疾"，也是可喜的。

倒数第五阴爻：有人赐给他价值百贝的大龟，不能拒绝，大吉。

《象传》说："六五元吉"，得自上天的保祐。

最上阳爻：不能减损，要增益他，无害，占问吉。有所往有利，得到一个单身奴隶，没有家属。

《象传》说："弗损，益之"，大为得志。

【注】

④巳：同祀，祭祀。遄（chuán 传）：速，快。

⑤酌损之：在不同场合，可以酌量减少祭品或祭礼。

⑥中以为志：九二阳刚，居下卦之中，以中正为志。

⑦三人同行，意见分歧，意见不同的一人会受损。一人独行，会得到友人的帮助。

⑧益：犹赐给。龟：大龟，用作占卜，为贵重物。

⑨上祐：上天保祐。

⑩臣：指单身奴隶，故无家。

【说明】

《损》卦兑下艮上。《周易浅述》："取损下益上之义。""全彖以损所当损则得，而要之于时。""唯合于时则得，若不宜损而损，则所损又不待言矣，此全卦之大旨也。"按《象传》既指出"损下益上，其道上行"，说明在古代，在上者所行之道，就是剥削人民的损下益上，但也指出"损刚益柔有时，损益盈虚，与时偕行"，即损君益民，损盈益虚，那是在一定时期，如碰上灾荒，君出仓库的财谷来赈济灾民。但就上行之道说，还是损下益上。对于损下益上，《象传》指出"君子以惩忿窒欲"。即损下益上要有限度，不能为了满足贵族的私忿私欲而无限度地损下益上，所以要惩忿窒欲。再看爻辞，祭祀可以酌损，这是按照不同时机说的。"弗损，益之"，也是看情况说的，有时要损上益下。再像"损其疾"，这种减损是好事。"或益之十朋之龟"，这是对贵族的益，像"弗损，益之"，则当指益下，可能是收买民心，是有企图的，所以说"大得志也"。这样，既肯定上行之道是损下益上，又指出不损下而益下是别有用意，也指出不同时机的损上益下，讲得比较全面。

益（卦四十二）

☳（震下巽上）

《益》：利有攸往。利涉大川。

《彖》曰：《益》，损上益下，民说无疆。^①自上下下，其道大光。"利有攸往"，中正有庆。^②"利涉大川"，木道乃行。^③《益》动而巽，日进无疆。天施地生，^④其益无方。^⑤凡益之道，与时偕行。

《象》曰：风雷，《益》。君子以见善则迁，^⑥有过则改。

【译文】

《益》卦：有所往有利。渡大河有利。

《彖传》说：《益》卦，减损上面，补益下面，人民喜悦无限。从上面谦逊地对待下面，他的行道大为光明。"利有攸往"，中正而有喜庆。"利涉大川"，利用木船的道理得到推行。《益》卦（震下巽上，动下逊上），动而谦逊，日有进益而无限量。天地生育万物，它所增益的没有限量。所有增益的道理，跟着时令一起进行。

《象传》说：（震下巽上，雷下风上，）风雷是《益》卦。君子因此见善行就向它学习，有过就改。

【注】

①说：同悦。

②中正有庆：《益》卦六二居下卦的中位，九五居上卦的中位，像臣居臣位，君居君位，各得其正。

③木道乃行：巽上震下，巽为木，震为动，木动指木船行动。

④天施地生：天施予，地生长，指天地生长万物。

⑤方：方所，类别。无方：不受方所、物类的限制，即无限。

⑥迁：移而从善。

初九：利用为大作，⑦元吉，无咎。

《象》曰："元吉无咎"，下不厚事也。⑧

六二：或益之十朋之龟，弗克违。永贞吉。王用享于帝，⑨吉。

《象》曰："或益之"，自外来也。

六三：益之用凶事，无咎，有孚。中行告公用圭。⑩

《象》曰："益用凶事"，固有之也。

六四：中行告公，从，利用为依迁国。⑪

《象》曰："告公从"，以益志也。

九五：有孚惠心，勿问，元吉。有孚，惠我德。⑫

《象》曰："有孚惠心"，"勿问"之矣。"惠我德"，大得志也。

上九：莫益之，或击之，立心勿恒，凶。

《象》曰："莫益之"，偏辞也。^⑬"或击之"，自外来也。

【译文】

倒数第一阳爻：有利于兴建大建筑，大吉，无害。

《象传》说："元吉，无咎"，下面人民不是落在工作的后面的。

倒数第二阴爻：有人赐给他价值一百贝的大宝龟，不能拒绝。占问长期的事吉。武王用祭祀来祭上帝，吉。

《象传》说："或益之"（的大宝龟），是从外面来的。

倒数第三阴爻：用在丧事上要增加礼数，无害，有俘虏。在半路报告周公用玉珪来祭。

《象传》说："益用凶事"，本来有的。

倒数第四阴爻：半路报告周公，公听从，有利用俘虏为殷民迁国。

《象传》说："告公从"，用来增益意志。

倒数第五阳爻：有俘虏顺从我的心，不用送东西，大吉。有俘虏，顺从我的赠物。

《象传》说："有孚惠心"，"勿问"他了。"惠我德"，大为得意。

最上阳爻：没人帮他，有人攻击他，用心不能持久不变，凶。

《象传》说："莫益之"，是普遍的说法。"或击之"，从外面的。

【注】

⑦大作：大兴作，大建筑。

⑧《周易大传今注》：下：指庶民。俞樾说：厚读为后。

⑨王用享于帝：《周易通义》："是指武王克商，享祭上帝，接受天命，代殷有天下。"

⑩益之用凶事，无咎有孚。中行告公用圭：同上："益之，指祭祀

有所增益，用人牲。凶事：丧事，指武王逝世。中行：途中。用圭：祭祀要执珪。"译文据李镜池说，但不用他的"用人牲"说，因原文没有，文中只有"有孚"，没有说用人牲祭。

⑪中行告公，从，利用为依迁国：同上。从：听命。依：即殷，古音同。这里说（周公）东征胜利后，在班师回来的路上，报告周公，成王有命，说把殷民处理好是有利的。周公把殷宗室微子启封于商丘，国号宋，把一些部落分给同姓国做奴隶，如分给鲁殷民六族，分给卫殷民七族；把殷贵族集中洛邑，直接统治。这就是"为依迁国"。

⑫有孚惠心，勿问。有孚，惠我德：同上。"惠，安抚。问：送物给人。《左传·成公十三年》：'问之以弓。'疏：'遗人以物谓之问。'德：通得，指所得物质。武王克商，俘虏了殷纣大量的奴隶兵。周公东征，征服了五十余国，两次得的俘虏很多。这里说对俘虏的办法有两种：一是用好言好语进行安抚而无须用物质优待；一是用物质优待而使俘虏对我感激。"这里用李镜池说，但对"惠"用《尔雅·释诂》："惠，顺也。"

⑬偏：《释文》："偏，孟作遍。"《周易集解》本作遍。

【说明】

《益》卦震下巽上，雷下风上。《周易浅述》："以卦象言之，风烈则雷迅，雷激则风怒，两相助益，所以为益。以其义言，损下谓之损，则益下谓之益。""然损下谓损，损上谓益者，盖民贫则上无所寄，民富则上无可忧。"按《象传》以"损上益下"为益，因可使"民悦无疆"，"其道大光"，对君主来说，所损者小，所得者大，故以小损得大益，虽损而实益。再看爻辞："初九：利用为大作，元吉。"君主有大兴作而大吉，说明人民为君主尽力，实为君主得益。"六二：王用享于帝，吉。"说明王祭祀上帝得吉，亦为君王得益。"六四：利用为依迁国。"为殷民迁国，可以永远平息殷民的叛乱，也是周王的得益。"九五：有孚惠心"，是俘虏的顺我心，是贵族得益。这样看来，虽是损上益下，实际上是上小损而得益大，从损益中显出站在贵族立场上说话的阶级观点。

夬（卦四十三）

䷪（乾下兑上）

《夬》：扬于王庭，^①孚号。^②有厉，告自邑。^③不利即戎，利有攸往。^④

《彖》曰：《夬》，决也，刚决柔也。健而说，决而和。"扬于王庭"，柔乘五刚也。^⑤"孚号有厉"，其危乃光也。^⑥"告自邑不利即戎"，所尚乃穷也。"利有攸往"，刚长乃终也。^⑦

《象》曰：泽上于天，《夬》。^⑧君子以施禄及下，居德则忌。^⑨

【译文】

《夬》卦：（有人以军功被）举用于王庭，（他献的）俘虏号哭。有危险的事，从邑里来报告。出兵不利，有所往有利。

《彖传》说：《夬》卦是决定。（《夬》卦五个阳爻在下，阳是刚；一个阴爻在上，阴是柔。刚强柔弱，）是刚决定柔。（乾下兑上，乾是健，兑是悦，）是健而悦，决定而和悦。"扬于王庭"，（一柔在上宣扬于朝廷，）

是一柔临于五刚之上。"孚号有厉",(诚信的号令有危险,但君子势强大,)他的危险是能转为光荣。"告自邑不利即戎",(邑里来告出击不利,)因为(出击)所看重的是武力,是要碰壁的。"利有攸往",(有所往有利,前去有利,)是刚长柔消,(君子掌权)是结果。

《象传》说:(乾下兑上,天下泽上,)泽在天上,是《夬》卦(即泽中水气上天,决降成雨)。君子因此分俸禄施给下民,自处于有德就要禁忌(自傲)。

【注】

①夬(guài怪):决定。扬于王庭:《广雅·释诂》:"扬,举也。"

②孚号:俘虏号哭。当是被举荐的人把他所获的俘虏献给王庭,因有俘虏号哭。

③有厉,告自邑:邑来告有危险,当有别国来侵犯。

④不利即戎,利有攸往:占问出击不利,有所往去经商有利。

⑤"扬于王庭",柔乘五刚:孙《周易集解》:"乾为君,又居尊位,王庭之象也。阴爻越其上,小人乘君子,罪恶上闻于圣人之朝,故曰:'夬,扬于王庭。'"这里指有小人被举用于王庭,位在君子上。与卦辞不同,不用。

⑥"孚号有厉",其危乃光:《象传》把"孚号有厉",解作诚信的号令有危险,即五阳要决去一阴有危险,因众君子力量强大,所以这种危险转为光明。

⑦"利有攸往",刚长乃终:李《周易集解》:"虞翻曰:'阳息阴消,君子道长,故利有攸往,刚长乃终。'"按卦辞的"利有攸往",指有所往则利,即出外有利。《象传》释"利有攸往"为有所前进则利,前进指事情的发展,即刚长柔消,君子道长,小人道消,故称"刚长有终"。

⑧泽上于天，《夬》：李《周易集解》："陆绩曰：'水气上天，决降成雨，故曰夬。'"

⑨居德则忌：孙《周易集解》："忌，禁也。法明断严，不可以慢，故居德以明禁也。"

初九：壮于前趾，往不胜，⑩为咎。

《象》曰："不胜"而"往"，"咎"也。

九二：惕号，莫夜有戎，勿恤。⑪

《象》曰："有戎勿恤"，得中道也。⑫

九三：壮于頄，有凶。⑬君子夬夬独行，遇雨若濡，有愠无咎。⑭

《象》曰："君子夬夬"，终"无咎"也。

九四：臀无肤，其行次且。⑮牵羊悔亡。⑯闻言不信。

《象》曰："其行次且"，位不当也。"闻言不信"，聪不明也。

九五：苋陆夬夬中行，⑰无咎。

《象》曰："中行无咎"，中未光也。⑱

上六：无号，终有凶。⑲

《象》曰："无号"之"凶"，终不可长也。

【译文】

倒数第一阳爻：伤在前脚趾，出去不行，成为灾害。

《象传》说："不胜"而"往"，是"咎"。

倒数第二阳爻：警惕呼号，夜里有敌兵来，不用忧。

《象传》说:"有戎勿恤",得到正义。

倒数第三阳爻:伤在面颧骨上,有凶象。君子急急地独个儿走路,碰上下雨,被淋湿,有不快,无害。

《象传》说:"君子夬夬",终于"无咎"。

倒数第四阳爻:臀部没有肉,他的走路困难。牵着羊,无悔。听人说话,不相信。

《象传》说:"其行次且",所处的地位不恰当。(九四,九是阳爻,四是阴位,故位不当。)"闻言不信",听觉不明。

倒数第五阳爻:山羊在路上跳得很快,无害。

《象传》说:"中行无咎",中正的行为还没有光大。

最上阴爻:(小人)不用号哭,终于有凶(被排斥)。

《象传》说:"无号"之"凶",终于不可以长久的。

【注】

⑩壮:伤,足趾受伤,所以不胜走路。不胜,不能胜任。

⑪莫:暮。戎:敌兵。恤:忧。有敌兵来侵,因有戒备,故不忧。

⑫中道:正道,即正义,抗击敌人来侵,是正义的。

⑬頄(qiú 求):面颧骨。

⑭夬夬:急急的样子。若:而。濡:淋湿。愠:不痛快。

⑮次且:同赵趄(zī jū 姿居),行走困难。

⑯牵羊悔亡:朱熹《周易本义》:"以阳居阴(九四,九为阳爻,四为阴位,故为以阳居阴),不中不正。居则不安,行则不进。若不与众阳竞进,而安出其后,则可以亡其悔。""牵羊者当其前则不进,纵之使前而随其后,则可以行矣。"这是说,牵羊在后面赶,无悔。

⑰ 苋陆夬夬中行：苋，当作莧。《周易通义》："王夫之《周易稗疏》：'莧字当从从而不从艹，音胡官切，山羊细角者也。'陆：跳。中行：路中间。细角山羊在路中间跳得很快很欢，古人以为怪异，故作象占。筮占无咎。"

⑱ 中未光：《象传》认为"中行"即中正，应该吉，为什么是无咎？因为中正还没有光大。

⑲ 无号，终有凶：无用号哭，终于有凶。指小人不用号哭，终于被君子排斥，故终凶。

【说明】

《夬》卦乾下兑上。《周易浅述》："以爻论之，五阳在下，长而将极，一阴消而将尽。五阳决去一阴，故名夬也。""全象大意以虽处阴消阳长之时，亦不容以易心处之，必相与同心戒惧而后利有所往。"从《象传》看，"柔乘五刚"，即一柔临于五刚之上。同上又称："以五阳去一阴，其势似易，而圣人所以周防戒备之词无所不至，盖小人有一之未去，皆足为君子之忧。"这是《夬》卦"夬，决也"的用意。《象传》称："泽上于天，《夬》。"泽何以上天，《周易集解》引陆绩说"水气上天，决降成雨，故曰《夬》"，最为明通。则五阳去一阴，亦在以恩泽及下，得人民拥戴而始成。再看爻辞，从初九、九三到九四皆有所伤，正说明需要周防戒备。到九五，《象传》还说"中未光也"，显见君子正确的一面还未光大。到上六，又转到国无号令，终于败亡，所以终凶。那末《夬》卦的决去小人，只指出终凶的一面，没有指出成功而大吉来。

对《夬》卦爻辞的结尾"上六：无号，终有凶"有三种不同解释：（一）孙星衍《周易集解》："处夬之极，小人在上，君子道长，（小人道消），众所共弃，故非号咷所能延也。"这里把"号"释为小人失败后的号咷大哭，不能延长小人的政治生命，终于凶。这是把一阴比作小人，承上五阳决去一阴，终于把一阴排斥。小人不用号哭，终于凶。（二）《周易大传今注》："号，《集解》引虞翻说，释为号令，盖合于传意。无号令者，谓君之号令不行于国，有号令而无人听从，因而谓之无号也。国无号令，其国必败亡，故终有凶。"（三）《周易通义》："这是讲敌人来袭击，没有发现，当然没有报警，所以终于遭殃了。"对这三种解释，这里采用（一）。因为照（一）的解释，是小人不用号哭，小人终凶，即五阳决去一阴，小人被排斥，说得通。对（三）的解释，因为这里的"无号"，可以解作无号啕，也可作无号令，解作没有报警，有些牵强，所以也不取。对（二）的解释，因为一阴居于九五之上，所以国君的号令不行。按九五为阳，阳居君位，可以号令一切，何以无号令，说不通。

再跟《象传》结合起来看，《彖传》讲"刚决柔也。健而说，决而和"。刚是健，但在决柔方面，又是悦而和的。又："'利有攸往'刚长乃终也。"以刚长做结束，即刚的势力长，那末这个"决"是决定，即刚长可以决定，不一定排斥柔，所以要和悦，即刚柔两种势力，刚取得决定权就行，还可以跟柔和悦相处。那么《象传》为什么说柔要"无号，终有凶"呢？因为是刚排斥柔，所以柔要"无号，终有凶"了。那不是跟上文的《彖传》说刚和柔"决而和"有矛盾吗？这当是《彖传》跟《象传》的矛盾。

姤（卦四十四）

☰（巽下乾上）

《姤》：女壮，^①勿用取女。

《彖》曰：《姤》，遇也，柔遇刚也。“勿用取女”，不可与长也。天地相遇，品物咸章也。^②刚遇中正，天下大行也。《姤》之时义大矣哉！

《象》曰：天下有风，《姤》。后以施命诰四方。^③

【译文】

《姤》卦：女子强壮（而胜男子），不用娶这女。

《彖传》说：《姤》卦，遇见，（一柔遇五刚，）柔遇见刚。“勿用取女”，（女胜男，）不可与长久（共处）。天地相遇，（阴阳两气交接，）各种物类都能盛长。（《姤》卦的九二为阳爻，为刚，在下卦之中，居臣位；九五为阳爻，在上卦之中，居君位，中则正，）是刚遇中正，中正之道大行于天下。《姤》卦按时推行的意义大了啊！

《象传》说：（巽下乾上，风下天上，）天下有风，是《姤》卦。（天比君，风比教令，）君主用发布命令来告四方。

【注】

①姤（gòu 构）：遇。壮：李《周易集解》："虞翻曰：'女壮，伤也。'"这个伤指胜过男，有伤男的自尊心。

②品物咸章：李《周易集解》："《九家易》曰：'万物皆盛大也。'"品物：各种物类。

③后：君主。施：发布。诰：告。

初六：系于金柅，贞吉。④有攸往，见凶，羸豕孚蹢躅。⑤

《象》曰："系于金柅"，柔道牵也。⑥

九二：包有鱼，无咎，不利宾。⑦

《象》曰："包有鱼"，义不及"宾"也。

九三：臀无肤，其行次且，厉，无大咎。⑧

《象》曰："其行次且"，行未牵也。⑨

九四：包无鱼，起凶。⑩

《象》曰："无鱼"之"凶"，远民也。

九五：以杞包瓜，含章，有陨自天。⑪

《象》曰："九五含章"，中正也。"有陨自天"，志不舍命也。⑫

上九：姤其角，吝，无咎。⑬

《象》曰："姤其角"，上穷"吝"也。

【译文】

倒数第一阴爻：系在纺车转轮的铜把手上，占问吉。有所往，看到凶。母猪躁动徘徊。

《象传》说："系于金柅"，柔道被牵住。

倒数第二阳爻：厨房里有鱼，无害，不利于待客。

《象传》说："包有鱼"，应该不合于待客。

倒数第三阳爻：臀部皮开肉绽，他的走路困难，危险，没有大害。

《象传》说："其行次且"，他的行动没有被用绳子牵住。

倒数第四阳爻：厨房里没有鱼，引起争执，有凶。

《象传》说："无鱼"的"凶"，是远离人民。

倒数第五阳爻：用柳条来包瓜，有文采，（包不住）自然掉落。

《象传》说："九五含章"，（九五以阳爻居上卦之中，）是中正的。"有陨自天"，用意不放弃自然。

最上阳爻：碰上兽的角，不幸，无害。

《象传》说："姤其角"，在上位的碰壁，不幸的。

【注】

④系于金柅，贞吉：金柅（nǐ 你），纺车转轮的铜把手。孙《周易集解》："《九家易》曰：丝系于柅，犹女系于男，故以喻初（六）宜系（九）二也。若能专心顺（九）二则吉，故曰'贞吉'。今既为（九）二所据，不可往应（九）四，往则有凶，故曰'有攸往，见凶'也。"这是以初六比女，以九二比夫，女系于夫则吉。有所往比女往投九四之男，则凶。

⑤羸豕孚蹢躅：同上："羸豕，谓牝豕也。群豕之中，豭（雄猪）强而牝弱，故谓之羸豕也。孚犹务躁也。夫阴质而躁恣者，羸豕特甚焉。言以不贞之阴，失其所牵，其为淫丑，若羸豕务蹢躅也。"蹢躅（zhì zhú 直竹）：徘徊不定。这是说，像母猪躁动徘徊，春情发动。

⑥柔道牵：妇道所系，指妇道系于夫。

⑦包：通庖。不利宾：当时认为鱼不宜招待客人，当用牛羊猪肉。

⑧次且：见《夬》卦九四注。臀无肤指受刑杖，故称厉，即危，但无大害，故称"无大咎"。

⑨行未牵：指行动未被拘系，即未下狱。

⑩包无鱼：厨房里没有鱼，指贫困。起凶：引起争执是凶，起指引起。孙《周易集解》："无民而动，失应而作，是以凶也。"贵族厨房中的鱼及牛羊肉都是手下的民送来的。厨无鱼，说明他手下无民，所以引起争夺，就凶了。

⑪以杞包瓜，含章，有陨自天：孙《周易集解》："薛虞记曰：杞，杞柳也。杞性柔韧，宜屈挠以包瓜。"含章：指有文采。陨：落。自天：出于自然，用柳条包瓜，包不住，自然要掉下。

⑫志不舍命：用意不放弃自然掉下的说法。

⑬姤其角，吝，无咎：碰到兽角，为它所触，是不幸。但未触伤，所以无害。

【说明】

《姤》卦巽下乾上，风下天上。《周易浅述》："风行天下，万物无不经触，乃遇之象。又卦爻五阳（爻），而一阴（爻）始生于下，阴与阳遇也，故为《姤》。"《姤》卦是以男性为主压制女性。卦辞称"女壮，勿用取女"。《周易集解》引"虞翻曰：'女壮，伤也。阴伤阳，柔消刚，故女壮也'"。阴与柔指女，阳与刚指男。此女可以压倒阳刚之男，可见比男还要刚强，所以称壮。所以壮实含二义，一是比男刚强，压倒男，使夫权受到伤害，所以又称壮为伤。不用娶这样的女，"不可与长也"，因为夫不能与这样的女长期相处。接下来讲天地相遇，刚遇中正，宣扬乾刚坤柔，刚遇柔，要求夫刚妇柔。爻辞更是宣扬夫权，要妇从夫。"系于金柅，贞吉。"《周易集解》比作"女系于男"，"若能专心顺（九）二则吉"，即女专心顺男才吉；"不可往应（九）四，往则有凶"，即不可再去和别的男相应和，去则有凶，这里更是宣扬夫权。再说"羸豕孚蹢躅"，把妇再去与别的男相应和，丑化为像母猪发情时的躁动不安，更是对妇的侮辱。接下来讲"包有鱼"，"包无鱼"，指另一种遭遇，即贵族没落遭遇贫困的情况。再像"以杞包瓜含章，有陨自天"，孙《周易集解》称："九五履得尊位，而不遇其应，得地而不食，含章而未发。不遇其应，命未流行。就处得其所，体刚居中，志不舍命，不可倾陨，故曰有陨自天也。"这是说，九五虽处在君主的地位，体刚居中，但命运不际，没有人来应。假如没落，那只是天命。显出了君主处在没落时的心情。

萃（卦四十五）

☷☱ （坤下兑上）

《萃》：亨，王假有庙。^①利见大人，亨。利贞，用大牲吉。^②利有攸往。

《彖》曰：《萃》，聚也。顺以说，刚中而应，故聚也。"王假有庙"，致孝享也。"利见大人亨"，聚以正也。"用大牲吉，利有攸往"，顺天命也。观其所聚，而天地万物之情可见矣。^③

《象》曰：泽上于地，《萃》。君子以除戎器，戒不虞。^④

【译文】

《萃》卦：祭祀，王到了宗庙。见大人有利，通顺。占问有利，用牛祭吉。有所往有利。

《彖传》说：《萃》卦，聚会。（坤下兑上，顺下悦上，）顺而悦。（九五是阳爻，居上卦之中，阳是刚；六二是阴爻，居下卦之中，与九五相应，）是刚中而相应，所以聚会。"王假有庙"，表达孝祖宗的祭祀。"利见大人亨"，用正道来聚会。"用大牲吉，利有攸往"，顺着天命来行动（得到天的保佑）。观察他的聚会，（用正道来聚会，）天地万物相聚会的情状可以看到了。

《象传》说：（坤下兑上，地下泽上，）泽在地上，（水在地上横流，）是《萃》卦。君子因此修理兵器，戒备（像大水横流的）意外的变乱。

【注】

①萃：聚会，聚集。亨：同享，祭祀。假：到。有：犹于。庙：宗庙。

②亨：通顺。大牲：大牲口，指用牛作祭品。

③天地万物之情：《乾·文言》："同声相应，同气相求，水流湿，火就燥，云从龙，风从虎。"即指出声气相同的相聚集。

④泽上于地：泽在地上，指水横流在地上，成为水灾，比国内有叛乱。除：修整。戎器：兵器。不虞：料不到的事，意外之患。

初六：有孚，不终。乃乱乃萃，若号。一握为笑，勿恤。⑤往无咎。

《象》曰："乃乱乃萃"，其志乱也。

六二：引吉，无咎，孚乃利用禴。⑥

《象》曰："引吉无咎"，中未变也。

六三：萃如嗟如，无攸利，往无咎，小吝。⑦

《象》曰："往无咎"，上巽也。

九四：大吉无咎。

《象》曰："大吉无咎"，位不当也。

九五：萃有位，无咎。匪孚，元、永贞悔亡。⑧

《象》曰："萃有位"，志未光也。

上六：赍咨涕洟，无咎。⑨

《象》曰："赍咨涕洟"，未安上也。

【译文】

倒数第一阴爻：有俘虏，没有结果，（跑了）。是乱是聚，而呼号。（捉到了，）一屋子人都笑，不用忧。出去，无害。

《象传》说："乃乱乃萃"，他们的用意乱了。

倒数第二阴爻：长期吉，无害。诚信是有利于春祭。

《象传》说："引吉无咎"，中心（诚信）没有改变。

倒数第三阴爻：聚会着，叹息着，无所利。出去无害，有小的艰难。

《象传》说："往无咎"，（因为）崇尚谦逊。

倒数第四阳爻：大吉无害。

《象传》说："大吉无咎"，（九四的九是阳爻，四是阴位，）所处的地位不恰当（所以虽有"大吉"，只有"无咎"）。

倒数第五阳爻：聚集有地位的人，无害。（志趣没有光明，）不够诚信。（但刚而正位，）占问大而长期无悔。

《象传》说："萃有位"，志趣还没有光明。

最上阴爻：叹气流泪，无害。

《象传》说："赍咨涕洟"，因为没有安定在上的位子。

【注】

⑤孚：俘虏。不终：指逃跑。若：而。号：呼叫。一握：《周易大传今注》："汉帛书《周易》作'一屋'，当是。"恤：忧。

⑥引吉：长期吉。孚：诚信。禴（yuè 跃）：春祭。孔颖达《周易注疏》：

"禴，殷春祭名也，四时祭之省者也。"省指祭品俭省，主要靠诚信。

⑦萃如嗟如：聚集着叹息着。孙《周易集解》："履非其位，（六三非正位），以比（靠近）于（九）四，（九）四亦失位。不正相聚，相聚不正，患所生也。""故萃如嗟如，无攸利也。""与其萃于不正，不若之（到）于同志，则可以往而无咎也。二阴相合，（六三与上六皆阴，一为下卦之上，一为上卦之上，故相应），犹不若一阴一阳之相应，故有小咎也。"这是说，六三与九四连接，都地位不正，所以有小的困难。

⑧萃有位，无咎。匪孚，元、永贞悔亡。同上："聚处之时，最得盛位，故曰'萃有位'也。回（靠近九四）占而据，己德不行，自守而已，故曰'无咎匪孚'。大修仁守正，久必悔消，故曰'元永贞悔亡'。"这是说，九五的位子很正，但靠近九四，九四的地位不正，所以只能自守，无咎罢了。能够守正，还可以无悔。

⑨赍咨（qí zī 齐资）：咨嗟。涕洟（yí 夷）：流眼泪鼻涕。同上："处上独立，近远无助，危莫甚焉。若能知危之至，惧祸之深，忧病之甚，至于涕洟不敢自安，亦众所不害，故得无咎也。"

【说明】

《萃》卦坤下兑上，地下泽上，顺下悦上。《周易浅述》："泽在地上，水之聚也。水润泽其地，万物群聚而生，萃之象也。又上悦下顺，九五刚中，（六）二以柔中应之，萃之由也。""全象当萃聚之时，理势必亨，但当得正，则可大有所为，此全象之大旨也。"再看卦辞，王祭祖庙，利见大人，这种聚会是亨通的。再说"顺以悦，刚中而应"，这种聚会是刚柔相应而正确的。《象传》提出贵族相聚要防患于未然，注意戒备。再看爻辞，初六的"有孚不终"，俘虏逃跑，这跟要注意戒备有关。六二的春祭求俭省，这也是一种正确的聚会。六三的聚着嗟叹，同时代的趋于昏乱有关。九四虽"大吉"而只有"无咎"，说明所处地位不当，这样的相聚，还不能拨乱反正。九五的"萃有位"，只能"无咎匪孚"，诚信不够。到了上六，只能叹息涕洟了。说明《萃》卦已处在没落的时代，虽聚会，而时代的没落已无法挽救了。

《萃》卦里的词也有不同解释，主要是"孚"字。"有孚不终"的"孚"指俘虏，但"孚乃利用禴"里的"孚"，就有两种解释：(一)孙星衍《周易集解》："居聚之时，处于中正，而行以忠信，故可以省薄荐于鬼神也。"这里的"忠信"，就指"孚"，即以"孚"为诚信。祭祀时有了诚信，可以薄荐。释"孚"为诚信，与薄祭的"禴"相应。(二)《周易通义》："贞兆指示春祭要有俘虏作人牲才好。这可与上爻联系看。"上爻即"有孚不终"的"孚"，指俘虏。按孙星衍注："禴，殷春祭名也，四时祭之省者也。"既然是俭省的祭，怎么用人牲呢？所以《周易大传今注》说："孚，忠信也。禴，祭名，仅用饭菜等，不用大牲，祭之俭约者也。"在这里，因此采用(一)说，不用(二)说。再看《象传》："'引吉无咎'，中未变也。"指出"中未变"，即中正未变，中正跟诚信相应，是《象传》也把"孚"解作诚信。

不过，这样讲又跟《象传》发生矛盾。禴是薄祭，用饭菜，不用大牲，即不用牛牲。但《彖传》说"用大牲吉"，又怎么讲呢？原来在《萃》卦里，《彖传》跟《象传》的解释不同。《彖传》认为"聚以正也"，"顺天命也"，既然聚集是正确的，又是顺天命，一切都好。但《象传》的看法不同，"泽上于地"，有水在地上横流之惧，所以要修整戎器，以戒不虞，有危惧的用意。再看爻辞的《象传》，如"'乃乱乃萃'，其志乱也"，不仅指出爻辞的"乃乱乃萃",更指出那时聚集的人"其志乱也",人的志也乱了。又指出"位不当也","未安上也"。位不当,上未安,都和"乱"相应。说明《象传》的作者,认为《萃》卦所示的,是乱,所以危惧,与《彖传》的认为"聚以正"而"顺天命"不同。这里说明《彖传》和《象传》不是一个人所作,大概《彖传》在前,《象传》在后。《象传》的作者有危惧的感受。《彖传》和《象传》的不同,也反映卦辞和爻辞的不同,卦辞称"亨""吉",爻辞称"无咎""悔亡""小吝",与"亨""吉"还不一样。这也说明爻辞与卦辞的看法也不一致。

升（卦四十六）

☷（巽下坤上）

《升》：元亨。用见大人，勿恤。南征吉。①

《彖》曰：柔以时升，巽而顺，刚中而应，是以大"亨"。"用见大人勿恤"，有庆也。"南征吉"，志行也。

《象》曰：地中生木，《升》。君子以顺德，积小以高大。

【译文】

《升》卦：大通顺。见大人有利，勿忧。南征吉。

《彖传》说：（《升》卦的初爻是阴，是柔，四爻、五爻、六爻也是阴，）是柔按时上升。（巽下坤上，巽逊坤顺，）是逊而顺。（九二的九是刚，二是居下卦之中，与六五是柔，居上卦之中，）刚中而与柔中相应，因此大"亨"。"利见大人勿恤"，有喜庆。"南征吉"，志愿得到实行。

《象传》说：（巽下坤上，木下地上，）地中生木，是《升》卦。君子因此遵循美德，积小善上升到高大的德行。

【注】

①"用见"，当作"利见"。南征：指周王南征，是哪一次南征不详。

初六：允升，^②大吉。

《象》曰："允升大吉"，上合志也。

九二：孚乃利用禴，^③无咎。

《象》曰："九二"之"孚"，有喜也。

九三：升虚邑。^④

《象》曰："升虚邑"，无所疑也。

六四：王用亨于岐山，^⑤吉，无咎。

《象》曰："王用亨于岐山"，顺事也。

六五：贞吉，升阶。

《象》曰："贞吉升阶"，大得志也。

上六：冥升，利于不息之贞。

《象》曰："冥升"在上，消不富也。^⑥

【译文】

倒数第一阴爻：进升，大吉。

《象传》说："允升大吉"，向上是符合志愿的。

倒数第二阳爻：诚信是利于作禴祭，无害。

《象传》说："九二"的"孚"，是有喜庆的。

倒数第三阳爻：登上在高丘上的城邑。

《象传》说："升虚邑"，（可以高瞻远瞩，）没有什么可疑的。

倒数第四阴爻：王祭祀岐山，吉，无害。

《象传》说："王用亨于岐山"，是顺利的事。

倒数第五阴爻：占问吉，升上台阶。

《象传》说："贞吉升阶"，大为得志。

最上阴爻：夜里上升，占问不停地努力有利。

《象传》说："冥升"在上，消灭没有福气而得福的。

【注】

②允：进。

③孚乃利用禴：见《萃》卦六二注。

④虚：大丘。

⑤王：指哪一位周王未详。亨：同享，祭祀。

⑥富：犹福。

【说明】

《升》卦巽下坤上，木下地上。《周易浅述》："木生地中，长而益高，升之象也。""全象内巽外顺，九二刚中而六五虚中以应，君子进用之象，故可以见大人而利于前进。"再看象传，提出进升，又称："内巽则沉潜观理，外顺则从容待时。""(九)二有刚中之德，应(六)五虚己之君，宜其大亨也。"说明进升要等待时机，有跟自己相应的虚己之君，才可求得进用。《象传》称"积小以高大"，进用先从小的低的位子做起，逐渐进升到高的大的。再看爻辞，九二提到"孚"，《象传》说"孚有喜"，说明得到信任，才有进升之喜。九三的《象传》称为"无疑"，无疑才可得信任。六五的升阶指一步步进升。上六的"不息"，利于进升。对进升作了各种说明。

这里的"孚乃利用禴"与上卦的"孚乃利用禴"相同，因此《周易通义》说："用俘虏作人牲禴祭，是当时战争中常有的。"仍作用人牲来祭解。按《象》曰：'九二'之'孚'，有喜也"，倘这个"孚"指作为人牲的俘虏，那还有什么喜呢？因此照《象传》看，这个"孚"还指诚信，因为祭神有诚信，得到神的享受，所以有喜。

困（卦四十七）

☵（坎下兑上）

《困》：亨。贞大人吉，无咎。有言不信。

《彖》曰：《困》，刚掩也。险以说，困而不失其所，"亨"，其唯君子乎？"贞大人吉"，以刚中也。"有言不信"，尚口乃穷也。

《象》曰：泽无水，《困》。君子以致命遂志。①

【译文】

《困》卦：通顺。占问大人吉，无害。有话他人不信。

《彖传》说：《困》卦，（坎下兑上，坎为阳卦，为刚；兑为阴卦，为柔，）刚为柔所掩盖。（坎为险，兑为悦，）险而悦。（《困》卦是困难，）虽困难而没有失掉它的处置，"亨"，惟有君子吧。"贞大人吉"，（《困》的九二为阳爻，为刚，居下卦之中；九五为阳爻，为刚，居上卦之中，）因是刚中。"有言不信"，崇尚口辩是会碰壁的。

《象传》说：（坎下兑上，水下泽上，水在泽下，）泽无水，是《困》卦。君子因此（临危）舍命来完成他的志愿。

【注】

　　①致命：舍命。遂：完成。

　　初六：臀困于株木，入于幽谷，②三岁不觌。

　　《象》曰："入于幽谷"，幽不明也。

　　九二：困于酒食，朱绂方来。③利用享祀。征凶，无咎。

　　《象》曰："困于酒食"，中有庆也。

　　六三：困于石，据于蒺藜，入于其宫，④不见其妻，凶。

　　《象》曰："据于蒺藜"，乘刚也。⑤"入于其宫，不见其妻"，不祥也。

　　九四：来徐徐，困于金车，⑥吝，有终。

　　《象》曰："来徐徐"，志在下也。⑦虽不当位，有与也。⑧

　　九五：劓刖，困于赤绂，乃徐有说，利用祭祀。⑨

　　《象》曰："劓刖"，志未得也。"乃徐有说"，以中直也。"利用祭祀"，受福也。

　　上六：困于葛藟，于臲卼，曰动悔有悔，⑩征吉。

　　《象》曰："困于葛藟"，未当也。"动悔有悔"，吉行也。

【译文】

　　倒数第一阴爻：臀部受刑杖的困苦，关入幽暗的牢狱，三年不见天日。

　　《象传》说："入于幽谷"，幽暗不明亮。

　　倒数第二阳爻：为酒醉饱食所困，穿朱红色服装的贵族刚来。有利于用祭祀。出征凶，无害。

《象传》说："困于酒食"，守中正之道有可庆贺的。

倒数第三阴爻：在乱石里受困，手抓在蒺藜上，进到家里，不看见他的妻，凶。

《象传》说："据于蒺藜"，是攀附豪强。"入于其官，不见其妻"，是不祥之兆。

倒数第四阳爻：来得慢慢的，受到贵人的困阻，困难，有结果。

《象传》说："来徐徐"，志在下位。虽然不在上位，有帮助的。

倒数第五阳爻：危而不安，受到贵人的困苦，是慢慢得脱，用祭祀谢神有利。

《象传》说："劓刖"，志愿没有得到实现。"乃徐有说"，因为内心正直。"利用祭祀"，受到保祐。

最上阴爻：在有刺的蔓藤上受困，在不安中，说一动悔而又悔，出行吉。

《象传》说："困于葛藟"，所处未恰当。说一动悔而又悔，出行才"吉"。

【注】

②株木：指刑杖。幽谷：指牢狱。

③朱绂（fú 弗）：古代王公卿的服饰，朱红色，指贵官。

④蒺藜：一种有刺的蔓草。官：室。

⑤乘刚：犹攀附豪强。

⑥金车：用黄铜镶嵌的车，贵人所乘，借指贵人。

⑦在下：在下位，指做小官。

⑧与：帮助。

⑨劓刖（niè wù 聂兀），原本作劓刖（yì yuè 异月，割鼻、砍脚的刑），

孙《周易集解》"荀爽、王肃本劓刖作臲卼"，不安全，今据改。说：同脱。利用祭祀：指谢神。

⑩葛藟（lěi垒）：蔓生有刺的植物。有：又。

【说明】

《困》卦坎下兑上，水下泽上。《周易浅述》："水在泽下，（泽中）枯涸无水，困乏之象。以二体言之，兑阴在上，坎阳在下。以卦画言之，上六在二阳之上，九二限二阴之中，皆以阴掩阳，故为《困》。"全象以处险而说（悦），（九）二、（九）五刚中，有处困而亨之道。然惟大人能之，但不可尚口说以取困穷，此全象之大旨也。再看卦辞，"有言不信"，不信不被任用，所以困。"困而不失其所，亨"，处困而不失其所守，可以转为亨。《象传》称"君子以致命遂志"，处困而舍命以完成志事，那也可以转亨。再看爻辞，初六是困于刑狱，九二是困于酒食，六三是困于不幸的遭遇，九四、九五皆困于贵人。但像九二《象传》说的"中有庆"，九五《象传》说的"中直"，即处困而中正，就可以转亨，这是《困》卦的用意。

《困》卦里"九五：劓刖，困于赤绂，乃徐有说"，又有不同解释：（一）孙星衍《周易集解》："荀爽、王肃本劓刖作臲卼。荀爽曰：'臲卼，不安貌。'王肃、陆绩同。郑康成曰：'劓刖当为倪仉。'"（二）同上："虞翻曰：'割鼻曰劓，断足曰刖。'（九）四动时，震为足，艮为鼻，离为兵，兑为刑，故劓刖也。"这大概是说，《困》☵里上卦是兑，兑是刑。这个爻是九五，和上面的上六，合成☳，震☳的下面是☳，故称震为足。他又说"（九）四动时"，九四与下六三合成☶，艮☶的上面也作☶，故称"艮为鼻"。加上"兑为刑"，就要割鼻断足了。这样讲法，未免迂曲，这里不取。《周易通义》："割鼻、刖足，成了奴隶，才渐渐有了脱身的机会，跑了回来。"这里采（一）说，因为"困于赤绂，乃徐说"。受贵官所困，渐渐得以脱身，"困"指处境不安，才可以脱身。倘已受到割鼻断足之刑，这就不是困了，成了终身残废，谈不上摆脱了，所以取（一）说。

又"六三：困于石，据于蒺藜"，也有不同解释：（一）《周易大传今注》："'困于石'，行路被石绊倒也。蒺藜，木名，有刺。'据于蒺藜'，手抓在蒺藜之上也。"（二）《周易通义》："石：嘉石。《周礼》大司乐之职：'以嘉石平罢民。凡万民之有罪过而未丽（列）于法而害于州里者，桎梏而坐诸嘉石，役诸司空。'嘉石树立在朝门左边当众的地方。民之有罪过而又不是十分严重，但又为害于州里的，就叫他担枷坐在那里以耻辱之，然后叫他去劳动或关起来。""后来又被关在有蒺藜的监狱里。"这个解释，又跟"上六：困于葛藟，于臲卼"有关。注："葛藟：这是以有刺的葛藟围于狱外。臲卼：木桩，围在狱外，以防犯人越狱。"按臲卼，臬兀是声，危是义，即危而不安之意，恐不宜解作木桩。又"据于蒺藜"，解作关在有蒺藜的监狱里，也不妥。因为蒺藜不能指有蒺藜的监狱，"据"也不宜作"被关"。因此这里还是从（一）说。

井（卦四十八）

䷯（巽下坎上）

《井》：改邑不改井，^①无丧无得。往来井井。汔至，亦未繘井，羸其瓶，^②凶。

《彖》曰：巽乎水而上水，《井》。井养而不穷也。"改邑不改井"，乃以刚中也。"汔至，亦未繘井"，未有功也。"羸其瓶"，是以凶也。

《象》曰：木上有水，《井》。君子以劳民劝相。^③

【译文】

《井》卦：改组乡镇组织，没有改变水井，没有失也没有得。来往的人井井有秩序。水干了，被泥塞住了，也没有淘井，把汲水瓶打破了，凶。

《彖传》说：（《井》卦，巽下坎上，木下水上，）木桶下水而打上水，是《井》卦。井水养人而源源不断的。"改邑不改井"，（《井》卦的九二、九五是阳爻，是刚，居下卦及上卦之中，）是刚中，是因井中壁坚刚。井水枯了，给泥塞了，也没有淘井，没有功用。"羸其瓶"，因此是凶。

《象传》说：（巽下坎上，木下水上，）木桶上来有水，是《井》卦。

（掘井要劳动人民，）君子因此劳动人民劝他们互助。

【注】

①井：水井。邑：乡镇城的组织。乡镇的组织可变，但井的位子不变。

②往来井井。汔至：李和孙《周易集解》都在"井井"处断句，今从之。高亨《周易大传今注》作"往来井，井汔至"，亦通。李镜池《周易通义》："汔（qì 迄）：《说文》：'水涸也。'至：借为窒，淤塞。绠（jú 橘）：从矞。《广雅·释诂》：'矞，穿也。'矞井即挖井、淘井。羸（léi 雷）：读为儡，《说文》：'儡，相贬也。'"指毁。

③相：助。

初六：井泥不食。旧井无禽。④

《象》曰："井泥不食"，下也。"旧井无禽"，时舍也。

九二：井谷射鲋，瓮敝漏。⑤

《象》曰："井谷射鲋"，无与也。⑥

九三：井渫不食，为我心恻。⑦可用汲，王明并受其福。

《象》曰："井渫不食"，行"恻"也。求"王明"，"受福"也。

六四：井甃，⑧无咎。

《象》曰："井甃无咎"，修井也。

九五：井洌寒泉，⑨食。

《象》曰："寒泉"之"食"，中正也。

上六：井收勿幕，有孚元吉。⑩

《象》曰："元吉"在"上"，大成也。

倒数第一阴爻:水井有泥,水不能喝。旧的陷阱（坏了），没有兽（掉下去）。

《象传》说:"井泥不食"，泥落下去。"旧井无禽"，当时已经舍弃。

倒数第二阳爻:在塌井的积水里射小鱼（难射中）。水瓮漏了（不能储水）。

《象传》说:"井谷射鲋"，没有好处。

倒数第三阳爻:井水清了却不喝,为此我心悲痛。可以汲水,国王明察,臣民都得到他的福。

《象传》说:"井渫不食",这种做法是可悲的。求王明察,可以"受福"。

倒数第四阴爻:井壁砌好了,无害。

《象传》说:"井甃无咎",修好井。

倒数第五阳爻:井水清凉似泉水,可喝。

《象传》说:"寒泉"的"食",（象九五的居上卦之中而正,）（比贤人）中正（可用）。

最上阴爻:井口收小,不要盖上,有收获大吉。

《象传》说:"元吉"在"上",（修好井口,）有大的成就。

【注】

④旧井:旧的陷阱,指陷阱已坏。

⑤井谷:井或陷阱塌了,里面积水。鲋:小鱼。上古用射箭捕鱼。瓮:储水器。

⑥与:助,益。

⑦井渫（xiè 屑）不食:李《周易集解》:"荀爽曰:'渫,去秽浊清

洁之意也。'‘喻不得用，故曰不食。道既不行，故我心恻。'"

⑧井甃（zhòu 纣）：用砖石垒井壁。

⑨冽：水清。

⑩井收：陷阱口塌的修好收束。幕：盖好。孚：收获。

【说明】

《周易浅述》："《井》卦巽下坎上，（巽木坎水，）巽（木桶）入于水，汲而上之，《井》之象。""全象以井有常体，犹事有常法，时异而法不异。又当敬以守之，不可垂成而败也。"先看卦辞，注意井水枯的淘井，即不可使井废弃。《象传》要使井水养人而不穷。再看爻辞，要防止井水和陷阱的废坏。以井水的清而不用，比喻人的有贤才而不用，所以"为我心恻"，希望"王明，并受其福"。《史记·屈原列传》引九三爻辞，《索隐》称："京房《易章句》言：我之道可汲而用，上有明主，汲我道而用之，天下并受其福。故曰'王明，并受其福'也。"从井扩大到政治用人，再讲到"井甃""井冽"，说明对井修整的好处，又包括对陷阱修整的收获。

革（卦四十九）

䷰（离下兑上）

《革》：巳日乃孚。[①]元亨，利贞，悔亡。

《彖》曰：《革》，水火相息，[②]二女同居，其志不相得曰革。"巳日乃孚"，革而信之。文明以说，大"亨"以正。革而当，其"悔"乃"亡"。天地革而四时成，汤武革命，[③]顺乎天而应乎人。《革》之时大矣哉！

《象》曰：泽中有火，《革》。君子以治历明时。

【译文】

《革》卦：（人们怀疑改革，）到祭祀日才相信，大通顺。占问有利，悔恨消失。

《彖传》说：《革》卦，（离下兑上，火下泽上，泽有水，水大火小灭火，火大水小灭水，）是水火相灭（引起变革）。（离下兑上，离为中女，兑为长女。一男一女乃相感应，）二女同居，她们的意志终不相得，（发生变化，）称《革》。"巳日乃孚"，经过改革而后相信它。（离下兑上，离是文明，兑是悦，）文明而悦，大"亨"而正。改革而恰当，他的"悔"于是消失。天地变革而四季完成，商汤、周武王革命，顺乎天命而合于人心。《革》卦的应时大了啊！

《象传》说：（离下兑上，火下泽上，）泽中有火，（泽水已枯，火焚泽中草木，是大变化，）是《革》卦。君子因此修明历法，明确时令（来安排生产）。

【注】

①革：治皮去毛叫革，指变化、改革、革命。巳：同祀。孚：信。

②息：同熄，灭。

③汤武革命：商汤用武力来推翻夏桀，周武王用武力来推翻商纣王，建立新政权。

初九：巩用黄牛之革。

《象》曰："巩用黄牛"，不可以有为也。

六二：巳日乃革之，征吉，无咎。

《象》曰："巳日革之"，行有嘉也。④

九三：征凶。贞厉。革言三就有孚。⑤

《象》曰："革言三就"，又何之矣。⑥

九四：悔亡。有孚改命吉。

《象》曰："改命"之"吉"，信志也。

九五：大人虎变，未占有孚。⑦

《象》曰："大人虎变"，其文炳也。

上六：君子豹变，小人革面，⑧征凶，居贞吉。

《象》曰："君子豹变"，其文蔚也。"小人革面"，顺以从君也。

【译文】

倒数第一阳爻：捆牢固要用黄牛皮制成的带。

《象传》说："巩用黄牛皮"，(被捆的) 不能有什么作为 (不能挣脱)。

倒数第二阴爻：祭祀这天才改变他 (的看法)，出征吉，无害。

《象传》说："巳日革之"，行事有可以庆贺的。

倒数第三阳爻：出征凶。占问有危险。改革的话有了三次成就才有信用。

《象传》说："革言三就"，(除了相信以外，) 又能到哪儿去呢。

倒数第四阳爻：悔恨消失。有了信用，改变命令是吉的。

《象传》说："改命"的"吉"，相信他的用意 (好)。

倒数第五阳爻：大人变得像老虎发威，未曾占问有人相信。

《象传》说："大人虎变"，他的文采鲜明。

最上阴爻：君子变得像豹发威，小民脸色变了。出征凶，占问要居吉。

《象传》说："君子豹变"，他的文采丰富。"小人革面"，顺从着来跟着君主。

【注】

④巳日革之，行有嘉：祭祀时要向神报告改革的成功。"行有嘉"，即报告行事有可贺的。这时人民才相信他的改革。因为对神报告要说真话，取得人民的相信。

⑤革言三就有孚：改革的话经过三次成就，人民才信。李《周易集解》："崔憬曰：虽得位以正，而未可顿革，故以言就之。夫安者有其危也，故受命之君，虽诛元恶，未改其命者，以即行改命，习俗不安，故曰'征

凶'，犹以正自危，故曰'贞厉'。是以武王克纣，不即行周命，及反商政，一就也；释箕子囚，封比干墓，式（致敬）商容闾，二就也；散鹿台之财，发巨桥之粟，大赉（赐与）于四海，三就也。故曰'革言三就'。"

⑥何之：何往。

⑦大人虎变，未占有孚：李《周易集解》："马融曰：'大人虎变，虎变威德，折冲万里，望风而信。'"

⑧革面：脸色变。

【说明】

《革》卦离下兑上，火下泽上。《周易浅述》："火燃则水涸，水决则火灭。又二女同居，志不相得，有变革之义，故为《革》。""全象以改革之事，不信于初而信于后，其占可以大亨，而必利于正固，见革之不轻也。"看《革》的卦辞："巳日乃孚。"《象传》说："'巳日乃孚'，革而信之。文明以说，大亨以正，革而当。"可见在祭祀日以前，人民对于改革有怀疑。到了祭祀才相信改革。因为改革后是文明，人民喜悦，大通顺，又正确，又恰当。在祭祀时，向神报告改革的成功，所以人民才相信改革。这里说明改革的不易。再看爻辞，用黄牛皮绳来捆牢，指捆得牢固，如怕俘虏逃跑，所以要牛皮带捆，这不是指改革，这里没有变革的含义。讲"巳日乃革"，才讲改革，改革要"行有嘉"，行事有庆，即改得成功。九三"革言三就有孚"，指出改革要使人民相信，要有"三就"，"就"是顺从民心，也是成就，三次行动，都顺民心，得成功，所以民信。九四"有孚，改命吉"，取得人民的信任，改革的命令就吉了。再讲"虎变""豹变"，说明改革取得人民信任以后，才发生改革的声威，使人民顺从。对改革作了多方面的阐述，又讲到了汤武革命。

对《革》卦也有不同解释，先看卦辞："巳日乃孚。元亨，利贞，悔亡。"
（一）孙星衍《周易集解》："夫民可与习常，难与适变，可与乐成，难与虑始。故革之为道，即日不孚，巳日乃孚也。孚然后乃得元亨利贞悔亡也。巳日而不孚，革不当也。悔吝之所生，生乎变动者也。革而当，其悔乃亡也。"这里把"孚"解作"信"。在改革时，人民还不相信。到改革有了成绩，人民才信。巳日是在祭神时向神报告改革成功，所以人民才信。人民相信改革，才"元亨利贞，悔亡"。事情办得大通顺，占问有利，悔也没有了。（二）《周易通义》："到了祭祀那天才去捉俘虏来作人牲。'元亨，利贞'与'悔亡'吉凶相反，为不同时之占。"这里把"孚"作为俘虏，把"元亨，利贞"说成吉，把"悔亡"说成凶。（三）《周易大传今注》："〔经意〕孚，罚也。古人行罚在社，并祭社神。祭社之日乃行罚。〔传解〕孚，信也。卦辞言：王侯大夫能改革其过，在祭祀之日乃以忠信对鬼神，真有美言善政以吉鬼神。"这里把经意与传解分开来，认为卦辞与《彖传》的用意不同。卦辞的"孚"指罚，罚罪人。《彖传》的"孚"指信。又把"革"解释为"王公大夫能改革其过"，指改过。这里采用（一）说，不用（二）（三）说。因为《周易通义》说："革解为变、改，都是从革更义说的，从变之义及多见词标题。"那末称为《革》卦，是指变革改革说的。倘"巳日乃孚"，解作"祭祀那天才去捉俘虏来作人牲"，那同变革改革有什么关系呢？再说把"孚"作为"俘虏"，可以解释作"抓俘虏"，没有用俘虏作人牲的含意。再说"悔亡"，悔没有了，是好的，为什么凶呢？因此不取（二）说。（三）说以"孚"为罚，罚罪赏功，过去就是这样的。从罚罪里显不出改革、变革来。以"革"为王信大夫改过，跟改革变革的意义似有差距，所以不从（三）说，只有（一）说最贴近变革改革的意义，故从（一）说。

再看爻辞，也有不同解释。"初九：巩用黄牛之革。"（一）孙《周易集解》："在革之始，革道未成，固夫常中，未能应变者也。此可以守成，不可以有为也。""牛之革，坚韧不可变也。固之所用，常中坚韧，不肯变也。"（二）《周易通义》："古代战车，战马的胸带要束得牢固，必须用黄牛皮革做。本爻可与九三爻联看。""九三：'革言三就，有孚。'言：借为靳。《说文》：'靳，当膺也。'指马胸带。三就：三重，《士丧礼》：'马缨三就。'礼家说曰：'膺，当胸，以削革为之。三就，三匝三重也。'爻辞当谓原先马胸带未束紧，马跑不快，因而战败。后来找到原因，把马胸带绑了三匝，马车飞驰，打了胜仗，捉到俘虏。"（三）《周易大传今注》："以牛革之绳缚俘虏或犯人，则其人不可以有所作为，不能反抗，亦不能逃脱也。"这里还是用（一）说。因为（二）说可疑。照（二）说，"马胸带绑了三匝，马车飞驰，打了胜仗"，那末九三应作"征吉，贞亨"才合，怎么作"征凶，贞厉"呢？倘说原先马胸带没有绑紧，所以"征凶，贞厉"，那末马胸带没有绑紧，是"初九"的事，"征凶，贞厉"应该写在"初九"才合，可是"初九"里没有。倘说"初九"没有打仗，所以没有，那末"六二"打了仗，马胸带还没有绕三匝，应该写在"六二"才合。可是"六二""征吉"，打了胜仗，"六二"的打胜仗，马胸带还未束紧，可见打胜仗不一定与马胸带有关。那么"九三"的"征凶，贞厉"还无法解释，说明（二）说可疑。（三）说可通，但跟改革、变革缺少联系。只有（一）说跟"初九"联系来谈改革，似可信。

再看"九三"的"革言三就有孚"：（一）前已引孙星衍注，即改革的话要经过三次成就，才能使人信从。（二）《周易通义》，见上一节引以"言"为"靳"，"革言"为马胸带，"三就"为绕三匝，"有孚"为抓住俘虏。（三）

《周易大传今注》："革言，有罪更改供辞。就，借为鞫，审问也。孚，罚也。有罪者更改供辞，三次审问，而后行罚。"这里还是采用（一）说，因改革取得三次成就，所以得到人民信任，比较可信。（二）说可疑，已见上。再说（一）的解释："故受命之君，虽诛元恶，未改其命者，以即行改命，习俗不安，故曰'征凶'；犹以正自危，故曰'贞厉'。"结合改革，联系"征凶，贞吉"来作解，比较可信，故不取（二）说。再看（三）说："三次审问，而后行罚。"是说已经审清了案情，处罚自然得当，为什么是"征凶，贞厉"呢？上下文不相应，所以也不取。

结合改革来看，这《革》卦的《象传》，在改革上提出一个重要的理论问题，即"文明以说（悦）"，"顺乎天而应乎人"。改革要促进文明，使人民喜悦。改革要"顺乎天而应乎人"，即顺乎自然规律，按照自然规律来改革，不能违反自然规律，违反了就要失败。要合乎民心，使人民得益，才能使人民乐于改革，使改革得到成功。

鼎（卦五十）

☲（巽下离上）

《鼎》：元吉，亨。

《彖》曰：《鼎》象也以木巽火，亨饪也。[①]圣人亨以享上帝，[②]而大亨以养圣贤。巽而耳目聪明，柔进而上行，得中而应乎刚，是以"元亨"。[③]

《象》曰：木上有火，《鼎》。君子以正位凝命。[④]

【译文】

《鼎》卦：大吉，通顺。

《彖传》说：(《鼎》卦巽下离上，木下火上，)《鼎》的卦象是用木入火，烹煮食物。圣人烹煮食物来祭祀上帝，大加烹煮食物来养圣贤。(巽下离上，谦下明上，)是谦逊而耳目聪明，(《鼎》的初六上升到六五，而爻都是阴爻，是柔，)是柔进而上升。(《鼎》的九二是阳爻，是刚，居下卦之中；六五是阴，居上卦之中，刚柔相应，)是柔得中而与刚相应，因此大通顺。

《象传》说：(巽下离上，木下火上，)木上有火，是《鼎》卦。君子因此端正位子，完成上级命令。

【注】

①鼎：古代烹煮食物的器具。巽：犹入。亨：同烹。饪：煮熟。

②享：祭祀。

③是以：以是，因此。亨：通顺。

④凝命：定命，完成命令。

初六：鼎颠趾，利出否。得妾以其子，⑤无咎。

《象》曰："鼎颠趾"，未悖也。"利出否"，以从贵也。

九二：鼎有实，我仇有疾，不我能即，⑥吉。

《象》曰："鼎有实"，慎所之也。⑦"我仇有疾"，终无尤也。

九三：鼎耳革，其行塞，雉膏不食，方雨，亏，悔，终吉。⑧

《象》曰："鼎耳革"，失其义也。

九四：鼎折足，覆公𫗧，其形渥，凶。⑨

《象》曰："覆公𫗧"，信如何也。⑩

六五：鼎黄耳金铉，⑪利贞。

《象》曰："鼎黄耳"，中以为实也。

上九：鼎玉铉，⑫大吉，无不利。

《象》曰："玉铉"在"上"，刚柔节也。

【译文】

倒数第一阴爻：鼎的脚颠倒在上，利于倒出鼎中坏物。得到妾（用作正妻），因她的儿子，无害。

《象传》说："鼎颠趾"，没有悖谬。"利出否"，因为母从子贵而得为正妻。

倒数第二阳爻：鼎里有食物，我的配偶有病，不能就我同吃，（但病会痊愈，）吉。

《象传》说："鼎有实"，谨慎它的去处。"我仇有疾"，终于没有灾害。

倒数第三阳爻：鼎耳坏了，它搬动不了，鼎里的野鸡肉没有吃，天正下雨，（落入鼎里，）美味亏损，可悔恨，（可以改煮，）终于吉。

《象传》说："鼎耳革"，不宜挪动。

倒数第四阳爻：鼎的脚折断了，翻倒了公的美味，他在屋内受刑，凶。

《象传》说："覆公悚"，确是怎样（真无可如何）。

倒数第五阴爻：鼎铜耳、铜的横杠，占问有利。

《象传》说："鼎铜耳"，（以六五的）正中来成为富的。

最上的阳爻：鼎用镶玉的杠，大吉，没有不利。

《象传》说："玉铉"在上位，（上九阳爻在上，六五阴爻在下，上下配合，）刚柔调节好。

【注】

⑤鼎颠趾，利出否：孙《周易集解》："鼎覆则趾倒矣。""否：谓不善之物也。取妾以为室主（正妻），亦颠趾之义也。处鼎之初，将在纳新，施鼎以出秽，得妾以为子，故无咎也。""出否"，指倒出秽物。否音《否》卦之否。"得妾以为子"，把妾作为正妻，为了她生了儿子，立为嫡子，母以子贵，所以升为正妻。

⑥仇：配偶。即：就。

⑦慎所之：同上："有实之鼎，不可复有所取。才任已极，不可复有所加。"鼎里有了东西，不能再装东西。

⑧鼎耳革：革，变，指鼎耳不能贯杠来抬走。其行塞：鼎的抬走受到阻碍。雉膏不食：鼎中的野鸡肉没有吃。方雨亏：雨落鼎中损坏美味。终吉：再煮过还是好的。

⑨铼（sù 束）：美馔。渥（wò 握）：郑玄作"剭"，在屋内受刑。

⑩信如何：确是怎样，实无可奈何。

⑪金铉（xuàn 宣，去声）：铜的横杠，贯鼎耳来抬鼎用的。

⑫玉铉：饰玉的横杠。

【说明】

《鼎》卦巽下离上，木下火上。《周易浅述》："取义则以木从火，烹饪之义，故为《鼎》。""水火不可同处，能使相合为用而不相害，易坚为柔，变生为熟，能革物也。《鼎》所以次《革》也。"按《序卦》说："革物者莫若鼎，故受之以鼎。"韩康伯曰："《革》去故，《鼎》取新。以去故则宜制器立法，以治新也，鼎所和齐生物，成新之器也，故取象也。"《革》故《鼎》新是结合的。《鼎》的特点是水火相济来完成烹饪来达到取新的效果。《鼎》卦讲烹饪贵和，所以《彖传》称"得中而应乎刚"，"得中"即和，"应乎刚"即刚柔相应，即水火既济，才能完成烹饪，恰到好处。《象传》称"君子以正位凝命"，指从政治上做到恰到好处，持正以居其位，完成上级的命令，也需要恰到好处。

对《鼎》卦也有不同解释，先看卦辞："☲（巽下离上）《鼎》：元吉，亨。"对这个卦辞的解释：（一）孙星衍《周易集解》："何妥曰：古者铸金（铜）为此器，能调五味，变故取新，以成烹饪之用，以供宗庙，次养圣贤。天子以天下为鼎，诸侯以国为鼎，变故成新，尤须当理，故先元吉而后亨通。"这里指出，《鼎》卦的意义是"变故取新"。所以是大吉而通顺。(二)李镜池《周易通义》:"卦中因饮食器而涉及饮食和与饮食有关的事。"究竟《鼎》卦的取名有什么意义不讲。比较起来,(一)说讲了"变故取新"的意义,与爻辞合,因取(一)说。

再看爻辞:"初六:鼎颠趾,利出否。得妾以其子,无咎。"孙星衍《周易集解》:"凡阳为实而阴为虚。鼎之为物,下实而上虚(空)。而今阴在下(巽下,☴为下卦,四画,成偶数,为阴卦),则是为覆鼎也,鼎覆则趾倒矣。"又:"施鼎以出秽,得妾以为子,故无咎也。"这是说,覆鼎以出秽,把鼎内的秽物倒出。以妾为正妻,因她母以子贵。这样解,与变故成新相合。(二)李《周易通义》:"脚是走路,现在有折足之象,故占出门是否有利。事实上他后来得到了别人的妻和子作家庭奴隶。这很可能是个贵族商人,通过货币债务剥削来的。"按"鼎颠趾",指鼎的脚颠倒,没有讲人有折足之象,不合一。"利出否",利于倒出坏东西,占的是吉或凶,回答的是吉或是凶,没有回答"出门是否有利",这就不成其为回答,不合二。"得妾以其子",得妾(为妻)因她的儿子做了嫡子,解作"得到了别人的妻和子作家庭奴隶",原文是"妾",改成"妻",改成"别人的妻",加上"作家庭奴隶",原文都没有,不合三。因此这里用(一)说。

再看:"九三:其行塞。雉膏不食,方雨亏悔。终吉。"(一)高亨《周易大传今注》:"有人用鼎煮雉肉,由厨房移往餐室,鼎耳忽脱落,其行停止。雉肉尚未食,天正下雨,雨水入鼎中,美味亏毁,可谓悔矣,然雉肉可以改烹,终为吉。"(二)李《周易通义》:"鼎耳坏了。这是象占。是否意味着出门打猎将有阻碍?天正要下雨,倒霉,不能出门打猎,家里的野味不要吃光,得留着。'终吉',终于度过了雨天。吃完,天就晴了。"按"鼎耳革，其行塞"，"其行"指鼎耳的搬动，不指人的出门打猎，不合一。说"不食"，不是"没有吃光"，不合二。"方雨亏悔"是承"雉膏"说的，不指下雨不能出外打猎，不合三。"终吉"，也指"雉膏"说，不指天晴可以出去打猎，不合四。因此用（一）说。

再看："九四：鼎折足，覆公餗，其形渥，凶。"（一）《周易大传今注》："鼎足断，鼎身倒，公之餗倾覆于地，其形汪汪然。此喻人负重责而才力不胜，以致败公侯之事，是凶矣。"（二）《周易通义》："形渥：虞翻作'刑渥，大刑也'。……奴隶偶不小心，把贵族的鼎足弄折了，倒泻了鼎里的粥。结果受了大刑，死去活来。"（三）孙《周易集解》："郑康成曰：餗，美馔。鼎三足，三公象。若三公倾覆王之美道，屋中形（刑）之。"按（二）（三）两说俱可通，但鼎三足喻三公像似更合，故用（三）说。

震（卦五十一）

䷲（震下震上）

《震》：亨。①震来虩虩，笑言哑哑，震惊百里，不丧匕鬯。②

《彖》曰：《震》，"亨"。"震来虩虩"，恐致福也。③"笑言哑哑"，后有则也。④"震惊百里"，惊远而惧迩也。"不丧匕鬯"，出可以守宗庙社稷，以为祭主也。⑤

《象》曰：洊雷，⑥《震》。君子以恐惧修省。

【译文】

《震》卦：通顺。霹雳打下来，有哆嗦的，有哈哈地笑着说话的；震惊百里的大霹雳打下来，有手里勺子里的酒不洒出一点的。

《彖传》说：《震》卦，"亨"。"震来虩虩"，恐惧谨慎会招致幸福。"笑言哑哑"，后来行动有法则。"震惊百里"，使远近地方都惊惧。"不丧匕鬯"（一点不害怕而镇定），出去可以（做诸侯）守护宗庙国家，作为祭祀宗庙社稷的祭主。

《象传》说：重复地打霹雳，是《震》卦。君子因此恐惧修德反省。

【注】

①《震》：亨：震是打雷。春天打雷，冬天蛰伏的万物都苏醒了，所以占问是通顺。亨，通顺。

②震来虩虩（xì 隙）：霹雳打下来哆嗦，状害怕的样子，这是一种。笑言哑哑：哈哈地笑着说话，不怕打雷，这是又一种。不丧匕鬯（bǐ chàng 比唱）：没有失去勺子里的一滴酒，不怕打大雷，非常镇定，不动声色，这是又一种。匕，勺。鬯，用黑黍与香草酿成的香酒。

③恐致福：听见打雷恐惧，就小心谨慎，不敢胡来，会招致幸福。

④后有则：不怕打雷，不慌乱，所以打雷后的行动有法则。

⑤不丧匕鬯：高亨《周易大传今注》："今本无，郭、京本有，王弼注、虞翻注亦有，当补。"出可以守宗庙社稷，以为祭主：出去做诸侯，有祖庙，有祭土地神的坛为社，有祭五谷神的坛为稷。守宗庙社稷指保卫国家。祭主：古代国家以祭祀为大事，由国君主持，故称祭主。

⑥洊（jiàn 件）雷：重复打雷。

初九："震来虩虩"，后"笑言哑哑"，⑦吉。

《象》曰："震来虩虩"，恐致福也。"笑言哑哑"，"后"有则也。

六二：震来厉，亿丧贝，跻于九陵，勿逐，七日得。⑧

《象》曰："震来厉"，乘刚也。⑨

六三：震苏苏，震行无眚。⑩

《象》曰："震苏苏"，位不当也。

九四：震遂泥。⑪

《象》曰："震遂泥"，未光也。⑫

六五：震往来，厉。意无丧有事。⑬

《象》曰："震往来厉"，危行也。其事在中，⑭大"无丧"也。

上六：震索索，视矍矍，⑮征凶。震不于其躬于其邻，无咎。婚媾有言。⑯

《象》曰："震索索"，中未得也。虽"凶""无咎"，畏邻戒也。

【译文】

倒数第一阳爻："震来虩虩"，后来"笑言哑哑"，吉。

《象传》说："震来虩虩"，恐惧可以招致幸福。"笑言哑哑"，后来行动有法则。

倒数第二阴爻：霹雳打下来有危险，只丢了钱币，正登上九重山。（占问说，）不用追寻，到第七天可以得到。

《象传》说："震来厉"，（人冒着雷雨登山，）是柔想驾临于刚上。

倒数第三阴爻：霹雳打下来，吓得苏软，霹雳打下来没有害。

《象传》说："震苏苏"，所处的地位不恰当（故恐惧）。

倒数第四阳爻：霹雳掉在泥里。

《象传》说："震遂泥"，未有光亮。

倒数第五阴爻：霹雳一去一来，危险。只有雷而无伤害。

《象传》说："震往来厉"，在危险中行动。他的行事在于中正，大"无丧"。

最上阴爻：霹雳下来脚发抖，目光不定。出外凶。霹雳不打在他的身上，打在邻家，无害。亲戚有谴责。

《象传》说："震索索"，没有得到正道。虽"凶""无咎"，怕邻居有所戒备。

【注】

⑦此指先害怕，后来笑着说话，从怕到不怕。

⑧厉：危险。亿：犹惟。贝：钱币。跻：登。九陵：九层山。逐：追寻。

⑨乘刚：六二是柔，在初九的阳爻的刚之上。

⑩苏苏：孙《周易集解》："郑康成曰：'苏苏，不安也。'"眚：灾祸。

⑪遂：同坠，掉下。

⑫未光：雷电落在泥里，未有光亮。

⑬意：唯。丧：损害。有：犹于。

⑭中：六五居上卦之中，故称"中"，指中正。

⑮孙《周易集解》："郑康成曰：'索索，足不正也。矍矍，目不正。'"

⑯婚媾：指亲戚。言：谴责。

【说明】

《震》卦☳，《周易浅述》："一阳动于二阴之下，动而震惊，故为《震》。""全彖以《震》有可亨之道。盖人能戒惧，则虽震动不失其常，不丧其所主之重也。"从卦辞看，对待打雷，有三种态度：一是惊恐，一是照样谈笑，不以为意，一是非常镇定。爻辞好像还有一种态度，即先惊恐，后照样谈笑。从《象传》看，认为听打雷而惊恐的人，会行动谨慎，可以得福。非常镇静的人，可以封他一个侯国，比较推重。从《象传》看，它又重在"君子以恐惧修省"，还是注意惊恐的。《论语·乡党》说孔子"迅雷风烈必变"，听见疾雷会变色，可见听见打雷而惊恐，注意修省，是儒家思想。爻辞讲"震苏苏"，"震索索"，也都是讲惊恐的。

艮（卦五十二）

䷳（艮下艮上）

〔《艮》〕：艮其背，不获其身，^①行其庭，不见其人，无咎。

《彖》曰：《艮》，止也。^②时止则止，时行则行，动静不失其时，其道光明。^③艮其止，止其所也。^④上下敌应，不相与也。^⑤是以不获其身，行其庭，不见其人，无咎也。^⑥

《象》曰：兼山，《艮》。君子以思不出其位。

【译文】

《艮》卦：注意他的背，不保护他的身体，走到他的院子里，不看见他的人，无害。

《彖传》说：《艮》卦，静止。有时要静止就静止，有时要行动就行动，行动或静止不失去它的时机，它的道光明。"艮其（止）背"，止于他的处所。（《艮》卦的三双同位爻，下卦的初六与上卦的六四皆为阴爻，为柔，下卦之六二与上卦之六五皆为阴爻，为柔，下卦之九三与上卦之上六皆为阳爻，为刚，）是为相应的上下爻刚柔相敌对，不是一刚一柔的相助。因此"不获其身，行其庭，不见其人，无咎"。

《象传》说：(艮下艮上，山下山上，) 两重山，是《艮》卦。(山是止，止而又止，) 君子因此考虑的不要超出他的职位。

【注】

①《艮》：卦名，承下句"艮"字省，今补。艮 (gèn 根，去声)：注意。获：借作护。

②艮，止也：以艮为止，即注意力停止在一处，不注意全体，所以不护其身。

③其道光明：注意力有时要注意一处，有时要注意全体，这样的道才光明。

④艮其止：高亨《周易大传今注》："朱熹说、俞樾说、朱骏声说：'艮其止'当作'艮其背'。盖'背'古字作'北'，(汉帛书《周易》卦辞'背'作'北')，因形近误为'止'。"止其背：注意力止于背部。

⑤与：助。

⑥行其庭，不见其人，无咎：上下相敌而不相助，缺乏整体观念，没有用，好比一座大宅院没人住，没有用，但还无害。

初六：艮其趾，无咎。利永贞。⑦
《象》曰："艮其趾"，未失正也。
六二：艮其腓，不拯其随，其心不快。⑧
《象》曰："不拯其随"，未退听也。⑨
九三：艮其限，列其夤，厉，熏心。⑩
《象》曰："艮其限"，危"熏心"也。

六四：艮其身，无咎。

《象》曰："艮其身"，止诸躬也。

六五：艮其辅，[11]言有序，悔亡。

《象》曰："艮其辅"，以中正也。

上九：敦艮，吉。[12]

《象》曰："敦艮"之"吉"，以厚终也。

【译文】

倒数第一阴爻：注意他的脚趾，无害。占问长期的事有利。

《象传》说："艮其趾"，没有失去他的正确。

倒数第二阴爻：注意他的腿肚子，不长肉，他的心里不舒服。

《象传》说："不拯其随"，没有违反听从。

倒数第三阳爻：注意他的腰，对他的背分散注意，危险，焦心。

《象传》说："艮其限"，危险"熏心"。

倒数第四阴爻：注意他的身体，无害。

《象传》说："艮其身"，注意力停止在他的身上。

倒数第五阴爻：注意他的面颊，说话有次序，悔恨可以消失。

《象传》说："艮其辅"，用正确做准则。

最上阳爻：多方面注意，吉。

《象传》说："敦艮"的"吉"，用厚道做归宿。

【注】

⑦艮其趾，无咎。利永贞：注意脚趾，是注意保护脚趾，有防微杜渐的意思，所以是有利的。

⑧腓：腿肚子。拯：借为增，增长。随：借为陑，垂肉。其心不快：

腿肚子不长肉，是消瘦，故心不舒服。

⑨未退听：李《周易集解》作"未违听"，是。医生认为腿肚子不长肉是消瘦，他听了，所以心里不舒服。

⑩限：腰也，见《释文》引马融、荀爽、郑玄注。夤（yín 寅）：马融解为"夹脊肉也"，即背部肉。孙《周易集解》："艮之为义，各止于其所，上下不相与，到中则列（分）矣。列加其夤，危莫甚焉，危亡之忧，乃熏灼其心也。"这是说，注意力只停止在腰部，上面下面都不关，到背部注意力就分散了，这是危险而焦心。列：分裂，指分散。

⑪辅：面颊。

⑫敦艮：《周易大传今注》："敦，犹多也。'敦艮'者，谓上多所顾及，不致顾此失彼，顾前忘后，可无败事，是吉也。"

【说明】

《艮》卦艮下艮上，山下山上，山是止，即止而又止。艮又是注视，艮上艮下，即加强注意。先看卦辞，《周易集解》：这是说注意背部而不保护全身，即只知局部而不顾整体，是没有用的。"行其庭不见其人"，这是譬喻语，说好比一座大宅院没有人居住一样，等于废物，反映了医学上的整体观念。这是一方面。艮又有止义，止与注意又可结合。《象传》说"时止则止，时行则行"，有时止，有时行，就医学上说，病在局部注意力就止于局部，病与其他部分有关，就不能止于局部。《象传》说："君子以思不出其位。"这就是注意力止于其位。《论语·泰伯》："不在其位，不谋其政。"这里的"思不出其位"，也是宣扬儒家思想。再看爻辞，有注意局部，认为是好的，如"初六：艮其趾"。认为可以防微杜渐，所以是好的。有注意局部，认为是不好的，如"六三：艮其限，列其夤，厉"。

只注意腰部，分散他对背部的注意，造成危险。爻辞讲的注意不限于身体的，如"六五：艮其辅，言有序"，转向言论的有序，转到语言思想方面了。说明《艮》卦讲的范围是比较广的。

渐（卦五十三）

䷴（艮下巽上）

《渐》：女归吉。^①利贞。

《彖》曰：《渐》之进也。^②"女归吉"也，进得位，往有功也。进以正，可以正邦也。^③其位刚得中也。止而巽，动不穷也。

《象》曰：山上有木，《渐》。君子以居贤德善俗。^④

【译文】

《渐》卦：女子出嫁吉。占问有利。

《彖传》说：《渐》卦，是前进。"女归吉"，女进到夫家，得居主妇的位子，前去有功。正确前进，可以端正邦国。（《渐》的九五为阳爻，为刚，居上卦的中位，）它的位子刚而得中。（艮下巽上，艮是止，巽是谦，）止而谦，这样行动是不会碰壁的。

《象传》说：（艮下巽上，山下木上，）山上有木，（逐渐成长，）是《渐》卦。君子因此培养贤德，美化风俗。

【注】

①归：嫁。

②《渐》之进也：朱熹《周易本义》"'之'字疑衍"，是。这是说，《渐卦》的渐，是进的意义。

③进以正，可以正邦：这是《大学》"家齐而后国治"的意思。这里也在宣扬儒家思想。

④居：积，指修养。善：美化。

初六：鸿渐于干。⑤小子厉，有言无咎。⑥

《象》曰："小子"之"厉"，义"无咎"也。⑦

六二：鸿渐于磐，饮食衎衎，⑧吉。

《象》曰："饮食衎衎"，不素饱也。⑨

九三：鸿渐于陆，⑩夫征不复，妇孕不育，凶。利御寇。⑪

《象》曰："夫征不复"，离群丑也。⑫"妇孕不育"，失其道也。⑬"利用御寇"，顺相保也。

六四：鸿渐于木，或得其桷，⑭无咎。

《象》曰："或得其桷"，顺以巽也。⑮

九五：鸿渐于陵，妇三岁不孕，终莫之胜，⑯吉。

《象》曰："终莫之胜吉"，得所愿也。

上九：鸿渐于阿，其羽可用为仪，吉。⑰

《象》曰："其羽可用为仪吉"，不可乱也。

【译文】

倒数第一阴爻：大雁前进到溪水。小孩（到溪水）有危险，（家长）加以诃止，无害。

《象传》说："小子"的"厉"，（经过家长诃止，）应该是"无咎"的。

倒数第二阴爻：大雁渐进到水边石上，饮水吃鱼而欢乐，吉。

《象传》说："饮食衎衎"，（是靠己力得饱，）不是受供养的。

倒数第三阳爻：大雁前进到陆地，丈夫出征不回来，妇人有孕流产，凶。抵御敌人有利。

《象传》说："夫征不复"，离开成群的同侣。"妇孕不育"，失去保胎的方法。"利用御寇"，人们和顺地互相保卫。

倒数第四阴爻：大雁前进到树上，有的停在（人家砍倒的）橡木上，无害。

《象传》说："或得其桷"，顺适而得木。

倒数第五阳爻：大雁前进到山岭，妇三年不孕，到底没有人欺侮她，吉。

《象传》说："终莫之胜吉"，得到她不受欺的愿望。

最上阳爻：大雁飞上大山，它的羽毛可作为文舞的道具，吉。

《象传》说："其羽可用为仪吉"，不可乱加处置的。

【注】

⑤鸿渐于干：李《周易集解》："虞翻曰：'鸿，大雁也。''渐，进也。小水从山流下称干。'"

⑥言：谴责。

⑦义：宜。

⑧磬：《汉书·郊祀志》载武帝诏曰："鸿渐于般。"孟康注："般，水涯堆也。"指水边石堆，故可在那里饮水捕鱼。衎衎（kàn看）：喜乐貌。

⑨素饱：犹素餐，即不劳而受人供养。

⑩陆：陆地。

⑪夫征不复，妇孕不育，凶。利御寇：《周易通义》："丈夫出征没有回来，妇人怀孕而流产。凶险。这都是由于有敌人侵略，破坏了家庭的和平生活。所以随之提出'利御寇'，主张保家卫国，保卫和平。"

⑫丑：伴侣。

⑬失其道：失去她保胎的方法。

⑭或得其桷（jué 觉）：桷，方的椽子。工人伐木，把作为方的椽子的木料放在地上。大雁足有蹼，与鹅鸭同，不适宜栖息树上，所以栖息在地上的木料上。

⑮顺以巽：顺适于木料，巽指木。

⑯陵：山岭。妇三岁不孕，终莫之胜：《周易通义》："胜，虞翻注：'陵也。'陵，欺陵。古代社会妇女不孕是会被休弃的。这个妇女却没有被遗弃，是很难得的。"

⑰鸿渐于阿：同上："阿，原讹为'陆'，因'陆'不但与九三爻犯复，且不协韵。故江永、王引之、俞越均说是'阿'之讹。阿、仪古为韵。《说文》：'阿，大陵也。'"其羽可用为仪：它的羽毛可作文舞的道具。

【说明】

《渐》卦艮下巽上，山下木上，止下逊上。《周易浅述》："上顺下止而不遽进。以象言之，则山上有木，其高以渐，故曰《渐》。""全象以艮男下于巽女，有女归之象。然必正而有渐，乃吉，而为士进身之道，亦即此可推矣。六爻取象于鸿，皆自下而上，皆以论士进之义。"这里解释卦辞，以艮下巽上，为男下于女，指男往女家迎娶，为女嫁的正礼。又结合《彖传》："渐，进也。"用士子进身来作解，符合"进得位，往有功也。进以正，可以正邦也"。这两句既可以指女出嫁进得主妇之位，治家有功，符合《大学》"家齐而后国治"，又可兼指士子进身为官，治事有功，进以正，可以正邦国。《象传》"君子以居贤德善俗"，那就是指士子"进得位，往有功"和"可以正邦"了。再看爻辞，从"鸿渐于干"到磐，到陆，到木，到陵，到阿，确是"皆自下而上"，直到"其羽可用为仪"，作为朝廷文舞的道具，确有"皆以论士进之义"。不过卦辞称"女归吉"，则不光指士进，也指女嫁成家，指家庭。所以初六提到"小子厉，有言无咎"。小子指孩子，有言指父母责言，已指家庭。九二的《象传》称"不素饱"，犹"不素餐"，已含有这家人靠劳动为生的意思。九三的"夫征不复，妇孕不育"，更指家庭受战事之害。九五"妇三岁不孕，终莫之胜"，指这家夫妇的和睦。这样，《渐》卦既指进以正，又结合家庭的各方面生活和士子进身的含意。

归妹（卦五十四）

䷵（兑下震上）

《归妹》：征凶，①无攸利。

《彖》曰：《归妹》，天地之大义也。天地不交而万物不兴。②《归妹》，人之终始也。说以动，所以归妹也。③“征凶”，位不当也。“无攸利”，柔乘刚也。④

《象》曰：泽上有雷，《归妹》。君子以永终知敝。⑤

【译文】

《归妹》卦：出征凶，无所利。

《彖传》说：《归妹》卦，是天地的重大意义。天地的阴阳两气不相接触，万物就不能生长。《归妹》卦，人类的始终（人类靠它来繁衍）。（兑下震上，悦下动上，）悦而动，所以嫁少女。“征凶”，（《归妹》中的四爻，九二以阳爻居阴位，六三以阴爻居阳位，九四以阳爻居阴位，六五以阴爻居阳爻），位子不恰当。“无攸利”，（《归妹》的下卦以一阴爻〔六三〕在两阳爻〔九二、初九〕之上，上卦以两阴爻〔上六、六五〕在一阳爻〔九四〕之上，）都是柔在刚上。

《象传》说：（兑下震上，泽下雷上，）泽上有雷，是《归妹》卦。君子因此（要考虑夫妇的）永远有好结果，知道（它的）流弊。

【注】

①归妹：嫁少女。征凶：《彖传》解释为"位不当"，见下。

②兴：生长。

③说以动：指男女相悦而后行动，即相爱而后结婚。所以归妹：原作"所归妹"，《释文》："本或作'所以归妹'。"因补"以"字。

④位不当：本国与所要征伐的国地位不相当，进攻必败。柔乘刚：我弱敌强，不能出征。

⑤敝：弊病。

初九：归妹以娣。跛能履，⑥征吉。

《象》曰："归妹以娣"，以恒也。"跛能履吉"，相承也。⑦

九二：眇能视，利幽人之贞。⑧

《象》曰："利幽人之贞"，未变常也。

六三：归妹以须，反归以娣。⑨

《象》曰："归妹以须"，未当也。

九四：归妹愆期，迟归有时。⑩

《象》曰："愆期"之志，有待而行也。⑪

六五：帝乙归妹，其君之袂不如其娣之袂良。⑫月几望，吉。⑬

《象》曰："帝乙归妹"，"不如其娣之袂良"也。其位在中，以贵行也。⑭

上六：女承筐无实，士刲羊无血，⑮无攸利。

《象》曰："上六""无实"，"承"虚"筐"也。

【译文】

倒数第一阳爻：嫁少女及女娣。跛子能够走路，出行吉。

《象传》说："归妹以娣"，用常规办事。"跛能履吉"，有人相帮。

倒数第二阳爻：眼睛不好能看，占问被幽禁的人有利。

《象传》说："利幽人之贞"，没有改变常态。

倒数第三阴爻：嫁少女及女媭，夫家把妹逐归父母家。

《象传》说："归妹以须"，不恰当。

倒数第四阳爻：嫁少女误了婚期，迟嫁是有所等待。

《象传》说："愆期"的用意，有所等待再出嫁。

倒数第五阴爻：帝乙嫁少女为后，后的衣袖不及她妹的衣袖美。结婚在月半后，吉。

《象传》说："帝乙归妹"（为后），"（后的衣袖）不如其娣之袂良"。后的位在中宫，因为贵来嫁的。

最上阴爻：女捧筐，筐中无物；男刺羊不出血，（是空刺，）无所利。

《象传》说："上六""无实"，捧着空筐。

【注】

⑥归妹以娣：先秦时代贵族嫁女，多用女的妹子陪嫁。跛能履。见《履》卦注。

⑦恒：常规，当时的规矩这样。相承：相助。

⑧眇能视：见《履》卦注。幽人：被幽禁的人，当时贵族妇女被关

在宫里不能出来，故称"幽人"。

⑨归妹以须，反归以娣：当时嫁女，以女妹陪嫁，故以女姊陪嫁为反常。以女姊陪嫁，夫家以女姊为正妻，把妹逐归父母家。须，同婆，姊。

⑩愆：误。时：待。

⑪行：指嫁。

⑫帝乙归妹：殷帝名乙，纣之父，嫁少女于周文王。君，周文王之后。娣，帝乙少女之妹。

⑬月几望：月既望，过了月半，指婚期。

⑭其位在中，以贵行：帝乙少女比她的妹贵，所以在中称后。

⑮刲（kuī亏）：刺。孙《周易集解》："刲羊而无血，不应所命也。"上命士刺羊取血来祭，士不应命，空刺，所以无血。

【说明】

《归妹》卦兑下震上，泽下雷上。《周易浅述》："雷震而泽动，有相从之象。女之长者曰姊，少者曰妹。兑以少女从震之长男，亦为女归之象，故曰《归妹》。"《归妹》是讲婚姻的卦，《象传》里提出"说以动"，即男女相悦才结婚，在当时即有此种想法是比较难得的。《象传》提到"君子以永终知敝"，论婚姻要考虑到白头偕老的永终，要考虑到婚姻中的各种流弊，这也是难得的。再看爻辞，显出先秦时代婚姻的种种情况，有"归妹以娣"的姊妹同嫁一夫的风俗，有妇人被关在宫内的"幽人之贞"，有"帝乙归妹"的大事，从爻中可以看到当时婚姻的各种情况。在卦辞里又提出"征凶"，这又跟爻位的不当相联系，说明"柔乘刚"的不宜出征，这也说明家与国的关系，国不安定会影响家庭的幸福。

丰（卦五十五）

䷶（离下震上）

《丰》：亨，王假之。^①勿忧，宜日中。

《彖》曰：《丰》，大也。明以动，故《丰》。"王假之"，尚大也。^②"勿忧宜日中"，宜照天下也。日中则昃，月盈则食，天地盈虚，与时消息，^③而况于人乎，况于鬼神乎？

《象》曰：雷电皆至，《丰》。君子以折狱致刑。

【译文】

《丰》卦：祭祀，王到庙。勿忧，应该在太阳正中祭。

《彖传》说：《丰》卦，是大。（离下震上，火下雷上，明下动上，）明而动，所以《丰》。"王假之"，崇尚大事。"勿忧宜日中"，应该照耀天下。太阳正中就要偏斜，月亮圆满就要亏缺，天地间的日月还有这样的满和缺，跟着时间消长，何况人事呢？何况鬼神的受祭祀呢？

《象传》说：（离下震上，电下雷上，）雷电都来了，是《丰》卦。君子因此判断狱讼，施行刑罚。（电指明断，雷指刑罚。）

【注】

①丰：大。亨：同享，祭祀。王假之：即《萃》卦的"王假有庙"，王到祖庙。

②尚大：崇尚大事。当时以祭祀和战争为大事。

③昃：太阳偏斜。食：月亏缺。消息：消长。

初九：遇其配主，虽旬无咎，往有尚。④

《象》曰："虽旬无咎"，过旬灾也。

六二：丰其蔀，日中见斗。⑤往得疑疾，有孚发若，吉。⑥

《象》曰："有孚发若"，信以发志也。

九三：丰其沛，日中见沬，⑦折其右肱，无咎。

《象》曰："丰其沛"，不可大事也。"折其右肱"，终不可用也。

九四：丰其蔀，日中见斗，遇其夷主，⑧吉。

《象》曰："丰其蔀"，位不当也。⑨"日中见斗"，幽不明也。"遇其夷主"，"吉"行也。

六五：来章有庆誉，⑩吉。

《象》曰："六五"之"吉"，有庆也。

上六：丰其屋，蔀其家，窥其户，阒其无人，⑪三岁不觌，凶。

《象》曰："丰其屋"，天际翔也。"窥其户，阒其无人"，自藏也。

【译文】

倒数第一阳爻：碰到女主人，只十天内无害，去有赏。

《象传》说："虽旬无咎"，过十天有灾。

倒数第二阴爻：扩大蔽日的黑云，一片黑暗，日正中时看见北斗星，前去得到多疑病，有诚信来启发着，吉。

《象传》说："有孚发若"，靠诚信来启发意志。

倒数第三阳爻：扩大遮阳的黑云，昏暗不明，日中看见小星。折断他的右臂，（可以治愈，）无害。

《象传》说："丰其沛"，不可做大事。"折其右肱"，终究不可用。

倒数第四阳爻：扩大蔽日的黑云，日中看见北斗星。碰见平常去寄宿处的主人，吉。

《象传》说："丰其蔀"，地位不恰当。"日中见斗"，幽暗不明。"遇其夷主"，出行吉。

倒数第五阴爻：取得文采，有庆贺赞誉，吉。

《象传》说："六五"之"吉"，"有庆"。

最上阴爻：扩大他的屋，遮蔽他的家，窥看他的门户，静寂地没有人，三年没有看见人，凶。

《象传》说："丰其屋"，（贵族得意，）像鸟在天空飞翔。"窥其户，阒其无人"，自己藏起来了。

【注】

④配主：女主人。虽：汉帛书《周易》作"唯"。旬：十天，在十天内无害，过十天有灾，当是一种禁忌。尚：赏。

⑤蔀（bù 部）：李《周易集解》："虞翻曰：'日蔽云中称蔀。'""斗，

七星也。"按"日中见斗"，非实象，当是假象，比喻在极光明之时，其人心地极为阴暗，见《前言》的《周易今译》。

⑥疑疾：多疑的病。孚：诚信。发若：启发着。孙《周易集解》："有孚可以发其志，不困于暗，故获吉也。"

⑦沛：李《周易集解》："虞翻曰：日在云下称沛。沛，不明也。沬，小星也。"按日在云下，不是不明，下当作上。

⑧夷主：经常接待的房东。

⑨位不当：《丰》卦九四为阳爻，在阴爻下，比"丰其蔀"。

⑩来章：得来文采，像辞令上的文采、行动上的风采都是。

⑪阒（qù去）：寂静。

【说明】

《丰》卦离下震上，火下震上，明下动上。《周易浅述》："以明而动，动而能明，皆有丰大之意，故为《丰》。""全象当丰盛之时，宜守中不使至于过盛。盖丰则多故，故有戒辞也。"看卦辞，讲王到祖庙祭祀，当时以祭祀为国之大事，正说明"丰，大也"。又说"宜日中"，《彖传》说"宜照天下"，日中宜照天下，正说明是太阳盛大之时。但接着说"日中则昃"，日光过中则倾斜，正说明盈虚消长的客观规律，所以盛大时要有所戒。所以爻辞的"丰其蔀"，"丰其沛"，这种丰反而造成黑暗，要人戒备。这种黑暗会使人得疑疾，会使人跌倒，折右臂，只有保持诚信，才可以转化为吉，为无咎。再像"丰其屋"，如贵族得意时，像在天际飞翔，但转而逃亡，这更说明盈虚消长的道理了。《象传》又从雷电的以雷比刑罚，以电比明照，提出"折狱致刑"，是又一种意义。

在《丰》卦里也有不同解释。如对卦名《丰》，上面指出在丰盛时要有戒备，是一种解释。再看李镜池《周易通义》："这是讲行旅、商旅的专卦"，认为是反映商人生活。反映商人生活，跟"王假之"、"日中见斗"、"日中见沫"有什么关系呢？所以这里不采取他的说法。

再看爻辞："初九：遇其配主，虽旬，无咎。"有不同解释。（一）《周易通义》："旬：借为姰，《说文》：'姰，男女并也。'指男女姘居结合。尚：助。这是说旅人到一地借住，招待他的是女主人，跟他同居成夫妇。这个女主人当是个寡妇。上古社会寡妇再婚是常事，……所以爻辞说'无咎'。'往有尚'，言行旅得到内助。"（二）孙星衍《周易集解》："郑康成曰：'初（九）修礼上朝（九）四，（九）四以匹敌，恩厚待之，虽留十日不为咎。'"这是说，《丰》卦的下卦末爻初九，与上卦末爻九四相匹敌，相待有恩礼，虽留十日无害。按《周易通义》的《蛊》卦"先甲三日，后甲三日"注："周人占时日都说七日，与殷人卜旬不同。"这里讲"旬"，当是殷人的故事。照（二）说，可留十日，是殷人的风俗，不烦改字。照（一）说要改字，这样改字，又无旁证，可疑，所以这里用（二）说。

再看"六二：丰其蔀，日中见斗。往得疑疾，有孚发若，吉"。（一）《周易通义》："蔀：用草或草织小席盖的房顶。斗：北斗星。孚：奴隶。发：借为废（残废）。大房子用草或草织小席盖房顶，白天能见到北斗星。……买到了奴隶，但却是残废的。"按不论怎样遮盖屋子，日中屋外一片光明，不能见北斗星。"日中见斗"之说，不可能是实象，当是假象，即事实上没有的。见《前言》的《周易今译》节。因用孔颖达《正义》说，"日中"比极光明之时，"见斗"比心地极为阴暗。又这里说买的奴隶残废，却称吉，也是矛盾。

又"上六：丰其屋，蔀其家，窥其户，阒其无人，三年不觌，凶"。

也有不同解释：（一）《周易通义》："一座大屋子，用草泥盖房顶。从门缝向里看，静寂无人，甚至多年不见人影。很可能商人久客不归，妻子也跑了。"（二）孙《周易集解》："既丰其屋，又蔀其家，屋厚家覆，暗之甚也。虽窥其户，阒其无人，弃其所处，而自深藏也。处于明动尚大之时，而深自幽隐，以高其行。大道既济而犹不见，隐不为贤，更为反道，凶其宜也。"这里作了合理的解释。对《丰》卦的用意，像爻辞中说的，"日中见斗"，即有阴云蔽日的象，指时代昏暗。加上"上六"处在过高的地位，又阴爻指臣，臣的地位过高则危，故与深隐相合。但经过三年，大道既济而犹深隐，所以"凶"，称"凶"也合。（一）说称商人在外不归，与《丰》卦的意义无关，故不取（一）说而用（二）说。

旅（卦五十六）

☶（艮下离上）

《旅》：小亨。①旅贞吉。

《彖》曰：《旅》"小亨"，柔得中乎外，而顺乎刚，止而丽乎明，是以"小亨旅贞吉"也。旅之时义大矣哉！

《象》曰：山上有火，《旅》。君子以明慎用刑而不留狱。

【译文】

《旅》卦：小通顺。占问旅行吉。

《彖传》说：《旅》卦"小亨"。（六五为阴爻，为柔，居外卦之中，）是柔得中于外，（上九为阳爻，为刚，六五居上九之下，）是柔顺于刚。（艮下离上，止下明上，）止而附着光明，（旅行依附于光明的主人，得小通顺，）因此"小亨旅贞吉"。《旅》卦的以时发挥它的意义大了啊！

《象传》说：（艮下离上，山下火上，）山上有火，是《旅》卦。（火指明察，）君子因此明察慎重地用刑，不拖延狱讼。

【注】

①《旅》：小亨：旅行要投靠接待他的房主人，所以仅得小通顺。

初六：旅琐琐，斯其所，^②取灾。

《象》曰："旅琐琐"，志穷"灾"也。^③

六二：旅即次，怀其资，得童仆，贞。^④

《象》曰："得童仆贞"，终无尤也。^⑤

九三：旅焚其次，丧其童仆，贞厉。

《象》曰："旅焚其次"，亦以伤矣。以旅与下，其义"丧"
也。^⑥

九四：旅于处，得其资斧，我心不快。^⑦

《象》曰："旅于处"，未得位也。"得其资斧"，"心"未"快"
也。

六五：射雉，一矢亡，终以誉命。^⑧

《象》曰："终以誉命"，上逮也。^⑨

上九：鸟焚其巢，旅人先笑后号咷。丧牛于易，凶。^⑩

《象》曰：以"旅"在"上"，其义"焚"也。"丧牛于易"，
终莫之闻也。^⑪

【译文】

倒数第一阴爻：旅客三心两意，离开他的寓所，因而得祸。

《象传》说："旅琐琐"，不得意而离开寓所，造成"灾"。

倒数第二阴爻：旅客到了住处，携带钱币，买得一男奴隶，占问吉。

《象传》说："得童仆贞"，终究没有害处。

倒数第三阳爻：旅客住的住处被火烧了，失掉了他的男奴隶，占问
有危险。

《象传》说："旅焚其次"，也已经受害了。以旅客与手下的男奴隶

住在一起，他的失去男奴隶是应该的。

倒数第四阳爻：旅客在住处，找到了他的钱币，心里不快活。

《象传》说："旅于处"，（九四为阳爻，居倒数第四为阴位，）没有得到适当的位子。"得其资斧"，"心"里没有快活。

倒数第五阴爻：旅客射野鸡，一箭射中，野鸡带箭飞走，终究得到善射的美名。

《象传》说："终以誉命"，上面给的。

最上阳爻：(旅客住处被烧，象）鸟被烧了它的巢，旅客先笑后嚎哭。在狄人那里失去了牛，凶。

《象传》说：因为旅客在上位，(上九的爻在上位，)他的住处应该被焚。"丧牛于易"，终究没有人来慰问。

【注】

②琐琐：《周易通义》："琐琐，是惢惢的假借，三心两意，疑虑不一。《说文》：'惢，心疑也，从三心。'……读若《易》'旅琐琐'。""斯：《尔雅》以斯为离。""取灾：得祸。"

③志穷：不得意。

④即次：就客舍。资：钱币。童仆：男奴隶。贞：贞后当脱"吉"字。

⑤尤：过错，指害。

⑥伤：受损失。与：二人共处。下：指童仆。义：宜。

⑦资斧：钱币，仿斧形制的铜币。不快：失掉了童仆的缘故。

⑧亡：失去。誉命：美名。

⑨逮：及，指给。

⑩丧牛于易：指周大王时，狄人来侵，夺取了周人的牛羊。易，通

狄，北方少数民族名。

⑪莫之闻：莫闻之。王念孙《经传释词》说："闻读为问，相恤问也。"

【说明】

《旅》卦艮下离上，山下火上。《周易浅述》："山止于下，火炎于上，去其所止而不处，为旅之象。""全象以处旅本无大通，虽亨亦小。然道无不在，不可以暂时而苟且，故必守正乃吉也。"这里结合卦辞讲，认为旅客在外，只能得小通顺而本无大通顺。就《彖传》看，要得小通顺，要"柔得中乎外，而顺乎刚"，即柔顺而正确。《象传》把《旅》卦的意义扩大，不限于指旅客，扩大到"明慎用刑而不留狱"了。再看爻辞，初六的三心两意，不正确，所以得祸。六二即得"小亨"。九三"旅焚其次，丧其童仆"，遭到损失。六五得射雉的美名，也是小亨。上九处上而刚，不是处柔而顺，所以是凶了。这是《旅》卦的含意。

《旅》卦里的"丧牛于易"，有二说：（一）《周易大传今注》："易，国名。此记殷之祖先王亥之故事。王亥曾作客于有易之国，从事畜牧牛羊，而行淫享乐，有易之君绵臣杀王亥，而取其牛。此爻辞言'鸟焚其巢'，谓绵臣杀王亥之时焚其居宅。'旅人先笑后号咷'，谓王亥先逞淫乐，后临被杀而大哭。'丧牛于易'，谓王亥失其牛于易国。'凶'，谓王亥遭遇凶祸。"（二）《周易通义》："这是周人历史上的一件大事。说大王被狄人侵迫，从邠迁于岐山周原。狄人侵犯时，烧杀抢掠，周人像鸟被烧了巢一样，无家可归，全旅迁徙，成了旅人。他们原先生活过得快乐，后来就够悲惨了，呼号哭泣，不但家园被毁坏，连牛羊等牲畜也给狄人抢了去。这真是一次大灾难。"后说以"易"为"狄"。这里采用后一说。因为《大壮》卦"六五：丧羊于易，无悔"，跟这里的"丧牛于易"是一回事。倘指王亥被杀，应该是"凶"，为什么说"无悔"呢？倘指大王迁岐，那末虽被狄人侵掠，结果还是发展壮大，所以"无悔"。再说《象传》："'丧牛于易'，终莫之闻也。"指没人来慰问，倘指王亥被杀，人也死了，怎么谈得上慰问呢？所以这里取了后一说。

巽（卦五十七）

☴（巽下巽上）

《巽》：小亨。^①利有攸往，利见大人。

《彖》曰：重巽以申命。刚巽乎中正而志行。柔皆顺乎刚，是以"小亨，利有攸往，利见大人"。

《象》曰：随风，《巽》。君子以申命行事。

【译文】

《巽》卦：小通顺。有所往有利，见大人有利。

《彖传》说：（巽下巽上是两巽相重；巽是风，比上面的教命，）两巽相重来重申上面的教命（《巽》的九五、九二以阳爻居上下卦之中，为刚；巽，入也）。刚入于中正，比君主的意志得以推行。（《巽》的六四、初六为阴爻，为柔，在九五、九二两阳爻之下，阳为刚，）是柔都顺从于刚，因此"小亨，利有攸往，利见大人"。

《象传》说：（巽是风，巽下巽上是）风随着风，是《巽》卦。君子因此重申教命，推行政事。

【注】

①巽（xùn 逊）：谦逊。小亨：小通顺。

初六：进退利武人之贞。

《象》曰："进退"，志疑也。"利武人之贞"，志治也。②

九二：巽在床下，用史巫纷若，吉，③无咎。

《象》曰："纷若"之"吉"，得中也。

九三：频巽，吝。④

《象》曰："频巽"之"吝"，志穷也。⑤

六四：悔亡，田获三品。⑥

《象》曰："田获三品"，有功也。

九五：贞吉，悔亡，无不利，无初有终。先庚三日，后庚三日，吉。⑦

《象》曰："九五"之"吉"，位正中也。

上九：巽在床下，丧其资斧，⑧贞凶。

《象》曰："巽在床下"，"上"穷也。"丧其资斧"，正乎"凶"也。

【译文】

倒数第一阴爻：占问武人指挥军队进退有利。

《象传》说："进退"，（即进退不定，）心下疑惑。"利武人之贞"，心志不乱。

倒数第二阳爻：伏在床下，用史巫乱纷纷地祷告，吉，无害。

《象传》说："纷若"的"吉"，得到正确的祷告。

倒数第三阳爻：皱眉头伏着，困难。

《象传》说："频巽"的"吝"，不得意。

倒数第四阴爻：悔恨消失，打猎捉到三个品种的猎物。

《象传》说："田获三品"，有功效。

倒数第五阳爻：占问吉，悔恨消失，没有不利，没有好开头，有好结果。在庚前三日到庚后三日，即从丁日到癸日，吉。

《象传》说："九五"的"吉"，位子在正中。

最上阳爻：伏在床下，失掉钱币，占问凶。

《象传》说："巽在床下"，在上面要碰壁。"丧其资斧"，虽正确也"凶"。

【注】

②治：不乱。

③巽：顺，指伏。伏在床下，指病人怕鬼。史巫：史，向神祷告的人。巫，降神的人。纷若：乱纷纷的样子。用史巫来驱鬼，当时迷信，故认为吉，认为正确。

④频：通颦，皱眉。巽：伏而不出。吝：困难。

⑤志穷：志不得伸展。

⑥田：打猎。品：品种。

⑦先庚三日，后庚三日，吉：当时以甲、乙、丙、丁、戊、己、庚、辛、壬、癸来记日，先庚三日即丁日，后庚三日即癸日，从丁日到癸日即七日，是吉日。

⑧巽在床下：伏在床下，当是盗贼入室，病人害怕躲避，所以丧失他的钱币。

【说明】

《巽》卦☴,《周易浅述》:"一阴在二阳之下，顺于阳而善入，故名为巽。""全象以阴为主，故所亨者小，而以阴从阳，故利有所往而利见大人。"这是对卦辞的说明，以阴爻为主。但《象传》却说"刚巽乎中正而志行"，从刚方面说，即巽的柔顺，是以臣从君，刚指君，从刚说，即臣的柔顺是顺君命而行，所以从君的中正来说，即臣的顺君，是顺君中正的命令，这样说比较恰当。再看爻辞，九五是君位，《象传》又说:"位正中也。"即居君位而中正，所以臣下从君是吉的。那为什么说"无初有终"呢？孙《周易集解》说:"化不以渐,猝以刚直,用加于物,故初皆不说（悦）也。终于中正，邪道以消，故有终也。"即认为以九五的刚中，比君主的正确命令。臣下执行君主正确命令，不符合谦逊之道，过于刚直，使民不悦，所以没有好的开始。但命令正确，所以有好结果。这样刚柔结合来考虑，指出无初有终，是有朴素的辩证观点的。至于九二的"巽在床下"，以"史巫纷若"为"得中"，即认为史巫的驱鬼是正确的，这里反映当时人的迷信。

兑（卦五十八）

☱（兑下兑上）

《兑》：亨。利贞。

《彖》曰：《兑》，说也。①刚中而柔外，说以"利贞"，是以顺乎天而应乎人。说以先民，民忘其劳。说以犯难，民忘其死。②说之大，民劝矣哉！

《象》曰：丽泽，③《兑》。君子以朋友讲习。

【译文】

《兑》卦：通顺。占问有利。

《彖传》说：《兑》卦，悦。(《兑》卦九二、九五为阳爻，为刚，居下卦和上卦的中位，是为刚中。六三、上六为阴爻，为柔，居九二、九五之外，是谓柔外，)是刚中而柔外。(兑是悦，)使人喜悦而"利贞"，因此是顺着自然而应于人心。先于民劳苦使民喜悦，民忘记他们的劳苦。先于民犯难使民喜悦，民忘记他们的牺牲。悦的重要，人民是劝勉了啊！

《象传》说：(兑下兑上，泽下泽上，)两个泽相连，(其中的水交流，)是《兑》卦。君子因与朋友讲习（以交流知识）。

【注】

①兑：悦。说：同悦。

②说以先民，民忘其劳。说以犯难，民忘其死：即悦以先民劳，民忘其劳。悦以先民犯难，民忘其死。在上位的领导要先于民劳动或犯难，民才悦而忘劳忘死。

③丽泽：两泽相连。

初九：和兑，吉。

《象》曰："和兑"之"吉"，行未疑也。④

九二：孚兑，吉，悔亡。

《象》曰："孚兑"之"吉"，信志也。

六三：来兑，凶。⑤

《象》曰："来兑"之"凶"，位不当也。⑥

九四：商兑未宁，介疾有喜。⑦

《象》曰："九四"之"喜"，有庆也。

九五：孚于剥，有厉。⑧

《象》曰："孚于剥"，位正当也。⑨

上六：引兑。

《象》曰："上六：引兑"，未光也。⑩

【译文】

倒数第一阳爻：和悦，吉。

《象传》说："和兑"的"吉"，行动没有怀疑的。

倒数第二阳爻：以诚信使人喜悦，吉，悔恨消失。

《象传》说：“孚兑”的“吉”，相信他的意志。

倒数第三阴爻：来讨好，凶。

《象传》说：“来兑”的“凶”，（六三为阴爻，居阳位，）是地位不相当。

倒数第四阳爻：喜悦的商谈虽未定，疥疮的病有去掉的可喜。

《象传》说：“九四”的“喜”，有可贺的。

倒数第五阳爻：相信剥落的说法，有危险。

《象传》说：“孚于剥”，（居九五之位，）位正当的（不当信）。

最上阴爻：引我喜悦。

《象传》说：“上六：引兑”，未有光明。

【注】

④行未疑：未疑则相信，所以能和悦。

⑤来兑：来使人喜悦，可能是出于引诱，故凶。

⑥位不当：指不当悦而悦。

⑦介疾：疥疮。

⑧孚于剥，有厉：孙《周易集解》：“剥之为义，小人道长之谓。”指相信小人，故有危险。

⑨位正当：同上：“以正当之位，信于小人而疏君子，故曰位正当也。”

⑩引兑，未光也：引人喜悦，喜悦者亦喜人讨好，故他的道德还未光明。

【说明】

《兑》卦☱，兑下兑上。《周易浅述》：“其象为泽，一阴进乎二阳之上，喜见乎外，故其德为说（悦）。”“全象以卦体柔外有亨之道，而刚中则利于正，此全象之大指也”。这是说，《兑》卦的上卦和下卦的上爻都是阴爻，所以柔外；上卦和下卦的中爻是阳，故刚中。柔外刚中，外和柔而内刚正，所以使人喜悦而吉。《象传》称："是以顺乎天而应乎人。"就"内刚正"说是正确的，正确的则顺乎自然的规律，所以"顺乎天"；加上"外和柔"，又适应人心，所以"应乎人"。又说："说以先民，民忘其劳。说以犯难，民忘其死。""说以犯难"，承"说以先民"句，当为"说以先犯难"之省。《论语·子路》："子路问政，子曰：'先之，劳之。'"《集注》："苏氏曰：凡民之行，以身先之，则不令而行。凡民之事，以身劳之，则虽劳不怨。"则"先民"是以身先于民劳动，故民忘其劳苦；"先犯难"，是以身先民犯难，故民忘其死。这是孔子思想的具体表现，也是使民劳而悦，犯难而悦，是很好的领导。这是《兑》卦的深刻含义。再看爻辞，如初九的"和兑"，九二的"孚兑"，九四的"商兑"，都是和悦而正确的，所以都是符合《兑》卦的用意的。

涣（卦五十九）

䷺（坎下巽上）

《涣》：亨。王假有庙。①利涉大川，利贞。

《彖》曰：《涣》，“亨”。刚来而不穷，柔得位乎外而上同。②“王假有庙”，王乃在中也。“利涉大川”，乘木有功也。

《象》曰：风行水上，《涣》。先王以享于帝，立庙。

【译文】

《涣》卦：通顺。王到祖庙。渡大河有利，占问有利。

《彖传》说：《涣》卦，“亨”。(《涣》的九二、九五为阳爻，为刚，为内卦、外卦的主爻，)是刚来而不穷困。(《涣》卦六四为阴爻，为柔，居外卦的阴位，与上面九五的刚相配合，)是柔得位于外而上应。“王假有庙”，(九五居上卦之正中，是尊位，比王位，)王是在正中。“利涉大川”，(下坎上巽，下水上木，木船渡河水，)是乘木船有功效。

《象传》说：(坎下巽上，水下风上，)风行水上，是《涣》卦。(风行水上，比教化行于民间。先王以神道设教，)先王因此祭祀上帝，为建庙。

【注】

　　①涣：流散。王假有庙：假，到。有，于。庙，神庙，宗庙。

　　②上同：上同于君王。

　　初六：用拯马壮，吉。③

　　《象》曰："初六"之"吉"，顺也。④

　　九二：涣奔其机，⑤悔亡。

　　《象》曰："涣奔其机"，得愿也。

　　六三：涣其躬，无悔。

　　《象》曰："涣其躬"，志在外也。⑥

　　六四：涣其群，元吉。⑦涣有丘，匪夷所思。⑧

　　《象》曰："涣其群元吉"，光大也。⑨

　　九五：涣汗其大号，涣王居，⑩无咎。

　　《象》曰："王居无咎"，正位也。⑪

　　上九：涣其血，去逖出，⑫无咎。

　　《象》曰："涣其血"，远害也。

【译文】

　　倒数第一阴爻：用阉割的马强壮，吉。

　　《象传》说："初六"的"吉"，是马顺从人意。

　　倒数第二阳爻：散流的水奔冲他的台阶，（冲洗院内脏秽，）悔消失。

　　《象传》说："涣奔其机"，得到愿望。

　　倒数第三阴爻：散流的水冲洗他的身子，没有悔恨。

　　《象传》说："涣其躬"，用意在于对外。

倒数第四阴爻：散流冲洗群众，大吉。散流到丘陵，不是平常所能想的。

《象传》说："涣其群元吉"，影响广大。

倒数第五阳爻：散流他的汗，像发出大的号令。散流的水冲洗王官，无害。

《象传》说："王居无咎"，是端正王位。

最上阳爻：涣散他的忧患，忧患去警惕出来，无害。

《象传）说："涣其血"，远离危害。

【注】

③拯马：阉割的马。

④顺：顺从人意。

⑤涣奔其机：涣：散流的水。奔：急流。机：汉帛书《周易》作"阶"，台阶。水流冲激台阶，可冲洗院内脏秽。

⑥志在外：散流冲洗他的身体，比喻清除身上的污点，用意在对外以德教化人。

⑦涣其群：散流冲洗群众，使群众洁身自好，故大吉。

⑧涣有丘，匪夷所思：有：于。夷：平常。散流的水冲激在丘陵上，不是平常所能想到的。

⑨光大：同广大。

⑩涣汗其大号：流汗，像发布大号令。涣王居：散流的水冲洗王官，洗去污秽。

⑪正位：端正王位。九五指王位，是中正的，要求清除不正的污秽。

⑫涣其血，去逖出：涣其血，血去逖出。血去逖出，见《小畜》"六

曰：血去逖出"。血借为恤，忧；逖通惕，警惕。涣散他的忧患，忧患去了警惕来了。

【说明】

《涣》卦坎下巽上，水下风上。《周易浅述》："取风行水上，离披解散之象。""《象传》取聚涣济涣为义，故六爻之中，以刚柔上下相比合者乃能济涣。"涣是涣散，故《象传》说"风行水上"，风比德教的散布。"先王以享于帝"，正是神道设教，散布以神道设教来巩固他的统治。涣即是涣散，有散布教化的意义。又有济涣，即改变涣散，这就是"刚柔上下相比合"，如初六阴爻，与九二阳爻相接，故吉。六四阴爻，与九五阳爻相接，故元吉。六三阴爻，与六四阴爻相接，是两阴相连，故只有无悔。九五阳爻，与上九阳爻相接，是两阳相连，故只有无咎。那末涣指涣散，是从散布德教的好的方面讲的，当时认为神道设教是有助于巩固统治，是肯定的，这是时代局限，反映剥削阶级的观点。另一方面要求济涣，要求下面服从上面，所谓"柔得位乎外而上同"。这是反映《涣》卦的含义。《涣》卦中也有不同解释，如"涣汗其大号"：（一）孙《周易集解》："郑康成曰：'号，令也（《文选》注）。'王肃曰：'王者出令，不可复返。喻如身中汗出，不可返也（《北堂书抄》）。'"（二）《周易大传今注》："'涣其汗'原作'涣汗其'，误，今据汉帛书《周易》移正。'涣其汗大号'，谓流其汗又大哭，必是抱病痛或遇祸事，此乃凶象。"按《汉书·刘向传》："《易》曰：'涣汗其大号。'言号令如汗，汗出而不反者也。"刘向的解释也同（一），因此这里用（一）说，不用（二）说，照（二）说，"此乃凶象"，但九五爻辞里没有"凶"，也和爻辞不合，故不取。

节（卦六十）

䷻（兑下坎上）

《节》：亨。苦节，不可贞。①

《彖》曰：《节》"亨"。刚柔分而刚得中。"苦节不可贞"，其道穷也。说以行险，当位以节，中正以通。天地节而四时成。节以制度，不伤财，不害民。②

《象》曰：泽上有水，《节》。③君子以制数度，议德行。④

【译文】

《节》卦：通顺。以有节度为苦，占问是不行的。

《彖传》说：《节》卦"亨"（《节》卦上卦为坎，为阳卦，为刚，下卦为兑，为阴卦，为柔，《节》卦的九五、九二为阳爻，为刚，居上下卦的中位）。是刚柔分而刚得中。"苦节不可贞"，它的道理是要碰壁的。（《节》卦兑下坎上，悦下险上，）喜悦着走险地。（《节》卦九五为阳爻，居阳位，六四为阴爻，居阴位，）是阴阳各当位加以节度。（《节》卦九五、九二居上下卦的中位，）是中正得以通顺。天地有节度，四季才确定。节度用来制定各种法度，才能不浪费财物，不害民。

《象传》说：(兑下坎上，泽下水上，)泽上有水，是《节》卦。君子用来制定度数，议定道德行动的准则。

【注】

①节：节度。亨：有节度就通行。苦节，不可贞：以节度为苦，而不要节度，占问是不行的。

②节以制度：用节度来制定各种法度，如制定法律、礼仪。不伤财，不害民：按照法律礼仪，贵族的享受和行动，要在法律礼仪规定以内，要求不伤财，不害民。

③泽上有水，《节》：泽上有水，要加以节度，即不使水泛滥成灾。水涨时要筑堤坝。

④数度：数指礼仪的等级。度指法度，包括法律、礼仪。数度是要求人遵守礼和法，德行是要求人遵守道德。

初九：不出户庭，无咎。⑤

《象》曰："不出户庭"，知通塞也。⑥

九二：不出门庭，凶。⑦

《象》曰："不出门庭凶"，失时极也。⑧

六三：不节若，则嗟若，无咎。⑨

《象》曰："不节"之"嗟"，又谁"咎"也。

六四：安节，亨。

《象》曰："安节"之"亨"，承上道也。⑩

九五：甘节，吉，往有尚。⑪

《象》曰：“甘节”之“吉”，居位中也。⑫

上六：苦节，贞凶。悔亡。⑬

《象》曰：“苦节贞凶”，其道穷也。

【译文】

倒数第一阳爻：（以有节度为苦，）不出家门，无害。

《象传》说：“不出户庭”，知道行得通或行不通（知道行不通，故不出家门）。

倒数第二阳爻：不出间门，（会得罪间内邻居，）凶。

《象传》说：“不出门庭凶”，失掉当时的正道。

倒数第三阴爻：不守节度，就嗟叹，（守节度，）无过错。

《象传》说：“不节”的“嗟”，（知道改正，）又谁来责罚他。

倒数第四阴爻：安心守节度，通顺。

《象传》说：“安节”的“亨”，遵守上面的道理。

倒数第五阳爻：甘心守节度，吉，做下去有赏。

《象传》说：“甘节”的“吉”，所处职位是正确的。

最上阴爻：以守参度为苦，占问是凶。（守节度，）悔恨没有了。

《象传》说：“苦节贞凶”，他的路是走不通的。

【注】

⑤户庭：指家门。在家内不守节度，家人忍让，所以无害。

⑥知通塞：知在家内不守节度行得通，到家外行不通，所以不出家门。

⑦不出门庭，凶：《一切经音义》：“在于宅区域曰门。”即间门。在间门内住有许多人家，在间门内不守节度，要得罪邻居，所以凶。

⑧失时极：极，中，正确。失掉当时认为正确，要受指责。

⑨不节若,则嗟若:若,助词。不守节度,要受责罚,就要嗟叹。《周易通义》:"'无咎'前省'节'字。"即守节度,无咎。

⑩承:遵守。

⑪尚:赏。

⑫中:中正,指正确。

⑬"悔亡"前省"节"字,与⑨"省'节'字"同。

【说明】

《节》卦兑下坎上,泽下水上。水上于泽,则泛滥成灾,故须加以节度。节度有两方面:一方面节制,湖水泛滥,筑堤坝来加以节制。定出法律、制度、礼仪,来限定人的行动,不使侵犯别人的权利。一是节宣,湖水满了,开放泄洪闸来泄水,用来灌溉。宣扬各种德行来加以倡导,养成好的风俗。"天地节而四时成",四季的节气有一定,这是节制;四季定了,可以生长成熟万物,这是节宣,这两者又是结合的。再看爻辞,以"安节""甘节"为好,以苦于遵守节度为凶,用意相同。这是《节》卦的含义。

中孚（卦六十一）

☲（兑下巽上）

〔《中孚》〕：中孚，豚鱼吉。①利涉大川，利贞。

《彖》曰：《中孚》，柔在内而刚得中，说而巽，孚乃化邦也。"豚鱼吉"，信及豚鱼也。"利涉大川"，乘木舟虚也。中孚以"利贞"，乃应乎天也。

《象》曰：泽上有风，《中孚》。君子以议狱缓死。

【译文】

《中孚》卦：心中诚信，用豚鱼薄物也吉。渡大河有利，占问有利。

《彖传》说：《中孚》卦，（内部两爻为阴爻，为柔。外面四爻为阳爻，为刚。九五、九二为阳爻，为刚，居上下卦的中位），是柔在内而刚得中。（兑下巽上，悦下谦上），是悦而谦逊。这样的诚信是能教化他的邦国的。"豚鱼吉"，诚信能够达到豚鱼。"利涉大川"，趁着中空的木船。心诚信来"利贞"，是顺着自然的规律。

《象传》说：（兑下巽上，泽下风上），泽上有风，是《中孚》卦。（风比德教），君子因此议论刑狱，延缓死罪。

【注】

①《中孚》：卦名，原来因下文有"中孚"字而省，今补。中孚：心有诚信。豚（tún 屯）鱼：小猪和鱼。古代重大的祭品是三牲：牛、羊、猪，小猪和鱼是薄物。有了诚信，薄物也可以祭神。

初九：虞吉，有它不燕。②

《象》曰："初九：虞吉"，志未变也。③

九二：鸣鹤在阴，其子和之。我有好爵，吾与尔靡之。④

《象》曰："其子和之"，中心愿也。

六三：得敌，或鼓或罢，⑤或泣或歌。

《象》曰："或鼓或罢"，位不当也。

六四：月几望，马匹亡，⑥无咎。

《象》曰："马匹亡"，绝类上也。⑦

九五：有孚挛如，⑧无咎。

《象》曰："有孚挛如"，位正当也。

上九：翰音登于天，⑨贞凶。

《象》曰："翰音登于天"，何可长也？

【译文】

倒数第一阳爻：安居，吉。有意外，不安。

《象传》说："初九：虞吉"，意志没有变。

倒数第二阳爻：鸣叫的鹤在树荫里，它的小鹤也鸣叫来应和。我有好的杯酒，我跟你共饮它。

《象传》说："其子和之"，中心愿望。

倒数第三阳爻：得到敌人，有的击鼓，有的疲惫，有的哭泣，有的唱歌。

《象传》说："或鼓或罢"，（六三为阴爻，居阳位，）是地位不恰当。

倒数第四阴爻：过了月半，马匹跑掉，无害。

《象传》说："马匹亡"，杜绝类似上次的事。

倒数第五阳爻：有诚信连贯着，无害。

《象传》说："有孚挛如"，（九五为阳爻，居阳位，又居上卦之中，）位子正恰当。

最上阳爻：鸡飞升上天（鸡不会高飞，高飞会跌死）。占问凶。

《象传》说："翰音登于天"，怎么可以长久？

【注】

②虞：安心。它：别的缘故，意外。燕：安。

③志未变：用意没有变，可以安心。

④好爵：好的杯酒。爵，古代雀形酒杯。靡：共。

⑤罢：借为疲。

⑥几：汉帛书《周易》作既。既望，指阴历十六至二十三日。亡：跑掉，失去。

⑦绝类上：杜绝类似上事，即防止马匹再跑掉。

⑧挛（luán 鸾）如：连贯的样子。

⑨翰音：鸡，鸡飞上天，容易跌下来。

【说明】

《中孚》卦兑下巽上。《周易浅述》："内外皆实而中虚。""盖中虚者信之本。""全象以诚信之极，虽无知之物可感，虽患难可涉，而皆利于以正大。六爻以孚之道在刚中，故独（九）二、（九）五为孚之至。"再看卦辞："中孚，豚鱼吉。"心有诚信，微物可以祭神，说明诚信的重要。《彖传》讲诚信的要求，要"柔内而刚得中，说而巽"，既内柔和而又刚正，既和悦而又谦逊，加上诚信，这才能化行邦国。中孚以中正为主，即以正确为主，这才"应乎天"，即合于自然规律，而又能感化人，使人喜悦，即顺乎人心。再看爻辞，如初九的"虞吉"，九二的"中心愿"，九五的有诚信，都是阳刚，是好的。只有上九过刚则折，才是凶的。这也说明诚信以刚直中正为重要。这是《中孚》卦的意义。

小过（卦六十二）

䷽（艮下震上）

《小过》：亨。利贞。可小事，不可大事。飞鸟遗之音，不宜上，宜下，大吉。

《彖》曰：《小过》，小者过而亨也。①过以"利贞"，与时行也。柔得中，是以"小事吉"也。②刚失位而不中，是以"不可大事"也。③有"飞鸟"之象焉，"飞鸟遗之音，不宜上，宜下，大吉"，上逆而下顺也。④

《象》曰：山上有雷，《小过》。⑤君子以行过乎恭，丧过乎哀，用过乎俭。⑥

【译文】

《小过》卦：通顺。占问有利。可以做小事，不可以做大事。飞鸟留下好音，不宜向上飞，宜向下飞（使人听见，）大吉。

《彖传》说：《小过》卦，小的错误（关系不大），还是通顺的。小错误"利贞"，是应时行动。（《小过》六五、六二皆阴爻，为柔，居上下卦的中位，）是柔得中，因此做"小事吉"。（《小过》的九四为阳爻，为刚，居阴位，不居上卦的中位，）是刚失位而不居中，因此“不可大事”。有飞鸟的象，“飞鸟遗之音，不宜上，宜下，大吉”，因飞上去是违反人们的心意，飞下来才顺着人们的心意。

《象传》说：（艮下震上，山下雷上，）山上有雷，是《小过》卦。君子因此行事过于恭敬，丧事过于悲哀，用钱过于节俭。

【注】

①小者过而亨：小错误关系不大，所以还是通顺的。

②柔得中，是以“小事吉”：像才力薄弱的人虽是正确，可以办小事。

③刚失位而不中，是以“不可大事”：像才力强的人没有地位，不掌握正确的理论，因此不能办大事。

④飞鸟遗之音，不宜上，宜下：《周易大传今注》：“《说卦》曰：‘震为鹄。’（《释文》引荀爽《九家集解》本有此句，今本无。鹄，今名天鹅。）又艮为山。然则《小过》之卦象是鹄飞过山上，予人以音，向上飞则人不闻，逆乎人之要求，向下飞则人闻之，顺乎人之要求。”

⑤山上有雷：同上：“按《象传》乃以山比贤人，以雷比刑，以山上有雷比刑罚加于贤人，因贤人有小错误也。”

⑥君子以行过乎恭，丧过乎哀，用过乎俭：同上：“君子观此卦象及卦名，从而谨言慎行，力求无过，其所过者，只是行过于恭，则失之谄媚（当作失之拘谨），居丧过于哀，则失之毁身，用财过于俭，则失之吝啬，亦皆是小错误。然而不为有罪，不致触刑。”

初六：飞鸟以凶。⑦

《象》曰：“飞鸟以凶”，不可如何也。

六二：过其祖，遇其妣。不及其君，遇其臣。无咎。⑧

《象》曰："不及其君"，臣不可过也。⑨

九三：弗过防之，从或戕之，凶。⑩

《象》曰："从或戕之"，"凶"如何也？

九四：无咎。弗过遇之，往厉必戒。⑪勿用永贞。

《象》曰："弗过遇之"，位不当也。⑫"往厉必戒"，终不可长也。

六五：密云不雨，自我西郊。公弋，取彼在穴。⑬

《象》曰："密云不雨"，已上也。

上六：弗遇过之，飞鸟离之，凶，是谓灾眚。

《象》曰："弗遇过之"，已亢也。

【译文】

倒数第一阴爻：飞鸟带来凶兆。

《象传》说："飞鸟以凶"，无可奈何。

倒数第二阴爻：批评他的祖父，赞扬他的祖母。指出他的君王的不够，赞扬他的臣子。无害。

《象传》说："不及其君"，赶不上他的君主，因臣子不可超过君主。

倒数第三阳爻：没有错误，要防备他犯错误，放纵他，或许害了他，凶。

《象传》说："从或戕之"，是怎样的"凶"？

倒数第四阳爻：无害。没有错误，表扬他；日后有犯错误的危险，一定要告诫。占问不是永远好的。

《象传》说："弗过遇之"，没有过失，因碰上失位，地位不相当。"往厉必戒"，终于不可长久（不碰危险的）。

倒数第五阴爻：自从我到了西郊，乌云密布，没有下雨。公射箭，在山洞里得到野兽。

《象传》说："密云不雨"，云已经上升了。

最上阴爻：(没有过错，)不表扬，反批评他，像用网来捕飞鸟，凶，是叫灾害。

《象传》说："弗遇过之"，已经太过分。

【注】

⑦飞鸟以凶：以，与，带来。孙《周易集解》："《小过》：'上逆下顺'，而应在上卦，进而之逆，无所措足，飞鸟之凶也。"上面的《象传》，说飞鸟"上逆而下顺"。初六是下卦的下爻，与九四是上卦的下爻相应，它应在上卦，即上逆，所以凶。

⑧过其祖，遇其妣。不及其君，遇其臣。无咎：《周易通义》："过：责，批评。祖：祖父。遇：礼遇，与'过'相对，引伸为赞扬。妣（bǐ比）：祖母。不及：不够，有缺点。这里作动词，与'过'同。"在家里，祖父也可以批评，祖母也应表扬；在国里，君王也可以指出他的不够，臣子也可以赞扬。这样才是正常的。在当时，父权制家庭，祖父是最权威的；而妇女，即使是祖母，也形同奴隶。在国家，更是君尊臣卑。作者当时在批评表扬问题上的这种见解，是十分可贵的。

⑨臣不可过：臣子不可超过君主，所以臣子是"不及其君"。这说明《象传》的解释，与六二爻辞不同。爻辞的"不及其君"是指出君的不够，是批评君。

⑩弗过防之，从或戕之：《周易通义》："从：通纵。戕（qiāng枪）：伤害。暂时不批评的，也要防止他错误的发展，如果放纵不理，反而害

了他。"

⑪弗过遇之，往厉必戒：同上："没有错误的，要表扬鼓励。当然日后有犯错误的危险，一定要警惕（告诫）。"

⑫"弗过遇之"，位不当：孙《周易集解》："（九四）体虽阳爻，而不居其位，不为责主，故得无咎也。"九四是阳爻，居阴位，是不居其位，是位不当。既然不居其位，自然不会碰到在这个位子上的过错，所以就"勿过遇之"。这样解释，与爻辞的解作没有过失赞扬他不同。

⑬密云不雨，自我西郊。公弋，取彼在穴：同上："弋（yì亦）：射鸟。前者是旱占，后者是田猎之占。旱占还是无雨，田猎则有收获。"

【说明】

《小过》卦艮下震上，山下雷上。《象传》说："山上有雷，《小过》。君子以行过乎恭，丧过乎哀，用过乎俭。"小过是小错误，即君子只能犯小错误。小错误如"行过乎恭"，显得拘谨；"丧过乎哀"，会伤身；用过乎俭，是对自己节俭。这些缺点，都不会构成犯罪，这是一方面。《象传》又指出："刚失位而不中，是以'不可大事'也。"那末刚得位而中，就是九五，指君位。但君也有犯错误的，即不中，不合乎君位的要求。不说君犯错误，说"不及"，孔子说"过犹不及"（《论语·先进》），可见"不及"犹"过"，也是错误。六二，在家庭里"过其祖，遇其妣"；在国里，"不及其君，遇其臣"。指出祖父的错误，礼遇其祖母；指出君主的不够，礼遇其臣；即批评祖父和君主，赞美祖母和臣子。这同孔子说的"君子和而不同"（《论语·子路》）是一致的。什么叫"和"？《左传》昭公二十年，晏子对齐景公说："君所谓可，而有否焉，臣献其否，以成其可；君所谓否，而有可焉，臣献其可，以去其否。"这就是"和"。即君主所肯定或否定的，都有不该肯定或否定的部分，臣子就应把不该肯定或否定的部分献上去，君主采纳了，使他的肯定和否定更正确。君主的肯定和否定都不够，这就是不及，"不及其君"，即指出君主的不及来，这就是和。六三指出"不及其君""无咎"，说明指出君主的不及而无害，即批评君主，而没有批逆鳞遭杀身之祸，这说明那时有些民主性的精华，这是非常难得的。《周易通义》说："本卦说的主要是关于批评的见解。古有司直之官（约同后来的谏官）。《诗·羔裘》谓'邦之司直'，正人之过失者。《吕氏春秋·自知篇》：'汤有司直之士。'这里说的可能是司直者的经验。"这个说明也是好的。

既济（卦六十三）

䷾（离下坎上）

《既济》：亨。小利贞。^①初吉终乱。

《彖》曰：《既济》"亨"，小者亨也。"利贞"。刚柔正而位当也。"初吉"，柔得中也。"终"止则"乱"，其道穷也。

《象》曰：水在火上，《既济》。君子以思患而豫防之。

【译文】

《既济》卦：小通顺。占问有小利。开始吉，结果乱。

《彖传》说：《既济》卦"亨"，小的通顺。占问有利。（《既济》卦离下坎上，坎为阳卦，为刚；离为阴卦，为柔。刚上柔下。九五为阳爻，居阳位，六二为阴爻，居阴位，）是刚柔正而位子恰当。"初吉"，（《既济》卦的六二为阴爻，为柔，居下卦的中位，）是柔得中。（《既济》的上六为阴爻，为一卦之终爻，居九五之上，九五为阳爻，为刚，是为柔乘刚，如臣欺君，是乱。）是"终"止就"乱"，它的路是走不通的。

《象传》说：（离下坎上，火下水上，）水在火上，是《既济》卦。（水在火上，是用水救火，不如预防火灾，）君子因此想到患难而预防它。

【注】

①既济：已经成就，指成功。亨：当从下文"小者亨也"，作"小亨"，与"小利贞"相应。因"初吉终乱"，故称小亨。下文的"亨"，亦当作"小亨"。

初九：曳其轮，濡其尾，无咎。

《象》曰："曳其轮"，义"无咎"也。②

六二：妇丧其茀，③勿逐，七日得。

《象》曰："七日得"，以中道也。

九三：高宗伐鬼方，三年克之，小人勿用。④

《象》曰："三年克之"，惫也。

六四：繻有衣袽，终日戒。⑤

《象》曰："终日戒"，有所疑也。

九五：东邻杀牛，不如西邻之禴祭，实受其福。⑥

《象》曰："东邻杀牛"，"不如西邻"之时也。"实受其福"，吉大来也。

上六：濡其首，⑦厉。

《象》曰："濡其首"，何可久也？

【译文】

倒数第一阳爻：(过河时)，拉动车子的轮子，打湿了车子的后部，无害。

《象传》说："曳其轮"，应该是无害的。

倒数第二阴爻：妇人丢失她的头巾，不必找，七天得到。

《象传》说："七日得"，因为（拾得的人）守正道。

倒数第三阳爻：殷高宗讨伐鬼方，经过三年打败它。小民不利。

《象传》说："三年克之"，极疲惫。

倒数第四阴爻：寒衣有败絮，（怕受寒，）整天戒惕。

《象传》说："终日戒"，有所疑心。

倒数第五阳爻：东方邻国殷商杀牛来祭神，不如西方邻国周王用饭菜的薄礼来祭神，实在得到神的赐福。

《象传》说："东邻杀牛"，"不如西邻"的时候。"实受其福"，吉大到来。

最上阴爻：打湿了车头，危险。

《象传》说："濡其首"，怎么可以长久？

【注】

②义"无咎"：义，宜也。车子拉过河，所以"无咎"。

③茀（fú 弗）：头巾。

④高宗：商王武丁。鬼方：北方少数民族名。小人勿用：小民不利，指战争中小民有不少伤亡。

⑤繻（rú 如）：王引之《经义述闻》谓当作襦，寒衣。袽（rú 如）：坏絮。

⑥东邻：指殷商，在东部。杀牛：用牛祭神，是重大的祭神礼品。西邻：指西周。禴（yuè 跃）：用饭菜等祭神，是微薄的礼品，神不赐福给殷商，却赐福给西周，因西周有德。

⑦濡其首：渡河时水打湿车头，怕车陷没水中。

【说明】

《既济》卦离下坎上，水在火上。《周易浅述》："水在火上，则水火有相济之功，而其终也有相克之患。盖水能灭火，火亦能干水。思其患而预防，则相为用而不相为害。"水火相济，如烹饪，所以说"初吉"。水火相克，如失火，用水救火，是终乱，所以要预防。那末水火既济，要调配得当，就是《象传》说的"刚柔正而位当也"。调配不当，造成"终乱"，就由既济变成未济了。再就爻辞看，初九的"曳其轮"，车子是过河的；九二的"妇丧其茀"，有人拣到了送回来的。九三的战争是胜利的，都属于既济。六四的衣中有败絮，九五的东邻杀牛不得福，上六的车子过河陷入水中，都是未济。九五对东邻说是未济，对西部说是既济，说明《既济》卦的情况是比较复杂的。

未济（卦六十四）

䷿（坎下离上）

《未济》：亨。小狐汔济，^①濡其尾，无攸利。

《彖》曰：《未济》"亨"，柔得中也。"小狐汔济"，未出中也。^②"濡其尾，无攸利"，不续终也。虽不当位，刚柔应也。^③

《象》曰：火在水上，《未济》。君子以慎辨物居方。^④

【译文】

《未济》卦：通顺。小狐近于渡过河，打湿了它的尾巴，无所利。

《彖传》说：《未济》卦"亨"，（六五为阴爻，为柔，居上卦的中位，）是柔得中。"小狐汔济"，没有出于正道。"濡其尾，无攸利"，不是继续完成。（《未济》卦的初六、六三、六五皆为阴爻，为柔，居阳位；九二、九四、上九皆为阳爻，为刚，居阴位，是刚柔皆不当位。但初六与九四、九二与六五、六三与上九，皆一刚一柔相应，）是刚柔虽不当位，是相应的（所以"亨"）。

《象传》说：（坎下离上，水下火上，）火在水上，（水不能灭火，）是《未济》卦。君子因此谨慎地辨别物品，处置方位。

【注】

①未济：未成功。亨：通顺，事未成而促之使成。汔（qì迄）：近乎。

②未出中：未出于正确。小狐不会游泳而渡河，不正确。

③刚柔应：刚柔相应，所以亨。是未济中也有通顺的。

④居方：处置方位，即所居的方位要恰当。

初六：濡其尾，⑤吝。

《象》曰："濡其尾"，亦不知极也。⑥

九二：曳其轮，贞吉。

《象》曰："九二贞吉"，中以行正也。

六三：未济，征凶。利涉大川。⑦

《象》曰："未济，征凶"，位不当也。

九四：贞吉，悔亡，震用伐鬼方，⑧三年，有赏于大国。

《象》曰："贞吉悔亡"，志行也。

六五：贞吉，无悔。君子之光有孚，吉。

《象》曰："君子之光"，其晖"吉"也。

上九：有孚于饮酒，无咎。濡其首，有孚失是。

《象》曰："饮酒濡首"，亦不知节也。

【译文】

倒数第一阴爻：打湿了小狐的尾巴，有困难。

《象传》说："濡其尾"，也不知道正确的渡法。

倒数第二阳爻：拉车子的轮子（过河），占问吉。

《象传》说："九二贞吉"，合于中道，做得正确。

倒数第三阴爻：没有渡过河，出外凶。渡大河有利。

《象传》说："未济，征凶"，（六三为阴爻，居阳位，）是所处地位不恰当。

倒数第四阳爻：占问吉，悔恨消失。（周人）出动去讨伐鬼方，三年，从大国（殷商）受到赏赐。

《象传》说："贞吉悔亡"，志愿得到实行。

倒数第五阴爻：占问吉，无悔。有诚信是君子的光荣，吉。

《象传》说："君子之光"，他的光荣是吉。

最上阳爻：有诚信而饮酒，无害。酗酒连头都浇湿了，虽有诚信，不对了。

《象传》说："饮酒濡首"，也是不知道节制。

【注】

⑤濡其尾：承上卦辞指小狐。

⑥极：孙《周易集解》："极，中也。"中指正确。

⑦未济，征凶。利涉大川：《周易通义》：渡不了河，出门不利，既不济；涉大川而利，既济。这是说不济与济对立。

⑧震用伐鬼方：见《既济》卦注。震：动，指出动大军。

【说明】

《未济》卦坎下离上，水下火上。《周易浅述》："火在水上，不相为用。""按《序卦》：'物不可穷也，故受以未济终焉。'《既济》物之穷，穷无不变易者，变易不穷，未济则未穷也。未穷则生生不绝矣。"这是说，《既济》是既成就，成就了就完了，穷了。但事物是变化的，发展的，穷则变，变则通，变化发展是无穷的。因此《既济》后接以《未济》，作为六十四卦的终结。《未济》是未成就，说明事物的发展变化是无穷的。再看彖辞，小狐濡尾，是没有渡过去，是未济。但"刚柔应也"，又是刚柔相应，又是"亨"，又有既济的一面，是未济与既济的结合。《象传》说"火在水上，《未济》"。就烹饪说，要水火既济，才能把烹饪煮得好，即要水在火上才能烧得开。现在火在水上是未济。但"君子以慎辨物居方"，辨物即辨水火的性能，"居方"即安排水火的方位。在烹饪时，就得把水火的方位变一下，变成火在水上，就成为既济了。这说明既济与未济又是结合的。再看爻辞，"初六：濡其尾"是未济；"九二：曳其轮"，是既济了。"六三：未济。"但"利涉大川"，又是既济了。"九四"伐鬼方得赏是既济，六五贞吉是既济，上九失是，又是未济了。总之，未济里见出既济与未济的对立，就某一件事说，有既济的，有未济的。既济指某一件事的成就说，未济指完成了某一件事，还有别的事没有完成，即就事物之终说是未济，事物的发展变化是无穷的，就某一件事说是既济，是已完成了；但就事物的发展变化说，一件事完成了，还有无穷的事在前面，是未完成，所以六十四卦以《未济》为终卦。

系辞上传①

　　天尊地卑，乾坤定矣。卑高以陈，贵贱位矣。动静有常，②刚柔断矣。方以类聚，物以群分，③吉凶生矣。在天成象，在地成形，变化见矣。是故刚柔相摩，八卦相荡，鼓之以雷霆，④润之以风雨。⑤日月运行，一寒一暑。乾道成男，坤道成女。乾知大始，⑥坤作成物。乾以易知，坤以简能。⑦易则易知，简则易从。易知则有亲，易从则有功。有亲则可久，有功则可大。可久则贤人之德，可大则贤人之业。易简而天下之理得矣。天下之理得，而成位乎其中矣。⑧

　　　　右第一章　　此章以造化之实，明作经之理。又言乾坤之理，分见于天地，而人兼体之也。（此章首言：天地及万物之矛盾对立与运动变化，用八卦可以象之；次言：天道平常，地道简单，贤人之德在适应天道之规律，贤人之业在利用地道之功能。）⑨

【译文】

　　天是尊贵的，地是低下的，（乾是天，坤是地，）那乾尊坤卑也定了。

天高地卑的位子已经排列，天贵地贱的位子也确定了。天动地静有一定，天刚地柔也分了。事情按照类别或分或合，人物按照成群或分或合，吉凶生出来了。在天上成为（日月风雷云雨）的现象，在地上成为（山川草木鸟兽）的形象，变化可见了。因此刚柔互相摩擦，八卦的（天地雷风水火山泽）互相冲激。用雷电来鼓动它，用雨水来滋润它。日月在运动，构成一寒一暑。阳道成为男，阴道成为女。阳气成为大的开始创造，阴气配合着造成万物。乾坤（创造万物），用简单平易来显示它们的智慧和才能。平易就容易知道，简单就容易遵从。容易知道就有所依附，容易遵从就有功效。有所依附就可以长久传下去，有功效就可以扩大作用。可以长久传下去就成为贤人的道德，可以扩大作用就成为贤人的事业。容易简单而天下的道理得到了。天下的道理得到了，确定（阴阳刚柔上下贵贱）的位子就在它的中间了。

【注】

①系辞上传：连系卦爻辞的解释，分上下两篇。传指解释。朱熹《周易本义》把《系辞上传》和《系辞下传》各分为十二章，今根据他的分章来分段。他在有的章下有说明，今也引入。

②动静有常：古人认为天绕地转，故称天动地静。常：指一定不变的规律。

③方：《周易本义》"谓事情所向"，指事情。这两句是互文，即方与物以类聚，以群分，事情和人物，都是类聚群分的。

④雷霆：指雷电。

⑤风雨：同义复词，即雨，风是陪衬，无义，因风是吹干的，不是滋润的。

⑥知：王念孙说："知犹为也，为亦作也。"见《经义述闻》。

⑦乾以易知，坤以简能：知，同智。这两句是互文，即乾坤以易智简能，即乾坤的生长万物都是以容易简单来显示它们的智慧和才能。

⑧成位：定位。

⑨右第一章：朱熹所分。下面为朱熹说明此章的用意。"以造化之实，明作经之理"，即以天地生长万物的自然规律，可以用八卦的卦爻来说明。"又言乾坤之理，分见于天地"，即乾坤等卦的运动变化的道理，是从自然界来的。"人兼体之"，人用卦爻辞来体察这种变化。即说明卦爻辞用来说明天地万物的矛盾对立与运动变化的规律，即卦爻辞不再限于占问人事的吉凶祸福，扩大卦爻辞的意义和作用。下面加括号的说明，本于高亨《周易大传今注》，因朱熹对有些章没有说明，《周易大传今注》有，故把《周易大传今注》引入，加括号来作分别，下同。

圣人设卦观象，⑩系辞焉而明吉凶。刚柔相推而生变化。是故吉凶者，失得之象也。悔吝者，忧虞之象也。⑪变化者，进退之象也。刚柔者，昼夜之象也。⑫六爻之动，三极之道也。⑬是故君子所居而安者，《易》之象也。⑭所乐而玩者，爻之辞也。是故君子居则观其象而玩其辞，动则观其变而玩其占，是以自天祐之，⑮吉无不利。

右第二章　　此章言圣人作《易》君子玩《易》之事。（此章论述《易经》之卦爻及其变化乃像宇宙事物之运动变化，卦爻辞乃指告人事之得失进退，故君子学《易》，以为行动之指针。）

【译文】

圣人创立八卦及六十四卦，观察卦象爻象，把卦爻辞连系在卦爻后而说明吉凶。（分阳爻阴爻为刚柔，）由刚柔的激荡而产生变化。因此卦爻辞中的吉和凶，是人事得和失的象。卦爻辞中的悔和吝，是人心忧惊的象。卦爻辞的变化，是事物旧的退去、新的进来的象。卦爻辞中的刚柔，是昼夜阴阳的象。六爻的变动，是天道、地道、人道的变化。因此君子平居而观察的，是《易》的象，喜乐而揣摩的，是爻的辞。所以君子平居就观察它的象而揣摩它的辞，行动就观察它的变化而揣摩它的占问，因此从天保祐他，行动是吉，没有不利。

【注】

⑩设：创立。

⑪悔：小不幸。吝：困难。虞：《广雅·释诂》："虞，惊也。"

⑫刚柔者，昼夜之象：朱熹《周易本义》："（柔）既变而刚，则昼而阳矣。（刚）既化而柔，则夜而阴矣。"昼夜里含有阴阳的意义在内。

⑬三极：天道、地道、人道。极，指最高的道。

⑭所居而安者，《易》之象也：《周易大传今注》："'安'读为'按'或'案'，观察也。'象'原作'序'，《释文》引虞翻本作'象'，《集解》本同，今据改。"

⑮祐：保祐。

象者，言乎象者也。⑯爻者，言乎变者也。⑰吉凶者，言乎其失得也。悔吝者，言乎其小疵也。无咎者，善补过者也。是故列贵贱者存乎位，⑱齐小大者存乎卦，⑲辩吉凶者存乎辞，^⑳忧悔吝者存乎介，^㉑震无咎者存乎悔。^㉒是故卦有小大，辞有险易。辞也者，各指其所之。^㉓

右第三章　　此章释卦爻辞之通例。（此章论述《易经》对人事的指导意义。）

【译文】

卦辞，是讲卦象的。爻辞，是讲爻变的。吉凶，是讲人事的得失的。悔吝，是讲人事的小毛病。无咎，是善于补过的。因此排列贵贱的在于爻位，分清大小的在于卦，分别吉凶的在于辞，忧悔吝的在于识小疵，行动而无咎的在于追悔（而惩戒）。所以卦有大小，辞有险难平易。辞是各自指出他的去向（趋吉避凶）。

【注】

⑯象：指卦辞，不指《象传》。

⑰爻：指爻辞。按《周易》筮法，筮时先找出上卦下卦，看上下卦中哪一爻不同，找那个不同的爻辞来看吉凶，这就是爻变。

⑱列贵贱者存乎位：倒数第二爻为臣位，倒数第五爻为君位，位分贵贱。

⑲齐小大者存乎卦：齐，整齐，犹排列。卦分阴阳，乾、震、坎、艮为阳卦，阳卦大；坤、巽、离、兑为阴卦，阴爻小。

⑳辞：指卦爻辞。

㉑介：《周易集解》："虞翻曰：'介，纤也。故存乎介，谓识小疵也。'"

㉒震：动，指行动。

㉓各指其所之：卦爻辞各各指示人的所往，趋吉避凶。

《易》与天地准，故能弥纶天地之道。㉔仰以观于天文，俯以察于地理，是故知幽明之故。原始反终，㉕故知死生之说。精气为物，游魂为变，㉖是故知鬼神之情状。与天地相似，故不违。知周乎万物，㉗而道济天下，故不过。旁行而不流，㉘乐天知命，故不忧。安土敦乎仁，㉙故能爱。范围天地之化而不过，曲成万物而不遗，通乎昼夜之道而知，故神无方而易无体。㉚

　　右第四章　　此章言易道之大，圣人用之如此。（此章首言《易经》包括天地万物之理，次言善于学《易》之人能深通天地万物之理，可以济天下，成万物。一片虚夸之词。）

【译文】

《易经》所讲的道与天地的道相等，所以能够普遍包括天地的道。抬头来观察天文，低头来观察地理，所以知道地下幽隐、天上光明的缘故。考察万物的开始，故知它的所以生，返求万物所以终结，故知它的所以死。灵气成为灵物，是神，游魂成为人的变化，是鬼，圣人所以知道鬼神的情状。圣人与天地相似，所以不违反天地的道。智慧遍及万物，而道能使天下得济，所以不会过头。广泛地推行而不流荡，乐天知命，故不忧。安于所居的地，富于仁德，故能够爱。包举了天地的变化而不过头，曲折地成就万物而不遗漏，通达昼夜阴阳的道而有智慧，故《易经》玄妙的道无一定的方所，无一定的形体。

【注】

㉔准：状相等。弥纶：普遍包括。

㉕原始反终：反，返。从始归到终。

㉖精气为物，游魂为变：精气，灵气，认为神是灵气造成的。游魂，离开人身而游荡的灵魂，认为是鬼。

㉗知：同智。

㉘旁行：广泛推行。旁，广。流：流荡。

㉙敦：厚，指富。

㉚昼夜：包括阴阳。知：同智。方：方所。体：形体。

一阴一阳之谓道，继之者善也，成之者性也。㉛仁者见之谓之仁，知者见之谓之知，㉜百姓日用而不知，㉝故君子之道鲜矣。㉞显诸仁，藏诸用，㉟鼓万物而不与圣人同忧，㊱盛德大业至矣哉！富有之谓大业，日新之谓盛德。㊲生生之谓易，成象之谓乾，效法之谓坤，极数知来之谓占，通变之谓事，阴阳不测之谓神。㊳

右第五章　　此章言道之体用不外乎阴阳，而其所以然者，则未尝传于阴阳也。㊴（此章要点是论述天地间阴阳之道。）

【译文】

一阴一阳的对立转化称做道，继承它的是善，成就它的是本性。仁人看见它叫做仁，智者看见它叫做智，百姓每天在用它而不认识，所以（认识）君子之道的少了。（阴阳之道）显现在它的（生育万物的）仁，隐藏在它的（生育万物的）作用。它转动万物却不和圣人共同忧虑。它的盛德大业到了极点啊！生长万物的富有叫做大业，每天有新的变化叫做盛德。生生不停叫做变易，形成天象的叫做乾，仿效地法的叫做坤，尽量用卦爻数来预知未来的叫做占，通知事物的变化而行动的叫做事，阴阳变化而不可预测的叫做神。

【注】

③继之者善：阴阳对立转化化生万物，化生万物是善。成之者性：形成万物，每一物各有一个本性。

②仁者见之谓之仁，知者见之谓之知：对道的化生万物有各种看法，有的从善的角度称它为仁，有的从智慧的角度称它为智，即没有看到全面。知，同智。

③百姓日用而不知：百姓每天在按照道来办事却不认识道。

④君子之道：即认识全面的道。鲜：少。

⑤诸：之于。

⑥不与圣人同忧：圣人为济世利民而忧，道的济世利民是无所用心的，所以没有忧。

⑦道的化生万物是极富有的，是日新的。

⑧易：变化，阴阳的化生万物，是生生不停的。乾：指"在天成象"。坤：指"俯则观法于地"。法指法则，地的构成，有它的法则。占：用筮草来占吉凶，筮草有一定数目，看爻辞定吉凶，爻也有数目。极数知来：占筮极尽筮草数与爻数来知未来的吉凶。事：事情，通过变化形成的事情。神：指神妙。

⑨所以然：阴阳变化的原因。未尝依于阴阳：不专依靠阴阳，即指阴阳不测之谓神，神妙莫测。

夫《易》广矣大矣，以言乎远则不御，⑩以言乎迩则静而正，[⊕]以言乎天地之间则备矣。夫乾，其静也专，其动也直，是以大生焉。[⊕]夫坤，其静也翕，其动也辟，是以广生焉。[⊕]广大配天地，变通配四时，阴阳之义配日月，易简之善配至德。

右第六章[⊕]

【译文】

《易经》包括的范围是广大了，说到远处，（就天说）是没有止境的，说到近处，（就地说）是静止而方正的，说到天地之间的事物是完备了。乾（是天），它静止时是专门（静止）的，它活动时（如春雷惊蛰）是刚直的，因此产生了大。坤（是地），它的静止时（如寒冬）是收敛的，它的活动时（如春天的草木萌生）是开辟的，因此产生了广。（乾坤所指范围的）广大跟天地相配，（乾坤所讲的）变通跟四季相配，（乾坤所讲的）阴阳的意义跟日月相配，（乾坤所讲的）平易简单的好处跟至德相配。

【注】

⊕远则不御：《周易集解》："虞翻曰：'御，止也。远谓乾，天高不御也。'"

⊕迩则静而正：同上："虞翻曰：'迩谓坤，坤至静而德方，故正也。'"古人称天圆地方。

⊕夫乾，其静也专，其动也直，是以大生焉：同上："宋衷曰：'乾静不用事，则清静专一，含养万物矣。动而用事，则直道而行，导出万物矣。一专一直，动静有时，而无夭瘁，是以大生也。'"

⊕夫坤，其静也翕，其动也辟，是以广生焉：同上："宋衷曰：'翕犹闭也。坤静不用事，闭藏微伏，应育万物矣。动而用事，则开辟群蛰，敬导沉滞矣。一翕一辟，动静不失时，而物无灾害，是以广生也。'"

㊹此处朱熹《周易本义》分章，无说明。《周易大传今注》不分章，与下章相接。

子曰："《易》，其至矣乎！夫《易》，圣人所以崇德而广业也。知崇礼卑，崇效天，卑法地。天地设位，㊺而《易》行乎其中矣。成性存存，道义之门。"

　　　　右第七章　　（右第六章　　此章亦虚夸《易经》之功用。）㊻

【译文】

夫子说："《易经》，它是极好了吧。《易经》，圣人用来推崇道德扩大事业的。它的智慧崇高，它的礼仪谦卑，崇高效法天，谦卑效法地。天地确立了上下的位子，易道就运行在它的中间了。它成就万物各自的本性，保存万物的存在，成为道义的门（道义就从它这里出来）。"

【注】

㊺设：确立。

㊻这一章，朱熹分为第七章，高亨作第六章，与朱熹所分第六章合为一章，并加说明。

圣人有以见天下之赜，而拟诸其形容，象其物宜，是故谓之象。㊼圣人有以见天下之动，而观其会通，以行其典礼，系辞焉以断其吉凶，是故谓之爻，言天下之至赜而不可恶也，㊽言天下之至动而不可乱也。拟之而后言，议之而后动，拟议以成其变化。[49]

（右第七章　　此章言圣人作《易经》在于象天下最复杂常运动之事物。）[50]

【译文】

圣人有了用（《易》卦爻）来看到天下事物的复杂，从而（用《易》卦爻）来比拟它的形态，象征它的事物的所宜，所以叫做象。圣人有了用（《易》的卦爻）来看到天下事物的变动，从而观察它的合会贯通，用来推行典章制度，（在卦爻）上系上卦辞爻辞来断定事物的吉凶，所以叫做爻。说到天下事物的极复杂却不可讨厌，说到天下事物极为变动却不可乱。用（《易》卦爻）来比拟事物而后说，来议论它而后行动，经过比拟议论来确定事物的变化。

【注】

㊼赜（zé 责）：复杂。诸：犹乎。物宜：万物的本性各有它的相宜处，如火宜于炎上，水宜于润下。象：指卦体，如用"乾"来指天，即是象。用卦体来象征物宜叫象。

㊽恶：朱熹《周易本义》："恶犹厌也。"

㊾成：犹定也。

㊿此章朱熹连下不分，此据《周易大传今注》分。

"鸣鹤在阴，其子和之。我有好爵，吾与尔靡之。"[51]子曰："君子居其室，出其言善，则千里之外应之，况其迩者乎？居其室，出其言不善，则千里之外违之，况其迩者乎？言出乎身，加乎民；行发乎迩，见乎远。言行，君子之枢机。(52)枢机之发，荣辱之主也。言行，君子之所以动天地也，可不慎乎！”

右第一节(53)

【译文】

“鸣叫的鹤在树荫里，它的小鹤和着它。我有好的杯酒，我跟你共同享受它。”夫子说：“君子住在室内，说出的话是善的，千里外的人就应和他，何况跟他靠近的人呢？住在室内，说出的话是不善的，千里外的人就反对他，何况靠近他的人呢？话从他说出，影响到百姓；行动从近处发出，影响到远处。言论行动，是作为君子的关键。关键一发动，成为荣或辱的主宰。言论行动，是君子的所以影响天地自然的，可以不谨慎吗！”

【注】

(51)引《中孚》九二爻辞。

(52)枢机：弩箭上装的机械，犹关键。

(53)朱熹不分节，这是据《周易大传今注》分节，下同。

“同人先号咷而后笑。”(54)子曰：“君子之道，或出或处，或默或语。二人同心，其利断金。(55)同心之言，其臭如兰。”

右第二节

【译文】

“聚众先号哭而后笑。”夫子说：“君子的道，有的出来做官，有的在家隐退，有的静默，有的说话。两人同心，像刀那样锋利，可以切断金属。同心的话，像兰花那样幽香。

【注】

(54)引《同人》九五爻辞。

(55)其利断金：即二人同心合力，可以破除困难，像金属也可切断。

“初六：藉用白茅，无咎。”(56)子曰：“苟错诸地而可矣，(57)藉之用茅，何咎之有？慎之至也。夫茅之为物薄，而用可重也。慎斯术也以往，其无所失矣。”

右第三节

【译文】

“倒数初一阴爻：用白茅做衬垫，无害。”夫子说：“祭品姑且放在地上可以了，用茅草来衬垫，有什么不好？是慎重之极。茅草这东西是微薄的，用起来可以慎重。用这种慎重的方法来办事，就没什么过失了。”

【注】

(56)引《大过》初六爻辞。

(57)苟：且。错：措，置。

“劳谦，君子有终，吉。”(58)子曰：“劳而不伐，有功而不德，(59)厚之至也。语以其功下人者也。德言盛，礼言恭。谦也者，致恭以存其位者也。”

右第四节

【译文】

“有功劳而谦让，君子有好结果，吉。”夫子说：“有劳苦而不自夸，有功劳而不自得，厚道之极。说到劳谦是谦让他的功劳，甘居人下的。

按照道德说是富有道德的，按照礼让来讲是恭敬的。谦让是表达恭敬来保存他的地位的。”

【注】

(58)此引《谦》卦九三爻辞。

(59)伐：夸耀。德：自以为得到功劳。

“亢龙有悔。”(60)子曰：“贵而无位，高而无民，贤人在下位而无辅，是以动而有悔也。”

右第五节

【译文】

“处在极高处的龙有悔恨。”夫子说：“尊贵而没有地位，极高而没有人民，贤人处在下位而他孤立在上没有辅佐，因此每一举动而有悔的。”

【注】

(60)此引《乾》卦上九爻辞。

“不出户庭，无咎。”(61)子曰：“乱之所生也，则言语以为阶。(62)君不密则失臣，臣不密则失身，几事不密则害成。(63)是以君子慎密而不出也。”

右第六节

【译文】

“没有走出家门，无害。”夫子说：“乱的所以产生，是说话不慎作为阶梯。君主不保密就失掉臣子，臣子不保密就失掉自身，重要的政事不保密就危害成功。因此君子谨慎保密而不泄漏。”

【注】

(61)此引《节》卦初九爻辞。

(62)阶：阶梯，如登楼要靠梯子，好比造成祸乱由于说话不慎。

(63)几事：君主处理政务称“万几”，几指政务。

子曰：“作《易》者，其知盗乎？《易》曰：‘负且乘，致寇至。’(64)负也者，小人之事也。乘也者，君子之器也。小人而乘君子之器，盗思夺之矣。上慢下暴，(65)盗思伐之矣。慢藏诲盗，冶容诲淫。《易》曰：‘负且乘，致寇至。’盗之招也。”

右第七节　右第八章　此章言卦爻之用。（此章记孔丘释《易经》卦爻辞之言凡七条。）(66)

【译文】

夫子说：“创作《易经》的，他懂得寇盗罢？《易经》说：‘背着东西乘车，招引寇盗来抢。’背着东西，是小民的事，乘车，是君子乘坐的交通工具。小民而乘坐君子的交通工具，寇盗就想来抢劫他了。上面怠惰，下面暴露，寇盗想攻打他了。怠慢收藏引诱寇盗，妖艳她的容貌引诱好色的人来淫乱。《易经》说：‘背着东西并且乘车，招引寇盗来抢。’是招引寇盗。”

【注】

(64)此引《解》卦六三爻辞。

(65)慢：怠惰。

(66)此章朱熹与高亨皆作第八章。

大衍之数五十，其用四十有九。⑥⑦分而为二以象两，⑥⑧挂一以象三，⑥⑨揲之以四以象四时，⑦⑩归奇于扐以象闰。⑦⑪五岁再闰，故再扐而后挂。⑦⑫天一，地二；天三，地四；天五，地六；天七，地八；天九，地十。天数五，地数五。五位相得而各有合，天数二十有五，地数三十，凡天地之数五十有五，⑦⑬此所以成变化而行鬼神也。《乾》之策二百一十有六，《坤》之策百四十有四，凡三百六十，当期之日。⑦⑭二篇之策万有一千五百二十，⑦⑮当万物之数也。是故四营而成《易》，⑦⑯十有八变而成卦，⑦⑰八卦而小成。⑦⑱引而伸之，触类而长之，天下之能事毕矣。显道神德行，是故可与酬酢，⑦⑲可与祐神矣。子曰："知变化之道者，其知神之所为乎。"

　　右第九章　　此章言天地大衍之数，揲蓍求卦之法，然亦略矣。意其详具于大卜筮人之官，而今不可考耳。其可推者，《启蒙》备言之。（此言论述《易经》筮法。作者认为：筮法上每一动作及蓍筮之数字皆与天地万物之道相应，以明《易经》包罗万象，亦虚夸之词也。）

【译文】

　　（占问用蓍草来）演算的数目是五十五根，其中用的是四十九根（余下的六根指六爻）。把（四十九根）分为两部分（放在上下）来象天地，（从上面的草里）抽出一根来（放在上下之间）来象天地人。（把上面的草）四根一组来分来象四时。把余下的草夹在左手指中间来象闰月。阴历五年两闰，故把下面的草（四根一组）来分，把余下的草夹在右手指中间，然后把两手指间夹的草挂起来。(《易经》以《乾》为天,《乾》用阳爻构成,阳爻—是奇数,)天以奇数一三五七九为天数。(以《坤》为地,《坤》用阴爻构成,阴爻--是偶数,)地以偶数二四六八十为地数。天数是五个奇数,地数是五个偶数。五个(奇数或偶数)相加而得到和数,天数(的和数)是二十五,地数(的和数)是三十。计天地的数是五十五,这是所以确定变化而贯通鬼神的。占到《乾》卦的草共计二百十六根,占到坤卦的草共计一百四十四根,合计三百六十根,约合一年的日数。《易经》上经下经两篇占草的数合计一万一千五百二十根,与万物之数相当。因此,(六十四卦都)经过四次布策而成为《易经》,经过十八次变而成为一卦,八卦是小成。引申八卦(为六十四卦),碰上同类的事物加以扩大,天下的能事完全在内了。能够显示出道和神及德行,因此可以跟人应对,可以帮助神灵了。夫子说:“知道变化的道的,他能知道神灵的作为吧。”

【注】

(67)大衍之数:占问吉凶用蓍草来演算的蓍草数是五十五根。衍,演算。五十,当作五十五,因下文说“凡天地之数五十有五”。大衍是演算天地之数。演算时只用四十九根,留出六根来表示六爻。

(68)分而为二以象两:把四十九根分成上下两堆象两仪,指天地。分两堆的数目不要求一致,可多可少。

(69)挂一以象三:从上面抽出一根草来放在上下两堆的中间成为三才,即天地人。

(70)揲(shé 舌)之以四:把四根草为一组来分。揲指分组。

(71)归奇于扐(lè 勒):奇,多余。扐,夹在手指间。把放在上面的草四根一组来分,分到末了,把多余的几根草夹在手指里。

(72)再扐而后挂：把放在下面的草，四根一组来分，把多余的草再夹在手指里。而后挂：把夹在手指里的草挂起来。

(73)《乾》☰是天，是阳爻。阳爻⚊是奇数。把奇数一三五七九加起来是二十五，称天数。《坤》☷是地，是阴爻。阴爻⚋是偶数。把偶数二四六八十加起来是三十，是地数。天数加地数是五十五，是天地之数。

(74)《乾》☰六爻，每得一爻要揲九次，揲一次按四根草一组来分，九次共分草三十六根。六爻乘三十六，得草二百十六根，称《乾》之策。《坤》☷六爻，每得一爻，要揲六次，每揲一次，按四根草来分，六次共分草二十四根。六爻乘二十四，得草一百四十四根，为《坤》之策。《乾》《坤》的策数，是草的重复说的，不是有这许多草。《乾》《坤》的策数加起来是三百六十，约与一年三百六十五日相当。期：一年。《乾》《坤》为天地，故《乾》《坤》的策数与天地循环一年的日数相当。

(75)《易经》分上经下经为二篇。《易经》六十四卦，每卦六爻，共三百八十四爻，阳爻与阴爻各为一百九十二爻。得一阳爻，要揲九次，每次按四根一组来分，九次为四九三十六策。一百九十二阳爻乘三十六策，得六千九百十二策。得一阴爻，要揲六次，每次按四根一组来分，四六得二十四策。一百九十二阴爻乘二十四，得四千六百〇八策。两共一万一千五百二十策。

(76)四营：四次演算，即上文指的：一，分而为二以象两；二，挂一以象三；三，揲之以四以象四时；四，归奇于扐以象闰。经过这四次演算称一变。

(77)十有八变而成卦：上面指出四揲成一变，又三变成一爻，六爻十八变成一卦。先说一变，按照上文的四揲，即四次演算，把上面的蓍草多余的夹在手指中；再把下面的草同样处理，把多余的草夹在手指中。不算夹在手指中的草，一变毕，结果：一，余四十四策；二，余四十策。二变，以一变所余之策再同样演算，二变毕，结果：一，余四十策；二，余三十六策；三，余三十二策。三变，以二变所余之策来演算，三变毕，结果：一，余三十六策，九揲之，即按四策一组来分，得九组，是为九，是为老阳，为可变之阳爻；二，余三十二策，八揲之，即按四策一组来分，得八组，是为八，是为少阴，是为不变的阴爻；三，余二十八策，七揲之，得七组，是为七，是为少阳，是为不变之阳爻；四，余二十四策，六揲之，得六组，是为六，是为老阴，是为可变之阴爻。经过三变，有得出四种之可能，实际上只能得出四种中的一种，如得三十六策，即得出阳爻，为九。如得出二十四策，而得出阴爻，为六。这样，经过三变，得出一爻。经过十八变，得出六爻，即成为一卦。

(78)八卦而小成：八卦指三爻所成的八个卦，占时要爻六才成一卦，所以三爻只是小成。

(79)酬酢：用酒来回敬，也指应对。

《易》有圣人之道四焉：以言者尚其辞，以动者尚其变，以制器者尚其象，以卜筮者尚其占。(80)是以君子将有为也，将有行也，问焉而以言。其受命也如响。无有远近幽深，遂知来物。(81)非天下之至精，其孰能与于此。参伍以变，错综其数。(82)通其变，遂成天下之文；极其数，遂定天下之象。(83)非天下之至变，其孰能与于此。《易》无思也，无为也，寂然不动，感而遂通天下之故。(84)非天下之至神，其孰能与于此。夫《易》，圣人之所以极深而研几也。^㉟唯深也，故能通天下之志；唯几也，故能成天下之务；唯神也，故不疾而速，不行而至。^㊱子曰"《易》有圣人之道四焉"者，此之谓也。

　　右第十章　　此章承上章之意，言《易》之用有此四者。（此章亦虚夸《易经》之作用，认为：《易》之本身则有三至，即"至精"、"至变"、"至神"，故圣人于《易》有四尚，即"尚其辞"、"尚其变"、"尚其象"、"尚其占"。）

【译文】

　　《易经》有圣人之道四个：用它来谈论的看重它的卦爻辞，用它来行动的看重它的变化，用它来制造器物的看重它的卦象，用它来卜吉凶的看重它的占问。因此君子将有作为，将有行动，用言语来问它。它接受人家的问，它的回报像回响。不论远的、近的、暗的、深的，遂即知道未来的事。不是天下的极精，谁能达到这样。（六爻中）有三数或五数的变化，有交错综合的爻位次数。通晓它的变化，遂即成为反映天下事的文辞；极尽卦爻的位数，遂即确定天下事物的象。不是天下的最善变化的，谁能达到这样。《易经》本来是没有思虑的，没有作为的，寂静不动，但（用真诚）感动它，遂能通晓天下的事。不是天下顶神妙的，谁能达到这样。《易经》，是圣人的所以极深入而研究它的微妙处。只因深奥，所以能够贯通天下人的意志；只因微妙，所以能够成就天下的事务；只因神妙，所以不急而快，不行动而来。夫子说"《易经》有圣人的道四个"的，就是这个说法。

【注】

⑧⓪言：指谈论事物。辞：卦爻辞。谈论事物的要从卦爻辞取得决定。变：卦爻辞的变化，用卦爻辞来决定行动。象：卦象，参考卦象来制造器物，见《系辞下》。占：用蓍草的演算来问吉凶。

⑧①来物：未来的事。

⑧②参伍以变，错综其数：《周易本义》："参者，三数之也。伍者，五数之也。错者交而互之。综者总而挈之。此亦皆谓撰蓍求卦之事，盖通三撰两手之策，以成阴阳老少之画；究七八九六之数，以定卦爻动静之象也。"

⑧③天下之文：指卦爻辞，是说明天下事物吉凶的文辞。天下之象：指卦象，用来说明天下事物的变化的。

⑧④卦爻辞本身是无思无为的。要人去占问它，人的诚信感动它，就能通天下事物的吉凶。

⑧⑤研几：研究事物显现以前的微露苗头，"几者动之微，吉凶之先见者也"。

⑧⑥神：神妙，指先见，事物还没出现，已经看到，所以"不疾而速，不行而至"。实际是没有出现，但已看到苗头。

子曰："夫《易》何为者也？夫《易》开物成务，⑧⑦冒天下之道，如斯而已者也。"是故圣人以通天下之志，以定天下之业，以断天下之疑。是故蓍之德圆而神，卦之德方以知，六爻之义易以贡。⑧⑧圣人以此洗心，退藏于密，吉凶与民同患。⑧⑨神以知来，知以藏往，其孰能与此哉！古之聪明睿知神武而不杀者夫！⁹⁰是以明于天之道，而察于民之故，是兴神物以前民用。圣人以此斋戒，以神明其德夫。⁹¹是故阖户谓之坤，辟户谓之乾，一阖一辟谓之变，往来不穷谓之通，见乃谓之象，形乃谓之器，制而用之谓之法，利用出入，民咸用之谓之神。⁹²

　　右第十一章　　（此章言圣人用《易经》以启其智，以明其德，以决其疑，以成其业，以制其法，以利其民，皆虚夸之词。然其论阴阳开辟之道尚可取也。）⁹³

【译文】

　　夫子说："《易经》是做什么的呢？《易经》是开创事物，成就业务，包括天下事物的道理，像这样而止的。"因此圣人用来通晓天下人的意志，来确定天下的事业，来决断天下人的怀疑。所以蓍草占问的好处是圆满而神妙，卦辞的好处是方正而智慧，六爻的意义用变化来告人。圣人用它来启发自己的心，退下来把它藏在秘密处，吉和凶与民同乐同忧。（用蓍的）神妙来知道未来，（用卦的）智慧来记住过去。谁能达到这样啊！古代的聪明智慧神武而不残暴的人吧！因此明白天道，细察人民的事，用蓍占神物来作为人民动作的先导。圣人用它时极为虔敬，来表示它具有神妙明智的好处。因此闭藏的叫做坤，开展的叫做乾，一闭一开叫做变化，（开闭出入）往来不停的叫做通，出现的物叫做象，具有形体的叫做器，制裁象和器来利用它叫做效法，在利用它时或出或入有所改动，人民都用它叫做神妙。

【注】

　　⑧⑦开物成务:开创事物，如《系辞下》说："为舟楫，盖取诸《涣》。"

认为《涣》卦里已经开创了舟楫。成就业务，如《易》讲事的吉凶，照吉事去做，成功了就是成务。

(88)蓍之德圆而神：用蓍草来占吉凶，或吉或凶没有一定，所以是圆满而神妙。卦之德方以知：卦辞有一定，所以是方正而智慧，跟蓍占不定的不同。德是本身所具有的属性，指蓍和卦所具有的好处。六爻讲变化的，易指变易，贡指告。

(89)洗：《释文》及《周易集解》本作“先”，犹先导，启发。退藏于密：即从卦爻辞得到启发后，先保密，不加宣扬。吉凶与民同患：指导人民趋吉避凶。同患，同忧乐，凶同忧，吉同乐，这里当省“乐”字。

(90)睿（ruì瑞）知：智慧而有远见。知，同智。杀：残暴。

(91)斋戒：指诚敬。神明其德：神指蓍之德圆而神，明指卦之德方以智。即用蓍和卦来知来藏往。

(92)阖户谓之坤：指地的静而闭藏。辟户谓之乾：指天的春雷惊蛰等。一阖一辟谓之变：指卦爻辞反映自然和人事的变化。往来不穷谓之通：指这种开阖变化是无穷尽的，懂得它才通。见乃谓之象：事物出现了用卦来表示叫象，如用乾来表天。器：有具体形象的叫器。制而用之谓之法：如根据《涣》卦来制造舟楫即是。利用出入：指在制作时有改进。

(93)朱熹《周易本义》里不分章，与下章连为一章。高亨《周易大传今注》里分章，并作了下面的说明。

是故《易》有大极，(94)是生两仪。两仪生四象。四象生八卦。八卦定吉凶。吉凶生大业。是故法象莫大乎天地。变通莫大乎四时。县象著明莫大乎日月。崇高莫大乎富贵。

备物致用，立功成器，㉟以为天下利，莫大乎圣人。探赜索隐，钩深致远，以定天下之吉凶，成天下之亹亹㊱者，莫大乎蓍龟。是故天生神物，圣人则之。天地变化，圣人效之。天垂象，见吉凶，圣人象之。河出图，洛出书，㊲圣人则之。《易》有四象，㊳所以示也。系辞焉，所以告也。定之以吉凶，所以断也。

右第十一章此章　　专言卜筮。（右第十二章　　此章言圣人受河图之启示，借蓍草之神灵，制定筮法，创作《易经》，以仿效宇宙形成之过程，象征天地日月四时诸种现象之变化，探求复杂隐晦深奥遥远之事物，定其吉凶，以指导人之行动，亦虚夸之词也。）

【译文】

所以《易经》有太极，（是宇宙的本体，）因此生出两仪（是天地）。两仪生出四象（是四时）。四象生出八卦，（扩展为六十四卦，）来确定事物的吉凶。（使人趋吉避凶，）产生大事业。所以用象来效法的没有比天地更大的。变通没有比四时更大的。把象悬挂在空中极为著明，没有比日月更大的。地位崇高，没有比富贵（而居君位）更大的。具备物品来供采用，建立功业，制成器具，用来供天下人利用，没有比圣人更大的。探索复杂隐蔽的情况，向深处远处钩引得来，来确定天下事物的吉凶，使人奋勉来完成天下的事业的，没有比著占龟卜的作用大的。所以天生著龟神物，圣人仿效它。天地变化，圣人效法它。天垂示各种象，现出或吉或凶，圣人用卦象来仿效它。黄河里出现图，洛水里出现书，圣人仿效它。《易经》有少阳、老阳、少阴、老阴四爻象，用来显示事物的刚柔变化。在卦爻上系上辞语，用来告人。在卦爻辞上决定吉或凶，用来决断。

【注】

㉛大极：即太极，指原始混沌之气。

㉜《周易大传今注》："'功'字今本脱，《汉书·货殖传》引《易》曰：'立功成器。'今据增。"

㉝亹亹（wěi尾）：勤勉。

㉞河出图，洛出书：说黄河里出图，伏羲仿照它作八卦。洛水里出书，大禹仿照它作《洪范》。《周易大传今注》认为河图洛书，当是黄河图、洛水图，载入《尚书·顾命》篇。这里讲的已经转变为神话。

㉟《易》有四象：见上㉞注。四象指少阳、老阳、少阴、老阴。老阳即"九"，老阴即"六"。

《易》曰："自天祐之，吉，无不利。"子曰："祐者，助也。天之所助者，顺也；人之所助者，信也。履信思乎顺，㊾又以尚贤也。是以自天祐之，吉，无不利也。"子曰："书不尽言，言不尽意。"然则圣人之意，其不可见乎？子曰："圣人立象以尽意，设卦以尽情伪，系辞焉以尽其言。变而通之以尽利，鼓之舞之以尽神。"乾坤，其《易》之缊邪？㊿乾坤成列，而《易》立乎其中矣。乾坤毁，则无以见《易》。《易》不可见，则乾坤或几乎息矣。㊿是故形而上者谓之道，形而下者谓之器。化而裁之谓之变，推而行之谓之通，举而错之天下之民谓之事业。是故夫象，圣人有以见天下之赜，而拟诸其形容，象其物宜，是故谓之象。圣人有以见天下之动，而观其会通，以行其典礼，系辞焉以断其吉凶，是故谓之爻。极天下之赜者存乎卦，鼓天下之动者存乎辞，化而裁之存乎变，推而行之存乎通，神而明之存乎其人，默而成之，不言而信，存乎德行。

　　右第十二章　　（右第十三章　　此章言《易经》能充分反映人之思想、言论与活动，又能反映天地万物之变化，而人类事业在于利用道与器而加以变通，《易经》之卦爻象及卦爻辞足以指导人去作此种事业。）㉚

【译文】

　　《易经》说："从天保佑他，吉，没有不利。"夫子说："佑是帮助。天所帮助的，是顺；人所帮助的，是信。行动信，思想顺，又加上尊重贤人。因此从天帮助他，吉，没有不利。"夫子说："书里不能完全记下所说的话，说话不能完全表达要说的意思。"然则圣人的意思，它不可以完全看到吗？夫子说："圣人创立象来完全表达他的意思，设立卦来完全包括真情和假意，系上辞来作为完全尽意的话。加以变通来得到全部好处，鼓舞它来收到全部神妙的作用。"乾坤是《易经》意义的蕴藏吧？乾坤定位，《易经》的道就确立在其中了。乾坤毁，就无从看见《易》道。《易》道看不见，乾坤或许近于熄灭了。所以形象以上的抽象道理叫做道，形象以下的具体东西叫做器。加以变化而改制叫做变，加以推行叫做通，取来把它用在天下人民身上叫做事业。所以象，圣人有了用来看到天下事物的繁杂，比拟它的形容，用象来显示它作为合宜的事物，所以叫做象。圣人有了用来看到天下事物的变动，而看到它的会通，来推行他的典章制度，系上卦爻辞来断定它的吉凶，因此称做爻。极尽天下事物的繁杂的在于卦，鼓动天下事物的变动的在于辞，变化而加以制裁的在于变，推行它的在于通，神妙而明白运用它的在于人，静默而作成它，不说而使民信从，在于德行。

【注】

⑨履信：实行诚信。

⑩缊：蕴藏。

⑩息：熄灭。

⑩此章朱熹没有说，此引自《周易大传今注》。

【说明】

陈梦雷《周易浅述》就《系辞上传》作了分章，有所阐发。现在就他对各章所论，稍加摘引，来说明各章内容的要点。他开头说："(《系辞传》)以其统论全经之大体凡例，故不与《彖传》《象传》同附于经，而自分上下云。"

"第一章首节，以造化之实，明作《易》之原。'是故'以下至'坤以简能'，言《易》理之见于造化者。'《易》则易知'以下，则言人之当体《易》也。"这里指出《易经》是根据"造化之实"来创作的。人当体会《易经》的道理。怎样体会？"卑高者，天地万物上下之位。""不言高卑，而言卑高者，高以下为基，人先见卑而后见高。"这就是一点。又称："方，事情所向，以类聚。善与善聚，恶与恶聚也。善有善之群，恶有恶之群，各有群，则善恶不得不分，此天下事物之情，《易》之吉凶即从此生。善以致吉，恶以召凶也。"这里把吉凶归于善恶，在正常情况下，是比较合理的。又称："人之所为，如《乾》之易，则其事要约而人易从易知，则非深险而不可测，与之同心者多，故有亲。易从则事无艰阻，与之协力者众，故有功。有亲自然可以长久，有功自然可以广大。德以所存主，言得于己也。业以所发见，言成于事者。可久者日新而不已，贤人之德也；可大者富有而无疆，贤人之业也。"这里讲《易经》讲的道是易从易知，所以有亲有功，这也是讲对《易》的体会。

第二章中谈到"学《易》之功"，引"君子所居而安者，《易》之序也"。称："序以卦言，如《剥》《复》《否》《泰》是也。以爻言，如'潜''见''飞''跃'是也。能循其序，则居之安矣。"这里指出《易》卦《剥》《复》从坏变好，《否》《泰》也是的。但反过来，从《晋》到《明夷》，就是从好变坏。这两种可能都存在。学《易》就要体会这两种变化，从坏变好，要抓住变好的苗头使它向好的方向转化。处在好的时候，要防制有坏的苗头起来。再像《乾》卦讲龙的"潜""见""飞""跃"，那要看时机，有时要"潜"，即隐退；有时要"见"，即出来；有时要"跃"或"飞"，一切按照时机和自己的能力来定。这是讲学《易》之功。

第三章"教人体卦爻辞之功"，引"忧悔吝者存乎介，震无咎者存乎悔"。称："介谓辨别之端，善恶已动而未形之时也。悔吝未至于吉凶，乃初萌动，可以向吉凶之微处，介又悔吝之微处，于此忧之，不至于悔吝矣。震，动也。不曰动而曰震，有所震动以求其无咎者，在乎深有所愧悔，以坚其补过之心，则不至于有咎矣。"这样体察卦爻辞，就从个人的思想改造来体会《易》的悔吝、无咎，把《易》的悔吝无咎跟个人的思想改造结合了。

第四章讲"穷理尽性以至于命"，引"与天地相似，故不违。知周乎万物而道济天下，故不过。旁行而不流。乐天知命故不忧"。因称："唯相似，故先天后天而不违也，此句统言之。以下不过不忧能爱，皆不违之事。天地之道，知仁而已。知周万物者，知同乎天也。道济天下者，仁同乎地也。""'旁行而不流'，《本义》谓'旁行者行权之知也。不流者守正之仁也'。"这里提到"先天后天而不违也"，"先天"指一种自然现象或社会现象还没有显著，只露出一点苗头，就要抓住它，好的苗头加以发扬，坏的苗头加以制止，不论发扬或制止，都符合客观规律。这就是先天而天不违。一种自然现象或社会现象，已经显著，好的加以发扬，坏的加以制止，都符合客观规律，这是后天而天不违。"天不违"即不违反客观规律，所以能够成功。违反客观规律，就要失败。"故不违"即不违反客观规律。怎样能不违反客观规律呢？"知周乎万物而道济天下"，智慧要考虑得全面，主要是能够认识道，道即客观规律。掌握了客观规律，才能"道济天下"，使天下人得利。这样做，有时"旁行而不流"，即有时要行权，虽然行权，但还是守仁。这里要讲到智和仁，"智周万物"，要作全面考虑而掌握客观规律。仁是要"仁民而爱物"，要考虑对人民有利，对物有利，即对生态环境要保护。这样做就能成功，故"乐天知命"，"故不忧"了。

第五章言道，引"显诸仁，藏诸用，鼓万物而不与圣人同忧"。称："显，自内而外也，运行之迹，生育之功，显诸仁也，德之发也。藏，自外而内也，神妙无方，变化无迹，藏诸用也，业之本也。圣人之与天地可同者，显仁藏用之德业也。不可同者，天地无心，圣人有心也。圣人仁万物而独任其忧，天地鼓万物而不与圣人同其忧。"这是说，天地化育生长万物，就所生长的万物说，是显的，就化育说是仁。就化育生长的作用说，是藏的。圣人改造自然和社会，不论是先天后天都是天不违的，都是符合客观规律，所谓"与天地可同者"，即同于天地的化育生长万物。圣人的改造成功了，即"显诸仁"，见出他的仁心。圣人在改造中的作用，一般人或不容易体会，即"藏诸用"。天地的化育生长万物是无心的，圣人的改造自然或社会，是抱着忧世的苦心，所以天地"鼓万物而不与圣人同忧"。这样讲圣人的"显诸仁，藏诸用"，还是要"与天地可同者"，即按照天地之道来改造，即按照客观规律来改造，可与上文相呼应。

"第六章赞《易》之广大而原于《乾》《坤》之二卦也。"引"夫乾，其静也专，其动也直，是以大生焉。夫坤，其静也翕，其动也辟，是以广生焉"。称："乾坤各有动静，静体而动用，静别而动交也。直专、翕辟，其德性功用如此。乾性健，其画奇，不变则其静专一不他，变则其动直遂不挠，以其一而实，故以质言曰大，言无所不包也。坤性顺，其画偶，不变故其静翕受无遗，变则其动开辟无壅，以其二而虚，故以量言曰广，言无所不容也。"这里讲乾坤的静和动，所谓"静别而动变"，即天地的体是不同的，是分别的；天地化生万物的作用是天地之气相交而成的。天静时"专一不他"，专于宁静。天动时，"直遂不挠"，如天打春雷、下春雨，成为惊蛰，使蛰伏的万物皆惊起，草木萌生，惊蛰和萌生所包括的范围极大，所以称大。地在静时"翕受无遗"，像在寒冬，地接受万物的蛰伏。"其动开辟无壅"，到春雷惊蛰，加上天的雨水滋润，蛰伏的万物都起来了，草木萌生了，地就开辟无壅。天的春雷惊蛰，与地的开辟无壅，又是配合的。就地的无所不容讲，是广。从乾坤讲，它的动静跟时令变化阴阳有关。《易经》讲六十四卦的阴阳变化吉凶，也跟乾坤的讲阴阳、时令、变化、动静有关，所以《易》的广大原于《乾》《坤》之二卦。

"第七章赞《易》道之至，圣人所以崇德广业而参天地也。"引"知崇礼卑，崇效天，卑法地"。称："知识贵其高明，圣人以《易》穷理，则知之崇如天而德崇矣。业由于礼，践履贵其着实，圣人以《易》践履，则礼之卑如地而业广矣。所见高于上，所行实于下，则道义从此生生不穷，犹天地设位而《易》行乎其中矣。"这里讲的知崇效天，跟先天后天而天不违是有联系的。圣人的知效法天，那末圣人的所作所为要合于天道，即合于客观规律，所以"知识贵其高明"，"知之崇如天"了。"卑法地"，即圣人的践履要谦卑而笃实，从而产生道义了。

第八章"言卦爻之用"，"示人以学《易》之变化"。第九章讲"求卦之法"。第十章"言《易》中之用有四者"，即"尚其辞""尚其变""尚其象""尚其占"。第十一章"专言卜筮之事"。第十二章言圣人作《易》之意，其散在六十四卦之爻象，其聚在《乾》《坤》之二卦。圣人用《易》之道，其散在天下之事业，其聚在一身之德行也。对这几章所说，有的分见于注中，不再摘引。

系辞下传

八卦成列，象在其中矣。因而重之，爻在其中矣。[1]刚柔相推，变在其中矣。[2]系辞焉而命之，动在其中矣。[3]吉凶悔吝者，生乎动者也。刚柔者，立本者也。变通者，趣时者也。吉凶者，贞胜者也。[4]天地之道，贞观者也。[5]日月之道，贞明者也。天下之动，贞夫一者也。[6]夫乾，确然示人易矣。[7]夫坤，恢然示人简矣。[8]爻也者，效此者也。象也者，像此者也。爻象动乎内，吉凶见乎外，功业见乎变，圣人之情见乎辞。天地之大德曰生，圣人之大宝曰位。何以守位曰仁。何以聚人曰财。理财正辞、禁民为非曰义。[9]

右第一章　　此章言卦爻、吉凶、造化、功业。（此章首论《易经》之义蕴与功用，次论圣人守位治民之要点。）

【译文】

八卦成为一列，（有天、地、雷、风、水、火、山、泽八物的象，）象在它的中间了。因此重叠为六十四卦，论爻的话包括在它中间了。（阳爻的刚、阴爻的柔，）刚柔互相推移，变化在它的中间了。把辞语连系在卦爻后面而告诉人，人的行动就在它的中间了。吉、凶、悔、吝，是从人的行动中产生出来的。刚和柔，是确立（阴爻阳爻的）根本，（是确立天地万物分阴分阳的根本）。变通，是（天地万物的变通）趋向四时，（人的行动的变通）趋向时机。吉凶，（正则吉，不正则凶），是以正取胜的。天地的道，是以正示人的。日月之道，是以正的光明照耀的。天下人的行动，端正在一个道上。乾，刚健地对人显示它的平易了。坤，柔顺地对人显示它的简约了。爻是仿效这天地之道的。象是形象这天地之道的。爻象在卦内变动，吉凶在卦外显现，（人们依照爻象的变动来趋吉避凶，建功立业）。功业在变动中显现。圣人的思想感情从卦爻辞中显现。天地的大德叫生长万物，圣人的大宝叫王位。凭什么来守住王位叫仁德。凭什么来使人归附叫财。整理财政、端正制度法令、禁止人民为非作歹叫义。

【注】

①八卦由爻构成，但用爻来分别事情的吉凶等是在六十四卦中，所以说爻在六十四卦中。

②在六十四卦中，爻有变动，阴爻变阳爻，阳爻变阴爻，成为另一卦，所以说刚柔相推。

③命：告。动：指人的趋吉避凶的行动。

④贞胜：以正为胜，正则吉，不正则凶。

⑤贞观：以正示人。观，示也。

⑥贞夫一：正于一，一指天地之道，以合于天地之道为正，即以合于自然规律为正确。

⑦确然：刚健地。易：平易。

⑧隤（tuí 颓）然：柔顺地。

⑨正辞：端正制度法令的条文。

古者包牺氏之王天下也，⑩仰则观象于天，俯则观法于地，观鸟兽之文与地之宜，近取诸身，远取诸物，于是始作八卦，以通神明之德，以类万物之情。作结绳而为网罟，以佃以渔，盖取诸《离》。⑪包牺氏没，神农氏作，⑫斲木为耜，揉木为耒，⑬耒耨之利，以教天下，盖取诸《益》。⑭日中为市，致天下之民，聚天下之货，交易而退，各得其所，盖取诸《噬嗑》。⑮神农氏没，黄帝、尧、舜氏作，通其变，使民不倦，神而化之，使民宜之。《易》，穷则变，变则通，通则久。是以自天祐之，吉无不利。黄帝、尧、舜垂衣裳而天下治，盖取诸《乾》《坤》。⑯刳木为舟，剡木为楫，舟楫之利，以济不通，致远以利天下，盖取诸《涣》。⑰服牛乘马，引重致远，以利天下，盖取诸《随》。⑱重门击柝，以待暴客，盖取诸《豫》。⑲断木为杵，掘地为臼，臼杵之利，万民以济，盖取诸《小过》。⑳弦木为弧，剡木为矢，弧矢之利，以威天下，盖取诸《睽》。㉑上古穴居而野处，后世圣人易之以宫室，上栋下宇，以待风雨，盖取诸《大壮》。㉒古之葬者，厚衣之以薪，葬之中野，不封不树，丧期无数。后世圣人易之以棺椁，盖取诸《大过》。㉓上古结绳而治，后世圣人易之以书契，百官以治，万民以察，盖取诸《夬》。㉔

右第二章　　此章言圣人制器尚象之事。（此章论述包牺作八卦及古人观象制器之事。作者将传说中原始社会人物视为历史上之帝王，将劳动人民之创造发明记在此辈帝王圣人名下，将劳动人民之智慧与实践归功于卦象之启示，纯是唯心主义之历史观。此乃由于作者之阶级立场与历史局限也。）㉕

【译文】

上古伏羲氏的统治天下，抬头就观察天象，低头就观察地形，观察兽蹄鸟迹与地上的植物，近的取自身体，远的取自各物，因此开始创作八卦，（用天、地、雷、风、水、火、山、泽八种物象，）来会通神妙明显的（天地万物的）德性，（用八卦来）分类区别天地万物的情状。结绳来做网，用网来捕鸟兽和捉鱼，大概是取自《离》卦。伏羲氏死后，神农氏兴起，砍木做木锄，弯曲木做木犁，木犁木锄的好处，用来教天下人，大概取自《益》卦。日中做市集，招引天下的民，聚集天下的货物，交易而退，各自得到他们所需要的，大概取自《噬嗑》卦。神农氏死后，黄帝、尧、舜相继兴起，通晓事物和前人创制的变化，使民利用它而不厌倦，加上神妙的改作，使民合用。《易》道行不通时就变，变了就行得通，行得通就可以长久。因此从天帮助它，吉而无不利。黄帝、尧、舜作衣裳下垂而天下治，大概取自《乾》卦《坤》卦。挖空木为船，削木为楫，船和楫的好处，用来渡过不通的河道，到达远处使天下人得利，大概取自《涣》卦。驾牛拉车来运重物，驾马拉车来行远路，使天下人得益，大概取自《随》卦。双重门加打梆巡查来对付盗贼，大概取自《豫》卦。截断木材做木杵，掘地做臼，臼杵的好处，万民得益，大概取自《小过》。加弦于弯木上做弓，削尖木材做箭，弓箭的好处，用威力来慑服天下，大概取自《睽》卦。上古住在洞穴和野地，后世圣人改用房屋，上有屋梁，下有墙壁，来对付风雨，大概取自《大壮》卦。上古的下葬，用草柴包得很多，葬在野地里，不堆土做坟，不种树，服丧的期限没有定数。后世圣人改用棺和外棺，大概取自《大过》卦。上古结绳记事来治理，后世圣人用文字来代替它，百官用它来治理政事，万民用它来明察事理。大概取自《夬》卦。

【注】

⑩包牺氏：即伏羲氏。相传原始社会中进入渔猎时代的氏族，已经能够结网来捕捉鸟兽和捕鱼。《系辞传》作者认为伏羲氏始作八卦，又认为伏羲氏作六十四卦，所以说他的作网，大概是从《离》卦来的。

⑪罔罟（gǔ古）：网。佃：捕鸟兽。渔：捕鱼。《离》：《离》卦离上离下。《周易集解》："虞翻曰：'离为目，巽为绳。目之重者唯罟，故结绳为罟。'"《离》卦是离上离下，是重离。离为目，重目为网。

⑫神农氏：指原始社会中开始从事农业的氏族。

⑬斲（zhuó斫）：削。耜（sì四）：木锄。耒（lěi累）：木犁。

⑭《益》：《益》卦震下巽上。《说卦》："巽为木"，"震，动也"。木锄、木犁在地上动土，为耕田之象。

⑮《噬嗑》：《噬嗑》卦震下离上。《说卦》："离为日"，"震，动也"。众人在日下往来，为日中为市。

⑯垂衣裳而天下治：《周易集解》："九家易曰：'至乎黄帝始制衣裳，垂示天下。'"《乾》《坤》：同上："九家易曰：'衣（上衣）取象《乾》，居上覆物，裳（下裳）取象《坤》，在下含物也。'"

⑰刳（kū枯）：挖空。剡（yǎn掩）：削尖。《涣》卦坎下巽上，《说卦》："巽为木，坎为水。"木船在水上，为舟楫之象。

⑱服、乘：驾车。引重：拉重物。致远：行远路。《随》：《随》卦震下兑上。《国语·晋语》："震，车也。"《说卦》："兑为羊。"为羊有畜牲意，引申为牛马驾车。

⑲暴客：指盗贼。《豫》：《豫》卦坤下震上。地下雷上，击柝巡行地上，动而有声于地上。

⑳《小过》：《小过》卦艮下震上。《周易集解》："虞翻曰：'艮为小木'，'故断木为杵。坤为地，艮手持木以缺坤三，故缺地为臼。艮止于下，臼之象也。震动而上，杵之象也。'故取诸《小过》。'"

㉑《暌》：《暌》卦兑下离上。《周易集解》："虞翻曰：'兑为小木。'"小木为弓。离为绳：即"弦木为弧"。

㉒宫室：房屋。栋：屋梁。宇：屋边墙壁。《大壮》：《大壮》卦乾下震上。乾为天，野外的天似穹庐，比房屋。震比雷雨，像房屋可避风雨。

㉓椁（guǒ果）：套在棺外的外棺。《大过》：《大过》卦巽下兑上，巽内兑外。巽为木，指棺椁，兑为泽，指坑，像墓穴，指棺椁在墓穴中。

㉔书契：文字。《夬》：《夬》卦乾下兑上，兑为小木。《说卦》："乾为金。"金属指刀，刀刻木简为书写记事。

㉕引自《周易大传今注》。

是故《易》者，象也，象也者，像也。彖者，材也。㉖爻也者，效天下之动者也。是故吉凶生而悔吝著也。

右第三章　（此章言《易经》之卦爻象及卦爻辞可以体现人事之吉凶悔吝。）

【译文】

所以《易经》的内蕴是卦象，卦象是用卦来象事物。彖是裁断。爻是仿效天下事物的变动。所以吉凶产生，人事的悔吝显出。

【注】

㉖彖：判断，判断卦辞的话。材：通裁，即裁断。

阳卦多阴，阴卦多阳，其故何也？阳卦奇，阴卦耦。其德行何也？阳一君而二民，君子之道也。阴二君而一民，小人之道也。

右第四章　　（此章解释阳卦阴卦。）

【译文】

阳卦（指震☳、坎☵、艮☶，皆两阴爻，一阳爻）多阴爻，阴卦（指巽☴、离☲、兑☱，皆两阳爻，一阴爻）多阳爻，是什么缘故？阳卦是奇数，（震、坎、艮都是五画，是奇数）。阴卦都是偶数，（巽、离、兑都是四画，是偶数）。它们代表什么德行？阳卦一君二民，（震、坎、艮皆只有一阳爻代君，两阴爻代民，一君统治众民），这是君子之道。阴卦二君而一民，（巽、离、兑三阴卦皆两阳爻代君，一阴爻代民，二君统治一民，即一民受多数君的剥削），是小人的道。

《易》曰："憧憧往来，朋从尔思。"㉗子曰："天下何思何虑？天下同归而殊途，一致而百虑。㉘天下何思何虑？日往则月来，月往则日来，日月相推而明生焉。寒往则暑来，暑往则寒来，寒暑相推而岁成焉。往者屈也，来者信也，㉙

屈信相感而利生焉。尺蠖之屈，^㉚以求信也。龙蛇之蛰，以存身也。精义入神，以致用也。利用安身，以崇德也。过此以往，未之或知也。^㉛穷神知化，德之盛也。"

右第一节^㉜

【译文】

《易经》说："热闹地来往，朋友听从你。"夫子说："天下人想什么，考虑什么？天下人走不同的路，到达同一个地方；经过多种考虑，达到同一个目的。天下人想什么，考虑什么？太阳落去月亮就升起，月亮落去太阳就升起，太阳月亮互相推移产生光明。寒天过去了暑天到来，暑天过去了寒天到来，寒天和暑天相互推移而确定一年。过去的是屈退，到来的是伸进。屈退和伸进互相感应交替产生利益。尺蠖的屈退，是求得伸进。龙蛇的蛰伏，用来保存身体。精通事物的义理，进入神妙的境地，用来达到运用。利用所学，来使自身安好，用来提高才德。超出以上讲的，未曾知道别的。彻底研究事物的神妙，知道事物的变化，这是盛德。"

【注】

㉗此引《咸》卦九四爻辞。憧憧：状往来的热闹。朋：朋贝，指钱币。思：语助词。原指商人往来经商，赚了钱。《系辞传》作者另作解释，作朋友跟从你。

㉘一致：目的一致。百虑：多种打算。

㉙信：同伸。

㉚尺蠖：屈伸之虫，行动时先一屈，再一伸前进。

㉛未之或知也：未有知之也。或：有。

㉜分节据《周易大传今注》。

《易》曰："困于石，据于蒺藜，入于其宫，不见其妻，凶。"㉝子曰："非所困而困焉，名必辱。非所据而据焉，身必危。既辱且危，死期将至，妻其可得见耶！"㉞

右第二节

【译文】

《易经》说："绊倒在石子上，手撑在有刺木上，进到房里，不见他的妻，凶。"夫子说："不该绊倒而绊倒，名必受辱。不该撑而撑的，身必危险。既受辱并且危险，死期将到，妻岂可得见啊！"

【注】

㉝引文见《困》六三爻辞。

㉞其：岂。

《易》曰："公用射隼于高墉之上，获之，无不利。"㉟子曰："隼者，禽也。弓矢者，器也。射之者，人也。君子藏器于身，待时而动，何不利之有？动而不括，㊱是以出而有获，语成器而动者也。㊲"

右第三节

【译文】

《易经》说："公在高城墙上用箭射鹰，得到它，没有不利。"夫子说："隼是鸟，弓矢是工具。射它的是人。君子把工具藏在身上，等待时机才发动，有什么不利？发动而没有阻碍，因此出动而有收获，说到有现成的工具而后发动的。"

㉟引文见《解》卦上六爻辞。

㊱括：阻塞。

㊲语成器而动：《周易正义》："语论有见（现）成之器而后兴动也。"

子曰："小人不耻不仁，不畏不义，不见利不劝，㊳不威不惩。小惩而大诫，此小人之福也。《易》曰：'履校灭趾，无咎。'㊴此之谓也。"

右第四节

【译文】

夫子说："小人不以不仁为耻，不怕行为不义，不看见利不劝勉，不看见威严不惩戒。假如受到小的惩处而能大加警诫，这是小人的幸福。《易经》说：'拖着脚枷，遮住脚趾，无害。'即这个说法。"

【注】

㊳劝：勉力。

㊴引文见《噬嗑》卦初九爻辞。

"善不积不足以成名，恶不积不足以灭身。小人以小善为无益而弗为也，以小恶为无伤而弗去也，故恶积而不可掩，罪大而不可解。《易》曰：'何校灭耳，凶。'"㊵

右第五节

【译文】

（夫子说：）"善行不积累够不上成就好名声，恶行不积累够不上灭亡。

小人认为行小善是无益而不行，认为行小恶为无害而不去，故恶行积累而不可掩盖，罪行积大而不可赦。《易经》曰：'戴着颈枷遮住耳朵，凶。'"

【注】

⑩引文见《噬嗑》卦上九爻辞。

子曰："危者，安其位者也。亡者，保其存者也。乱者，有其治者也。是故君子安而不忘危，存而不忘亡，治而不忘乱，是以身安而国家可保也。《易》曰：'其亡其亡，系于苞桑。'"⑪

右第六节

【译文】

夫子说："危险的，由于过去平安地处在他的位子（忘记危险）。灭亡的，由于过去保持他的存在（忘记灭亡）。变乱的，由于过去有他的治理（忘掉变乱）。因此君子平安时不忘掉危险，存在时不忘掉灭亡，治理时不忘掉变乱，因此身体平安而国家可以保存。《易经》说：'将亡！将亡！寄托于茂盛的桑树。'"

【注】

⑪引文见《否》卦九五爻辞。按《否》卦指"将亡！将亡！寄托在苞草和桑枝上"。苞草、桑枝是柔弱的，不可靠。这里把"苞桑"解作"茂盛的桑树"，认为可靠，与《否》卦原意不同，再说桑树不像松柏，还不一定可靠。

子曰："德薄而位尊，知小而谋大，力小而任重，鲜不及矣。《易》曰：'鼎折足，覆公𫗧，其形渥，凶。'言不胜其任也。"⑫

右第七节

【译文】

夫子说："品德差而地位高，知识少而谋划大，力量小而任务重，很少不及于祸患。《易经》说：'鼎折断了脚，翻倒公的粥，它的形状湿湿的，凶。'说是担负不了他的任务。"

【注】

⑫引文见《鼎》卦九四爻辞，对这个爻辞，有不同解释，见爻辞注说明。

子曰："知几其神乎！君子上交不谄，下交不渎，其知几乎？几者，动之微，吉凶之先见者也。⑬君子见几而作，不俟终日。《易》曰：'介于石，不终日，贞吉。'介如石焉，宁用终日，断可识矣。君子知微知彰，知柔知刚，万夫之望。"⑭

右第八节

【译文】

夫子说："知道一点预兆，它是神妙吧！君子结交上级不谄媚，结交下级不轻慢，他是知道预兆吧！几是有点微细的发动，是吉凶的预兆。君子看到预兆就行动，不等到一整天。《易经》说：'坚如石，不到一整天（就变柔），占问吉。'坚如石，何用一整天，断然可以知道了。君子知道微细的，知道明显的，知道柔婉的，知道刚健的，是万人的希望。"

【注】

⑬几：预兆。原本无"凶"字。据《汉书·楚元王传》引文补。

㊹引文见《豫》六二爻辞。介：坚。宁：犹何。

子曰："颜氏之子，其殆庶几乎？㊺有不善未尝不知，知之未尝复行也。《易》曰：'不远复，无祗悔，元吉。'"㊻

右第九节

【译文】

夫子说："颜家的儿子颜回，他大概差不多吧？有不善没有不知道，知道了没有再犯。《易经》说：'走不远就回来，没有大问题，大吉。'"

【注】

㊺殆：大概。庶几：近乎，差不多，指品德修养已经达到很高程度。

㊻引文见《复》卦初九爻辞。祗：大。

天地细缊，万物化醇。㊼男女构精，万物化生。《易》曰："三人行则损一人，一人行则得其友。"言致一也。㊽

右第十节

【译文】

天地的阴阳二气交融，万物普遍化生。男女和动物两性的构精，万类化生。《易经》说："三人同行就亏损一人，一人独行就得到他的朋友。"说是达到一致。

【注】

㊼细缊（yīn yūn 因云）：指气的盛而交融。醇（chún 纯）：平均，普遍。

㊽引文见《损》卦六三爻辞。致一：达到一致。

子曰："君子安其身而后动，易其心而后语，^⑭定其交而后求。君子修此三者，故全也。危以动，则民不与也。^⑮惧以语，则民不应也。无交而求，则民不与也。莫之与，则伤之者至矣。《易》曰：'莫益之，或击之，立心勿恒，凶。'"^⑯

右第十一节　　右第五章　　（此章记孔丘释《易经》爻辞共十一条。）

【译文】

夫子说："君子在身子安定以后才行动，心平静以后才说话，交情确定以后才求他帮助。君子讲究这三点，所以安全。冒着危险去行动，人们不赞助他。怀着恐惧说话，人们不呼应他。没有交谊去求人，人们不帮助他。没有人帮助他，伤害他的人就来了。《易经》说：'没有人帮助他，有人攻击他，用心不定，凶。'"

【注】

⑭易：平易，指平静。

⑮与：赞许。下"与"字作帮助。

⑯引文见《益》卦上九爻辞。恒：持久，指坚定。

子曰："乾坤，其《易》之门邪？"^⑰乾，阳物也；坤，阴物也。^⑱阴阳合德，而刚柔有体。^⑲以体天地之撰，以通神明之德。^⑳其称名也，杂而不越。^㉑于稽其类，其衰世之意邪？^㉒夫《易》彰往而察来，而微显阐幽，开而当名，辨物正言，断辞则备矣。^㉓其称名也小，其取类也大。其旨远，其辞文，其言曲而中，其事肆而隐。⁵⁹因贰以济民行，⁶⁰以明失得之报。

右第六章　　此章多缺文疑字，不可尽通，后皆放此。（此章首言《易经》卦爻之阴阳，可以像天地万物之阴阳两性，次言卦爻辞之特点及其功用。）

【译文】

夫子说："（八卦中的）乾卦坤卦，大概是《易经》的门吧。"乾是阳性物，坤是阴性物。阴性和阳性的本性互相配合，而阳刚阴柔各有本体。用来体察天地的创造万物，用来会通神妙明显的万物的属性。《易经》称各卦的名称，复杂而不逾越。在考察它的事类，岂有衰世的意味吗？《易经》明显过去，考察未来，使微细的显露，幽暗的明白，开卷正名，辨别事物作出正确的言论，加上判断，都已具备了。它的标举名称是小的，它用来指同类事物是大的。它的用意是深远的，它的辞语是有文采的，它的话曲折而中的，它讲的事直而含蓄，因人的疑惑（通过占词）来完成人们的行动，用来说明或得或失的预报。"

【注】

⑤②其：大概。《易》之门：即通过乾坤可以了解《易经》中有关阴阳、刚柔变化的道理等。

⑤③乾，阳物也；坤，阴物也：乾☰是三个阳爻构成，坤☷是三个阴爻构成。

⑤④德：指事物本身所具有的属性，乾坤的德即阳和阴。合德即阴阳配合。刚柔有体：阳为刚，阴为柔，刚柔成为乾坤的本体。

⑤⑤体：体察。天地：即乾坤。撰：创作，指天地创作万物。通：通晓。

神明之德：天地神妙而明显的属性。天地化育万物是神妙的，天地所化育的万物，又是明显的，这种化育万物又成为天地的德性。

⑤称名：指六十四卦之名。杂而不越：复杂而不相逾越，各有界限。

⑤稽：考。类：事类。考六十四卦所指的事类，大概有指衰世之意。

⑤微显阐幽：显微阐幽，使微的显，幽的明。开而当名：开卷而事物与卦名相当。辨物正言：辨别事物而正确发言。断辞则备：判断的辞备有吉凶。

⑤肆而隐：直而隐蔽，言吉凶是直，但为什么是吉凶又隐蔽。

⑥贰：指人因疑惑去占问。济民行：看了卦爻的或吉或凶，成就人的或行或止。

《易》之兴也，其于中古乎？⑥作《易》者，其有忧患乎？是故《履》，德之基也，⑥《谦》，德之柄也，⑥《复》，德之本也，⑥《恒》，德之固也，⑥《损》，德之修也，⑥《益》，德之裕也，⑥《困》，德之辨也，⑥《井》，德之地也，⑥《巽》，德之制也。⑦《履》，和而至，⑦《谦》，尊而光，⑦《复》，小而辨于物，⑦《恒》，杂而不厌，⑦《损》，先难而后易，⑦《益》，长裕而不设，⑦《困》，穷而通，⑦《井》，居其所而迁，⑦《巽》，称而隐。⑦《履》以和行，⑧《谦》以制礼，⑧《复》以自知，⑧《恒》以一德，⑧《损》以远害，⑧《益》以兴利，⑧《困》以寡怨，⑧《井》以辨义，⑧《巽》以行权。⑧

右第七章　此章三陈九卦，以明处忧患之道。（此章言《易经》作者似有忧患，以《履》《谦》《复》《恒》《损》《益》

《困》《井》《巽》九卦之卦义说明其论点。按其所说卦义多不合经意。)

【译文】

《易经》的兴起，大概在中古吧？创作《易经》的，大概有忧患吧？因此，《履》卦是德行的基础，《谦》卦是德行的柄，《复》卦是德行的根本，《恒》卦是德行的固定，《损》卦是德行的修养，《益》卦是德行的扩充,《困》卦是德行的辨别,《井》卦是德行的地位,《巽》卦是德行的制裁。《履》卦和而达到礼,《谦》卦谦逊而光明,《复》卦从小事遍及事物,《恒》卦周遍而不厌倦,《损》卦先难而后易,《益》卦长久宽裕而不是有意做作,《困》卦身穷困而道通顺，《井》卦处于其所而能施德于人，《巽》卦有所称道而隐讳。《履》卦用和来行动，《谦》卦用来照礼行动，《复》卦用来自觉,《恒》卦用来专一于德行,《损》卦用来避开害处,《益》卦用来兴利,《困》卦用来减少怨恨，《井》卦用来辨别正义，《巽》卦用来实行权变。

【注】

(61)中古：指商周时代。

(62)《履》，德之基：履指礼，礼是德行的基础。

(63)《谦》，德之柄：谦虚能执行德行，故称柄，柄可执。

(64)《复》，德之本：复是回来，回到善上，是德行的根本。

(65)《恒》，德之固：恒指坚持德行，久而不变，故称德行的坚固。

(66)《损》，德之修：损是减少过失，所以是德行的修养。

(67)《益》，德之裕：益是增进善念美行，所以是德行的扩大。

(68)《困》，德之辨：困是处境穷困，那末有德或无德，就可以辨明。

(69)《井》，德之地：井水养人，像德行所处的地位。

⑦⓪《巽》，德之制：巽是谦逊，德行以谦逊作制裁，合于谦逊的才有德。

⑦①《履》，和而至：履讲行动，要讲礼，礼要和，和了才到达礼。

⑦②《谦》，尊而光：尊读为撙（zǔn），谦抑。谦是抑损自己而光荣。

⑦③《复》，小而辨于物：复指回来，回到善上，从小事做到，遍及一切事物。辨通遍。

⑦④《恒》，杂而不厌：恒指长久。杂读为匝，周遍，长久做好事，始终不倦。

⑦⑤《损》，先难而后易：损是减少过失，先减难减的，后减易改的。

⑦⑥《益》，长裕而不设：益是使人受益，就长久宽裕，出于自然而不是有意设施。

⑦⑦《困》，穷而通：困是贫困，身贫困而道通。

⑦⑧《井》，居其所而迁：井水可养人，指处在可以养人的地位而施德于人。

⑦⑨《巽》，称而隐：巽是退让，有所称说，只说自己不是退让，不说自己是退让，这是隐。

⑧⓪《履》以和行：履指行动，用和来行动。

⑧①《谦》以制礼：用谦让来制定礼节。

⑧②《复》以自知：复指回到行善，是出于自觉。

⑧③《恒》以一德：恒久指专一于德行。

⑧④《损》以远害：损指减少自己的过失，可以避免祸害。

⑧⑤《益》以兴利：益是增加做好事，即兴利。

⑧⑥《困》以寡怨：贫困而守道，不做坏事，就少结怨。

⑧⑦《井》以辨义：井水养人，养人是义，不养人是不义，所以通过

它来分辨义与不义。

⑧《巽》以行权：巽是退让，退让不明说退让，却说不是退让，这是一时权宜之计。

《易》之为书也不可远，为道也屡迁，变动不居，周流六虚，⑧上下无常，刚柔相易，不可为典要，唯变所适。⑨其出入以度外内，使知惧。又明于忧患与故。⑨无有师保，如临父母。⑨初率其辞而揆其方，既有典常。⑨苟非其人，道不虚行。

右第八章　（此章言《易经》卦爻之变化无常，卦爻辞之义理有常，可以指导人事，但在人之善于体会运用。）

【译文】

《易经》作为书是不可离开，作为讲的道是屡次变化，它变动不定，（这种变动）周遍流转在六爻的位子上。（六爻的变化）在上位或下位，没有一定。（六爻的阳爻为刚，阴爻为柔，）或刚变为柔，或柔变为刚，互相转换，不可作为定规，只要适应变就变。它的出于本卦，入于变卦，计量从外卦到内卦的联系，（定出吉凶，）使人警惕。又使人明白忧患与事故。虽没有师保的教训，如见父母在上。开始按照它的卦爻辞来考较它的道理，既而有了规范。假如不是明晓的人，《易》道是不会凭空贯彻的。

【注】

⑧变动不居，周流六虚：六虚指六爻之位。不居：指不停在那一位。六爻的变动是不定，周遍于六爻之内，每一爻都可变。

⑨上下：六爻或上爻变，或下爻变，不定。刚柔：六爻或刚变柔，

或柔变刚，也不定。不可为典要：因此不可以哪种变作为定规。唯变所适：哪个爻适于变就变。

(91)出入：在占蓍时先求得两个卦，先得的卦称本卦，后得的卦称变卦（古人称之卦）。两卦比较，找出两卦中不同的爻来看爻辞，定吉凶，即出于本卦，入于变卦。外内：本卦为内卦，变卦为外卦，两卦比较而找出不同的爻来，即度外内。知惧：找出爻辞，看了爻辞上说的吉凶，知道警惕，要趋吉避凶。凶指忧患、事故。

(92)无有师保，如临父母：《周易集解》："干宝曰：'虽无师保切磋之训，其心敬戒，常如父之临己者也。'"

(93)率：遵循。辞：卦爻辞。揆其方：考量《易经》所讲的道理。典章：规范。

《易》之为书也，原始要终，以为质也。[94]六爻相杂，唯其时物也。[95]其初难知，其上易知，本末也。[96]初辞拟之，卒成之终。[97]若夫杂物撰德，辩是与非，则非其中爻不备。[98]噫亦要存亡吉凶，则居可知矣。[99]知者观其彖辞，则思过半矣。二与四同功而异位，其善不同，二多誉，四多惧，近也。[100]柔之为道不利远者。其要无咎，其用柔中也。三与五同功而异位，三多凶，五多功，贵贱之等也。其柔危，其刚胜耶？

右第九章　（此章言六爻之特点，但均非通例，《易经》本少有通例。）

【译文】

《易经》作为书，（对待一个事物，）考察它的开头，探求它的终结，用作研求一事物的整体。六爻的互相交错，是像它一定时期内的事物。光看它的初爻，难以明白，看了它的上爻才容易明白，是看了本末。初爻的辞比拟事的开始，最后（上爻的辞）确定事的结局。至于错杂它的事物，陈述它们的属性，辨别是和非，那末不是中间的第二、三、四爻不完备。还是也求存亡吉凶，就安坐而可知了。聪明的人看了它的卦辞，就考虑到超过半数了。倒数第二爻与倒数第四爻起到同样作用而位子不同，它的吉也不同，倒数第二爻多称誉，比较靠近；倒数第四爻多怕惧，比较离远。阴柔的道对离远的不利。它的（倒数第二爻）主要是无害，它的作用是柔顺而居中位，倒数第三爻与倒数第五爻同样作用而位子不同。倒数第三爻多凶，因为位子居贱；倒数第五爻多功效，因为位子尊贵。这两爻倘是阴柔的危险，倘是阳刚的好吧？

【注】

⑭原：察。要：求。质：整体。

⑮杂：错杂。时物：一定时间内的事物。

⑯初：初爻。上：上爻。本末：初爻为本，上爻为末。

⑰初辞：初爻辞。卒：上爻辞。

⑱撰德：论述德性，论述物的属性。中爻：倒数第二、第三、第四、第五爻。

⑲噫：抑。要：求。居：犹安坐。

⑳近也：《周易大传今注》：“近上疑当有远字。”近指多誉，远指多惧。

《易》之为书也，广大悉备。有天道焉，有人道焉，有地道焉。兼三才而两之，故六。[101]六者非它也，三才之道也。道有变动，故曰爻。爻有等，[102]故曰物。物相杂，故曰文。[103]文不当，故吉凶生焉。

　　　　右第十章　　（此章言《易经》包括天地人之道，能示人以吉凶，按多虚夸之词。）

【译文】

　　《易经》作为书，内容广大，一切都具备。有天道，有人道，有地道。兼有天地人三才再加重复，故成为六爻。六爻不是别的，（倒数初、二两爻象地，倒数三、四两爻象人，倒数五、六两爻象天，）是天地人三才的道。道有变动，故称爻。爻有类别，故称物。物相夹杂，故称文。夹杂得恰当的生吉，夹杂得不恰当的生凶。

【注】

　　[101]三才：指天地人。两之：加一倍。六：指六爻。

　　[102]等：类别。

　　[103]杂：指阴阳刚柔交错而成卦爻辞。

　　《易》之兴也，其当殷之末世，周之盛德邪？当文王与纣之事邪？是故其辞危。[104]危者使平，易者使倾。[105]其道甚大，百物不废。惧以终始，其要无咎，此之谓《易》之道也。

　　　　右第十一章　　（此章言《易经》可能作于殷之末世，与文王之事有关，故多警惕自危之词。）

【译文】

《易经》的兴起，大概在殷的末代，周的德教兴盛时吧？正当文王与纣王的事件吧？所以它的卦爻辞倾危。知倾危能使它平易，知平易能使它倾危。它的道很广大，一切事物都不能除外。警惧于事的始终，它的主要是无害，这是说《易》的道。

【注】

⑩危：指文王被纣王囚禁，所以怕危亡。

⑩危者使平，易者使倾：知危则戒惧，才能平安，知平易则偷安，才会倾危。

夫乾，天下之至健也，德行恒易以知险。⑩夫坤，天下之至顺也，德行恒简以知阻。⑩能说诸心，能研诸（侯之）虑，定天下之吉凶，成天下之亹亹者。⑩是故变化云为，吉事有祥。象事知器，占事知来。⑩天地设位，圣人成能。人谋鬼谋，百姓与能。八卦以象告，爻象以情言，刚柔杂居，而吉凶可见矣。⑩变动以利言，吉凶以情迁。是故爱恶相攻而吉凶生，远近相取而悔吝生，情伪相感而利害生。凡《易》之情，近而不相得则凶，或害之，悔且吝。将叛者其辞惭，中心疑者其辞枝，吉人之辞寡，躁人之辞多，诬善之人其辞游，失其守者其辞屈。

　　右第十二章　　（此章言天道易中有险，地道简中有阻，人须研究此种现象，方能占其吉凶。《易经》能告人以吉凶，但吉凶在于人之才德及人与人的关系。末言人之心术不同，则其辞不同，听其言可以知其人。）

【译文】

乾是天下最刚健的，它的德行经常是平易的，却知道艰险。坤是天下最柔顺的，它的德行经常是简约的，却知道险阻。能够在心里察阅（天地之道），能够研究各种考虑，决定天下事的吉凶，成就天下人的奋勉。所以变化的称说与作为，照吉事去做有祥瑞。通过《易》卦的象事物，知道创造器具，通过占问知道未来。天地设立上下的位子，圣人仿效它来成就他的才能。通过人的谋划，和占问的鬼神的谋划，百姓赞助能者。八卦用象来告诉人，卦爻辞照情况来说话，刚柔杂处，吉凶可见了。事情的变动从有利来说，事情的吉凶因情况而转变。因此喜爱和憎恶的感情互相攻击，吉凶从此产生，人和人因亲近疏远的关系互相去取，悔吝从此产生。真情和假意互相感触，利害从此产生。一切《易经》表达的情况，人和人接近而不相得就凶，有人害他，产生悔且吝。将要背叛的他的话有内愧，中心怀疑的他的话枝蔓，善良的人话少，急躁的人话多，诬蔑善人的人他的话游移不定，失掉操守的人他的话屈服。

【注】

⑩德行：指天地的化生万物说。恒易：恒久，经常，平易。以知险：却知道艰险，如天有大旱、大雨等。

⑩以知阻：却知道险阻，如地有高山、大川。

⑩说：借作阅，察阅。能研诸（侯之）虑：当作“能研诸虑”。亹亹：奋勉，已见前。

⑩云为：说和作为。象事知器：即上文说的观卦象来制造工具。

⑩刚柔杂居：指阳爻与阴爻混杂，分出吉凶来。

【说明】

按李鼎祚《周易集解》称这篇为《周易系辞》，分两卷，不分上下。孙星衍《周易集解》称《系辞》，分上下。朱熹《周易本义》称《系辞上传》《系辞下传》。原来卦爻辞称经，解释卦爻辞的《彖》和《象》称"彖传""象传"，《系辞》是总论《易经》的，所以朱熹称为"传"了。《彖传》《象传》都附在卦爻辞之后，即系在卦爻辞之后的辞，实际上也是一种系辞，不过称作《彖传》《象传》罢了。《系辞》是总释《易经》的，所以排在卦爻辞连同《彖传》《象传》之后，自成一篇，可以称为《系辞传》了。李镜池《周易探源》称："司马谈《论六家要旨》：'《易大传》：天下一致而百虑，同归而殊途。'（《史记·太史公自序》。今《系辞》作'天下同归而殊途，一致而百虑'。）"可见在司马谈引用时，称《易大传》，不称《系辞传》，文句有颠倒。那末《系辞传》的写定，或在司马谈之后。

《系辞传》跟《彖传》《象传》不同，《彖传》《象传》是解释卦辞和爻辞的，《系辞传》是对《易经》作了全面的解释，讲《易经》的意义和功用。卦爻辞本来是供占筮用的，用来占问事情的吉凶。但卦爻辞的编者，在编定卦爻辞时，反映了上古的一些事件和生活，通过占问的吉凶，也表达了一些对事件的看法与思想。到了《系辞传》就大大地进了一步，结合卦爻辞来说明天地万物的客观规律，来说明人事吉凶祸福形成的道理，由于时代局限，它不可能作出科学的说明，不过它的意图是要尽力来这样做的。它结合爻的分阴阳，阴阳的有柔和刚，结合阴阳刚柔的变化来说明天地万物形成变化的道理。它用八卦来象天、地、风、雷、水、火、山、泽八类事物，用六十四卦来象天地间的各种事物，用爻与卦的变化来象天地事物的各种变化，用卦辞爻辞来说明天地事物各种变化的意义和人类行动所产生的吉、凶、悔、吝、厉、咎，推究它的原因。它就想用《易经》来说明天地万物矛盾发展的规律，用《易经》来说明人事的是非、得失、利害、祸福，并推究它造成这一切的原因，可以预见未来，叫人趋吉避凶，兴利除害，崇德广业。由于时代的局限，对这一切，它还不可能作出科学的论断。但《系辞传》的作者已经吸收了春秋战国时代诸子学说，主要是儒道两家的思想来作解释，并能超越道家思想。它讲天地万物的矛盾发展，讲人事的是非得失，具有朴素的辩证法因素，具有精义。

《系辞传》里又有解释《易经》爻辞的十九条，可以作为《彖传》《象传》的补充。又讲伏羲画卦和卦爻辞创作的时期与背景，可以供后人对卦爻和卦爻辞的创作背景做参考。

对《系辞上传》的内容，已经摘引《周易浅述》的话作点说明，对《系辞下传》也这样作点说明。

"第一章言卦爻吉凶造化功业。"引"天地之大德曰生，圣人之大宝曰位，何以守位曰仁，何以聚人曰财，理财、正辞、禁民为非曰义"。称："天地以生物为心，德之大莫过于此。圣人有德无位，亦不能相天地而遂人物之生，故以位为大宝。非圣人自宝之，盖天下赖圣人之有位，得蒙其泽，故天下以为宝也。'曰仁'之'仁'仍作'人'，人君能得天下之心，位乃可守。财可养万人之生，故人可聚。理财，使各得其分，养之也。正辞，则分别是非，教之也。禁民为非，明宪敕法以齐其不率，刑之也。""其在《易》，则理财即《易》之备物致用也。正辞即《易》之辨物正言也。禁民为非，《易》之断吉凶、明失得、内外使知惧也。此章论卦爻吉凶，推之造化功业，而以有德有位之圣人，能体《易》而参赞天地者终之。"这里讲的"参赞天地"就是人对天地是有所作为的。怎样有所作为？就是"守位曰仁"，这里认为当作"守位曰人"，得人心才能守位。按"仁者爱人"，"曰仁"指爱人也可通。何以得人拥护，就在"理财、正辞、禁民为非"。他讲"理财"指"各得其分"，使各人得以发挥他的才力来自养。正辞是分别是非，要教。"禁民为非"要"齐之以刑"。他认为这些就符合《易经》讲卦爻吉凶的作用，这样把卦爻吉凶跟政法教育理财结合起来了。

"第二章言圣人制器尚象之事"，正文和注里已详。"第三章言卦象象爻之用"，引"是故吉凶生而悔吝著也"。称："悔有改过之意，至于吉，则悔之著也。吝有文过之意，至于凶，则吝之著也。原其始而言，吉凶生于悔吝。要其终而言，则悔吝著而为吉凶也。此章言卦象象爻之设，无非明得失以示人，使观象玩辞观变玩占者，知有悔心而不吝于改过，庶几有吉而无凶耳。"这就把《易》的吉凶悔吝跟改过迁善结合起来了。

"第四章专以阴阳卦画分君子小人之道"。引"阳一君而二民，君子之道也。阴二君而一民，小人之道也。"称："一君二民，尊无二上，道大而公，君子之道。""二君一民，政出多门，道小而私，小人之道。"这里指出《易》的讲阴阳，是要"道大而公"；反对"道小而私"的"政出多门"，这是《易》与政治结合了。

"第五章错举九卦十一爻发明其义"，已见正文及注。"第六章言《乾》《坤》为六十四卦之所以出，其究无非断吉凶以决民疑也。"引"其称名也小，其取类也大。其旨远，其辞文。其言曲而中，其事肆而隐，因贰以济民行，以明失得之报。"称："负乘往来（见《解》卦六三："负且乘，致寇至。"）事之小，……然取类皆本于阴阳（本六三爻辞，即阴爻），则大矣。其旨皆阴阳道德性命之秘，远而难窥。其辞则经纬错综有文，灿然可见矣。委曲其辞者，未必皆中乎理，《易》则委曲而无不合理。敷陈其事者，无有隐而不彰，《易》则事虽毕陈而理之所以然未尝不隐也。贰，疑也。报，应也。承上言凡若此者，无非因民之疑贰而决之，以济其所行，而明得失吉凶之隐也。"这里讲《易经》的"断吉凶以决民疑"，在文辞的表现手法上有它的特点，即称名小取类大，旨远辞文，其言曲而中，其事肆而隐。后来司马迁在《史记·屈原列传》里称屈原的创作特点："其文约，其辞微，其志洁，其行廉，其称文小而其指极大，举类迩而见义远。"这里说的"文约辞微"的"微"，即"其事肆而隐"的"隐"；"文小""指大"、"类迩""义远"，即"称名小"，"取类大"，"其旨远"，说明《易经》在文词表达上具有艺术上的特点。

"第七章三陈九卦以明处忧患之道"，已见正文及注。"第八章言《易》之不可离，而深有望于设辞撰方之人也。"引"其出入以度，外内使知惧"。称："就或出或入，在内在外，皆有一定之法度，无非使人知戒惧而已。"

"第九章专论爻画以示人也。"已见正文及注。"第十章论六爻备天地人之道，而不外阴阳二物错杂成文，以为得失吉凶之象，总以见《易》书之广大悉备也。"引"道有变动，故曰爻。爻有等，故曰物。物相杂，故曰文。文不当，故吉凶生焉"。称："道有变动，指卦之全体，自初至上，各有不同。此《乾》之初潜、二见、三惕、四跃，始终先后不同。……爻有等，谓高下远近贵贱之差。物即阴阳二物，有刚柔小大之分，即物也。物相杂，指阴爻阳爻之相间，有阴无阳，有阳无阴，则无所杂而文不见。自《乾》《坤》二卦之外，皆阴阳错杂以成文者也，文有当否，阳居阳位当，居阴则不当，阴居阴位当，居阳则不当，当者多吉，不当者多凶。"这里讲阴阳刚柔、始终先后、高下远近、居位当否产生种种变化，造成吉凶，从中可以体味《易经》讲吉凶怎样产生的种种复杂情况。

"第十二章首论《乾》《坤》二卦之德，因及全卦之功用。自'八卦以象告'以下，又总作《易》系辞之大略，而末以人情立言之不同，以明系辞之不同也。"引"变动以利言，吉凶以情迁。是故爱恶相攻而吉凶生，远近相取而悔吝生，情伪相感而利害生。凡《易》之情，近而不相得则凶，或害之，悔且吝"。称："《易》道变动，开物成务，以利言也。而卦爻之辞，有吉有凶，则其情之有所迁耳。以下皆详言'吉凶以情迁'之说，而以吉凶、悔吝、利害之三辞，由于相攻、相取、相感之三情。末复总以相近不相得之一情，使人推观之也。命辞之法，必各象其爻之情。《易》之系辞，不止言吉凶，盖吉凶者，事之已成者也。吉凶之尚微而未成者，则曰悔吝。而其事之始，商度其可否，则可利不利，不利则害。是《易》之辞有吉凶、悔吝、利害三者也。而其故，由于爻之情有相取、相攻、相感三者。相感者情之始交，故以利害言之。相取则有事矣，故以悔吝言之。相攻则其事极矣，故以吉凶言之。爱恶、远近、情伪，姑就浅深言之。若错综言之，则相攻、相取、相感之情，其居皆有远近，其行皆有情伪，其情皆有爱恶也。故总以相近一条明之。近而不相得，则以恶相攻而凶生矣，以伪相感而害生矣，不以近相取而悔吝生矣，是一近之中备此三条。然不相得则恶相攻、伪相感、近不相取，则相得为爱相攻、情相感、近相取可知，不相得为凶害、悔吝，则相得为吉利、悔亡、无悔、无咎。"在这里，根据《易经》的吉凶、悔吝、利害，结合人事上相攻、相取、相感的感情，联系爱恶、远近、情伪的不同，推究出卦爻辞的种种变化，作了深入探讨，对于体会卦爻辞的吉凶、悔吝、利害是有帮助的。

说　卦

昔者圣人之作《易》也，幽赞于神明而生蓍，^①参天两地而倚数，^②观变于阴阳而立卦，发挥于刚柔而生爻，^③和顺于道德而理于义,穷理尽性以至于命。^④昔者圣人之作《易》也，将以顺性命之理，是以立天之道曰阴与阳，立地之道曰柔与刚，立人之道曰仁与义。^⑤兼三才而两之，故《易》六画而成卦。分阴分阳，迭用柔刚，故《易》六位而成章。^⑥

右第一章　　此章言圣人取象于天地人之道以作《易经》。^⑦

【译文】

从前圣人的创作《易经》，暗中受神道的帮助生出蓍草来。以三的奇数为天数，两的偶数为地数，来确立卦爻的数。观察天地万物的阴阳而确立阴卦和阳卦。发挥出天地万物的刚柔两性而产生出刚柔两爻，应和顺从天地万物的规律、属性与适宜，制定人类的道德与义，彻底研究天地万物的原理、本性直到天命。从前圣人的创作《易经》，将用来顺从性命的道理，因此确立天的道叫阴与阳，确立地的道叫柔与刚，确立人的道叫仁与义。兼天地人三才再加重复，所以《易经》要六爻成为一卦，六爻分阴分阳，轮替地运用柔和刚，所以《易经》有六位而成为辞。

【注】

①幽：暗中。赞：帮助。神明：神道。蓍：占筮用的草。

②参：三，指奇数。两：指偶数。乾☰指天，用三个阳爻，即三个奇数为天数。坤☷指地，用三个阴爻，即六画的偶数为地数。

③观变于阴阳而立卦：卦分阴阳，乾、震、坎、艮为阳卦，坤、巽、离、兑为阴卦。发挥于刚柔而生爻：爻分阴爻为柔，阳爻为刚。

④和顺：指应和顺从天地的道、德、义而制定人的道、德、义。道指规律，德指事物本身所具有的属性，义指合宜。穷理尽性以至于命：理指道。性指事物本身的属性，命指天命，即天生的性。穷尽：指彻底研究。

⑤阴与阳：阴指柔，阳指刚。仁指柔，义指刚。

⑥分阴分阳：爻分阴爻阳爻。迭用柔刚：阴爻阳爻交错运用，即刚柔交错。成章：成为卦辞和爻辞。

⑦这里据《周易大传今注》分章和说明，不用朱熹《周易本义》，因朱熹分得太碎，又对每章内容没有说明。本篇以下同。

天地定位，山泽通气，雷风相薄，水火不相射，八卦相错。⑧数往者顺，知来者逆，是故《易》逆数也。⑨雷以动之，风以散之，雨以润之，日以烜之，艮以止之，兑以说之，乾以君之，坤以藏之。⑩帝出乎震，齐乎巽，相见乎离，致役乎坤，说言乎兑，战乎乾，劳乎坎，成言乎艮。⑪万物出乎震，震东方也。齐乎巽，巽东南也，齐也者言万物之絜齐也。离也者明也，万物皆相见，南方之卦也。圣人南面而听天下，向明而治，盖取诸此也。坤也者地也，万物皆致养焉，故曰：致役乎坤。兑，正秋也，万物之所说也，故曰：说言乎兑。战乎乾，乾，西北之卦也，言阴阳相薄也。坎者水也，正北方之卦也，劳卦也，万物之所归也，故曰：劳乎坎。艮，东北之卦也，万物之所成终而成始也，故曰：成言乎艮。⑫神也者，妙万物而为言者也。动万物者莫疾乎雷，桡万物者莫疾乎风，燥万物者莫熯乎火，说万物者莫说乎泽，润万物者莫润乎水，终万物始万物者莫盛乎艮。⑬故水火相逮，⑭雷风不相悖，山泽通气，然后能变化，既成万物也。

　　右第二章　　此章是八卦卦象之总论，阐述八卦象天、地、雷、风、水、火、山、泽及配八方四时之意义。

【译文】

　　天上地下的位子确定，山和泽的气是相通的，雷和风互相搏击，水和火不相厌弃，这八卦互相交错。计数过去的顺着时间，知道未来的逆着时间，因此《易经》是逆着时间来数。雷（震）用以震动万物，风（巽）用来吹散万物，雨（坎）用来润泽万物，日（离）用来晒干万物，艮（山）用来栖止万物，兑（泽）用来喜悦万物，乾（天）用来统治万物，坤（地）用来归藏万物。天帝用雷震使万物出生，用巽风使万物生长整齐，用离日的光明使万物相见，用坤地使万物得养，用兑秋使万物成熟喜悦，用乾初冬使万物在阴阳二气的搏斗中，用坎正冬使万物感到疲劳而归藏,用艮冬离初来使万物成终成始。万物从雷震出生,震是东方(是春天为万物出生时)。万物在巽风中生长整齐,巽是东南方,(为春末夏初,)整齐是说万物生长整齐。离日是明亮,万物都相见,是南方的卦。圣人南面而听天下的事,向着天亮时来办理政事,大概是有取于此。坤是地,万物都从地得养,所以说:得到养于地。兑是正秋,万物成熟而喜悦,所以说:喜悦说到兑。搏斗于乾,乾是西北的卦,(是秋末冬初,)说是阴气与阳气相搏斗。坎是水,是正北方的卦,(是正冬,在阴阳搏斗之后都已疲劳,)是劳卦,是万物的归藏,所以说:劳于坎。艮是东北的卦,(是冬末春初,)是万物所以成终而成始的,所以说:成就说到艮。神,指万物的生长变化极神妙而说的。震动万物的没有比雷更快的,吹拂万物的没有比风更快的,干燥万物的没有比火更热的,使万物喜悦的没有比泽更使万物喜悦的,滋润万物的没有比水更滋润的,使万物始终得到成全的没有胜过艮的。所以水火相济,雷风不相矛盾,山和泽通气,然后能变化,已生成万物。

【注】

⑧薄:通搏,击。水火不相射:《周易集解》:"射,厌也,水火相通。"不相射,指不相厌弃,当指"水火既济"。八卦相错:八卦中有对立的,如天上地下,雷风相搏。有统一的,如山泽通气,水火既济。对立统一互相交错。

⑨数往者顺:数过去的,如夏、商、周,顺着时间数。知来者逆:数未来的,倒数上去,如明年、后年,是逆。《易》讲知来,所以逆数。

⑩烜(xuǎn选):晒干。说:同悦。君:统治。

⑪见下文解释。

⑫这里用八卦来配八方和四时，结合方位和季节对八卦的作用来作说明，即万物春生、夏长、秋收、冬藏的意思。絜（洁）齐:指整齐。致役:犹致养。

⑬熯(hàn 汉):热。艮:指冬末春初，即冬藏春生，为万物之成终成始。

⑭水火相逮:上言"水火不相射"，即不矛盾，此言"水火相及"，即统一。就成就功用说，要水火既济，故就统一说。

　　乾，健也。坤，顺也。震，动也。巽，入也。坎，陷也。离，丽也。艮，止也。兑，说也。⑮
　　　右第一节，记八卦所象之事。
　　乾为马。坤为牛。震为龙。巽为鸡。坎为豕。离为雉。艮为狗。兑为羊。⑯
　　　右第二节，记八卦所象之动物。
　　乾为首。坤为腹。震为足。巽为股。坎为耳。离为目，艮为手。兑为口。⑰
　　　右第三节，记八卦所象身之肢体器官。
　　乾，天也，故称乎父。坤，地也，故称乎母。震一索而得男，故谓之长男。巽一索而得女，故谓之长女。坎再索而得男，故谓之中男。离再索而得女，故谓之中女。艮三索而得男，故谓之少男。兑三索而得女，故谓之少女。⑱
　　　右第四节，记八卦象父母子女。
　　乾为天，为圜，为君，为父，为玉，为金，为寒，为冰，为大赤，为良马，为老马，为瘠马，为驳马，为木果。⑲

右第五节，记乾卦所象之几种事物。

坤为地，为母，为布，为釜，为吝啬，为均，为子母牛，为大舆，为文，为众，为柄，其于地也为黑。[20]

右第六节，记坤卦所象之几种事物。

震为雷，为龙，为玄黄，为旉，为大途，为长子，为决躁，为苍筤竹，为萑苇。其于马也，为善鸣，为异足，为作足，为的颡。其于稼也，为反生。其究为健，为蕃鲜。[21]

右第七节，记震卦所象之几种事物。

巽为木，为风，为长女，为绳直，为工，为白，为长，为高，为进退，为不果，为臭。其于人也，为寡发，为广颡，为多白眼，为近利市三倍，其究为躁卦。[22]

右第八节，记巽卦所象之几种事物。

坎为水，为沟渎，为隐伏，为矫輮，为弓轮。其于人也，为加忧，为心病，为耳痛，为血卦，为赤。其于马也，为美脊，为亟心，为下首，为薄蹄，为曳。其于舆也，为多眚，为通，为月，为盗。其于木也，为坚多心。[23]

右第九节，记坎卦所象之几种事物。

离为火，为日，为电，为中女，为甲胄，为戈兵。其于人也，为大腹。为乾卦，为鳖，为蟹，为蠃，为蚌，为龟。其于木也，为科上槁。[24]

右第十节，记离卦所象之几种事物。

艮为山，为径路，为小石，为门阙，为果蓏，为阍寺，为指，为狗，为鼠，为黔喙之属。其于木也，为坚多节。[25]

右第十一节，记艮卦所象之几种事物。

兑为泽，为少女，为巫，为口舌，为毁折，为附决。其于地也，为刚卤。为妾，为羊。[26]

右第十二节，记兑卦所象之几种事物。

右第三章　　此章分记八卦之八类事物。

【译文】

乾是刚健。坤是柔顺。震是动。巽是入。坎是坑陷。离是附着。艮是静止。兑是悦。

乾是马。坤是牛。震是龙。巽是鸡。坎是豕。离是野鸡。艮是狗。兑是羊。

乾是头。坤是腹。震是脚。巽是大腿。坎是耳。离是目。艮是手。兑是口。

乾是天，所以比作父。坤是地，所以比作母。震☳卦倒数第一（爻是阳爻，阳比男，故）得男，所以称他为长男。巽☴卦倒数第一（爻是阴爻，阴比女，故）得女，故称她为长女。坎☵卦倒数第二（爻是阳爻，故）得男，所以称他为中男。离☲卦倒数第二（爻是阴爻，故）得女，所以称她为中女。艮☶卦倒数第三（爻是阳爻）得男，所以称他为少男。兑☱卦倒数第三（爻是阴爻）得女，所以称她为少女。

乾是天，是圆，是君，是父，是玉，是金，是寒，是冰，是大赤，是良马，是老马，是瘦马，是杂色马，是树果。

坤是地，是母，是布，是釜，是吝啬，是平均，是母牛，是大车，是文采，是众，是柄，它在地是黑色。

震是雷，是龙，是玄黄色，是开花，是大路，是长子，是急躁，是青竹，是芦苇。它在马是善鸣，是膝以上白色，是动而行健，是白额。它在庄稼，是倒生，果实在地下。它的究竟是健，是蕃盛新鲜。

巽是木，是风，是长女，是绳拉直，是工，是白，是长，是高，是进退，是不果决，是气味。它对于人是头发少，额阔，是多白眼，是得三倍利市，它的终究是躁动的卦。

坎是水，是沟渎，是隐伏，是矫揉，是弓和木轮。它于人是加忧，是心病，是耳病，是血，是赤。它于马是脊梁美，是性急，是低头，是蹄子薄，是牵引。它于车子是挫败，是通，是月，是盗。它于木是坚而多心。

离是火，是日，是电，是中女，是甲和盔，是戈。它于人是大腹。为乾卦，是鳖，是蟹，是螺，是蚌，是龟。它于木是空心木。

艮是山，是小路，是小石，是门楼，是果瓜，是看门人守巷人，是指，是狗，是鼠，是豺狼之类。它于木是坚多节。

兑是泽，是少女，是巫，是口舌，是冲毁，是溃决。它于地是硬碱土。是妾，是羊。

【注】

⑮乾为天，是刚健的。坤为地，是柔顺的。震为雷，是震动的。巽为风，风吹万物，无孔不入。坎为水，在洼陷处。离是火，火必附着在可燃物上，故称丽，丽是附着。兑为泽，鱼鸟生于泽，兽与人饮于泽，故泽为万物所悦。

⑯乾为马，马行健。坤为牛，牛柔顺。震为龙，龙似雷在云中。巽为鸡，鸡鸣而人起，似风吹而物动。艮为狗，狗的守门似艮的止人。兑为羊，羊的柔顺为人所喜悦，似兑的悦人。

⑰乾在上，似头在上。坤为地，柔顺载物，似腹柔藏食物。震为动，似脚主行动。巽为木，似股如木干。坎为坑洼，似耳有孔穴。艮为山峰，似手的有指掌。兑为泽，似地的口。

⑱乾阳性，比父。坤阴性，比母。震倒数第一是阳爻，故比长男。一索即一数，即倒数第一。巽倒数第一是阴爻，故比长女。坎倒数第二为阳爻，故称中男。离倒数第二为阴爻，故称中女。艮倒数第三为阳爻，故称少男。兑倒数第三为阴爻，故称少女。

⑲乾为天，故称天圆。乾为阳，故比君，比父。乾为刚，故比玉比金。乾为秋末冬初，故比寒比冰。乾为君，周人尚赤，赤为五色之君。乾为马，故以比良马、老马、瘦马、花白色马。乾为圆，故比树上圆果。

⑳地平（对山泽而言）而有草木文，比布平面有织文。地能生物使熟，比釜能煮物使熟。地深藏金银，似人深藏财宝，故比吝啬。地生养万物是均平的，故比均平。地生养万物，故比生养小牛的母牛。地载万物。故比载物的车。地有草木之文，故比文。地与天相对，天比君，故地比民众。万物附于地上，花果附于柄上，故地比柄。地为土，以黑土为多，故地比黑。

㉑玄黄混合近于青色，震为春，为青色，故比玄黄。旉：同敷，开花。震为正春，百花开放，故称旉。震为动，像大路为人与车马行动的路。决躁：指行动迅速，像打雷的急速。震为青色，比苍筤（láng 郎）竹，即青竹。比芦苇的色青。震为打雷的急速，比四种马，都是跑得快的。异（zhù 助）足：膝以上为白色的马。作足：动而行健的马。的颡：白额的马。反生：倒生，如葱蒜萝卜等。为健：如雷是健的。震指春，故比草木繁鲜。

㉒巽是风，又是木。是长女，见前。巽是木，木工制器用绳墨，把

绳拉直在木上弹墨线，故比绳直，比木工。弹墨线时要在白木上，故比白。巽为风，风行百里，故比长。风上云霄，故比高。风忽进忽退，故比进退。风多变化，不果决，故比不果。风吹来各种气味，故比臭，即气味。巽为木，指质朴，古代相面称三种人质朴：少发，广额，多白眼。巽为木，古称种树的可得利市三倍。巽为风，风动而不止，故比躁动。

㉓坎是水，渎即沟，沟里有水，故是沟渎。水有在地下的，故比隐伏。把木料弯曲，须先把木料浸湿，故比把木料弯曲的矫揉。把木料弯曲可制弓或轮，故比弓轮。矫揉也可指把人性歪曲，使人加忧，造成心病，因比加忧，比心病。坎为水，为耳，耳中有水为耳病。坎为水，比血，血色赤，比赤。坎是水，一般的水流不远，流到低洼处就停。比四种马跑不远的：背脊美，好骑，跑不远。一种马性急，一开头就尽力跑，跑远路不行。一种马开头就低头跑，跑远路也不行。一种马蹄子薄，跑远路脚痛。水上可以运物，故比牵引。坎又是坑洼，会把车子弄坏，故比败坏车子。坎为水，水通向远处，故比通。水色白有光，故比月。水潜伏地下，故比盗。坎卦阳爻在内，故比木坚多心。

㉔离是火，所以又是日，是电。是中女，见上。离☲，两阳爻在外，一阴爻在内，外刚内柔，外刚如甲盔为刚，戈为刚。内柔如腹中柔，故比大腹。离为火，火使物干燥，故比干燥。外刚内柔又如鳖、蟹、螺、蚌，皆外壳内肉。又比空心木，外坚内空。

㉕艮是山，山上有小路，多小石，故比小路小石。门外两旁筑台为阙，像两山对峙。木果曰果，草实曰蓏（luǒ裸），瓜类植物。山谷中产果和瓜。阍，看门人；寺，守巷人，都禁止人妄入门巷，与艮为止相应。艮为山，山峰如手指。为狗，狗看门。山中有鼠，故比鼠。黔喙指豺狼，

山中有豺狼。艮为山，山多石，故比木的坚而多节。

㉖兑为泽，为少女，见前。兑为女，故为女巫。兑为口，故为口舌。兑为泽，泽水冲决堤岸，故为毁折，为附决。泽水停止处，为碱土，故刚卤。泽位卑下，故为妾。为羊，见上。

【说明】

《说卦》是解释卦爻的，卦爻本是占筮用的，所以先提到蓍草。卦有三爻，重为六爻，所以说明它的来历。卦分阴阳刚柔，从占吉凶发展到讲理义，因此说到天道、地道、人道。这是讲《易经》和卦爻及义理的关系。再讲八卦的基本卦象，即用八卦来指基本卦象，即"乾☰为天，坤☷为地，震☳为雷，巽☴为风，坎☵为水，离☲为火，艮☶为山，兑☱为泽"，但《说卦》讲到这八卦的八个基本卦象，不限于这些。它指出"天地定位"，天上地下的位子定了，这是对立。"山泽通气"，这是统一。"雷风相薄"，这是矛盾。"水火不相射"，这是从水火的矛盾对立，转到不相厌弃，即水火合起来可煮熟食品，即水火既济，即统一。这样它从讲用八卦来代八种事物，再从八种事物的关系中看到对立统一的关系，看到相对的两样事物既有矛盾对立又可转化为对立统一。这样，就把卦爻辞的讲吉凶转为义理,把吉凶跟义理联系起来了。这就跟卦爻辞的吉凶，跟"数往者顺，知来者逆"联系起来了。《易经》的卦爻辞，有的是记录过去的事，这是自远而近，顺着时间的先后来的，是数往者顺；《易经》占问未来的吉凶，这是自近而远，是"知来者逆"，倒推上去的。这说明对于六爻，为什么要倒推上去，说是倒数第一爻、第二爻，这就是《易》逆数也"的理由。

《说卦》讲八卦象八种事物，还说明用八卦来代表方所和季节，即用八卦来代表八方和八个季节。古人以一年为约三百六十日，分为八季节，每季节得四十五日。震为东方，为正春。巽为东南方，为春末夏初。离为南方，为正夏。坤为西南方，为夏末秋初。兑为西方，为正秋。乾为西北方，为秋末冬初。坎为北方，为正冬。艮为东北方，为冬末春初。这样把八卦分配八方和八个季节。由于季节的变化，与万物的春生夏长秋收冬藏，更可以用八卦来说明阴阳与万物的变化。不仅这样，八个季节的划分，用来说明"帝出乎震"与"成言乎艮"，即八个季节的正春是上帝生长万物的，八个季节的最后一个冬末春初，是万物的成终而成始，把终始结合起来，说明终而复始的道理，更有意味。《说卦》不仅用八卦来指八种事物，它所指不限于这八种事物，它是通过这八种事物来说明万物的变化。它说："动万物者莫疾乎雷，桡万物者莫疾乎风，燥万物者莫熯乎火，说万物者莫说乎泽，润万物者莫润乎水，终万物始万物者莫盛乎艮。"这里讲了八卦中的六卦，八种事物中的六种，都从万物着眼，讲六卦和六种事物跟万物的关系，说明作者的着眼点不限于六卦和六种事物，还是在万物上。这里对乾坤两卦为什么不提呢？因为乾坤指天地，天地是化生万物的，不能像其他六卦各就一个方面来谈，所以说："神也者，妙万物而为言者也。"这里虽不言乾坤，实际上推乾坤的化育万物，具有更大的作用，只能推为神妙了。

《说卦》还讲了引申卦象，如"乾为马，坤为牛，震为龙，巽为鸡，坎为豕，离为雉，艮为狗，兑为羊"等等。这些引申卦象，在解释卦爻辞及象象方面有的有用，可供参考。

序　卦

有天地，然后万物生焉。^①盈天地之间者唯万物，故受之以《屯》。^②《屯》者，盈也。^③《屯》者，物之始生也。物生必蒙，^④故受之以《蒙》。《蒙》者，蒙也，物之稚也。物稚不可不养也，故受之以《需》。《需》者，饮食之道也。饮食必有讼，^⑤故受之以《讼》。讼必有众起，故受之以《师》。《师》者，众也。众必有所比，^⑥故受之以《比》。《比》者，比也。比必有所畜，^⑦故受之以《小畜》。物畜然后有礼，故受之以《履》。《履》者，礼也。^⑧履而泰然后安，故受之以《泰》。《泰》者，通也。物不可以终通，故受之以《否》。物不可以终否，故受之以《同人》。^⑨与人同者，物必归焉，故受之以《大有》。^⑩有大者不可以盈，故受之以《谦》。有大而能谦必豫，故受之以《豫》。^⑪豫必有随，故受之以《随》。以喜随人者必有事，^⑫故受之以《蛊》。《蛊》者，事也。有事而后可大，故受之以《临》。《临》者，大也。物大然后可观，故受之以《观》。可观而后有所合，故受之以《噬嗑》。^⑬嗑者，合也。物不可以苟合而已，故受之以《贲》。《贲》者，饰也。致饰然后亨则尽矣，故受之以《剥》。⑭《剥》者，剥也。物不可以终尽剥，穷上反下，故受之以《复》。⑮复则不妄矣，故受之以《无妄》。有无妄，物然后可畜，⑯故受之以《大畜》。物畜然后可养，故受之以《颐》。《颐》者，养也。不养则不可动，故受之以《大过》。⑰物不可以终过，故受之以《坎》。《坎》者，陷也。陷必有所丽，故受之以《离》。《离》者，丽也。

右第一章　　此章释上经三十卦之顺序。⑱

【译文】

（《乾》为天，《坤》为地。）有了天地然后化生万物。充满天地间的只是万物，所以继续它的用《屯》。《屯》是充满。《屯》又是物的开始生长。物生出来一定蒙昧，所以继续它的用《蒙》。《蒙》是蒙昧，物的幼稚状态。物的幼稚不可不养育，所以继续它的用《需》。《需》是讲饮食的方法。饮食一定有诉讼，所以继续它的用《讼》。《讼》一定有众人起来，所以继续它的用《师》。《师》是众。众一定有亲附，所以继续它的用《比》。《比》是亲附。亲附一定有积蓄，所以继续它的用《小畜》。物积蓄了然后有礼，所以继续它的用《履》。《履》是礼。履行而安宁然后安，所以继续它的用《泰》。《泰》是通顺。事物不可能永远通顺，所以继续它的用《否》。（《否》是闭塞不通。）事物不可能永远闭塞，所以继续它的用《同人》。跟人相同的，事物一定有所归属，所以继续它的用《大有》。有大的不可以过满，所以继续它的用《谦》。有大而能够谦逊一定安乐，所以继续它的用《豫》。（《豫》是安乐，）安乐的一定有人追随，所以继续它的用《随》。用喜悦

追随人的一定有事，所以继续它的用《蛊》。《蛊》是事。有事而后可以
光大，所以继续它的用《临》。《临》是光大。事物光大然后可观，所以
继续它的用《观》。可观然后有所结合，所以继续它的用《噬嗑》。嗑是合。
事物不可以苟且结合罢了，所以继续它的用《贲》。《贲》是文饰。文饰
过头然后事物的美就完了，所以继续它的用《剥》。《剥》是剥落。事物
不可能永远剥落，上面剥落完了回到下面再上升，所以继续它的用《复》。
回复就不谬妄了，所以继续它的用《无妄》。有了无妄，事物然后可以积
蓄，所以继续它的用《大畜》。事物积蓄了然后可以养育，所以继续它的
用《颐》。《颐》就是养育。不养育就不可有所作为，所以继续它的用《大
过》。事物不可能永远过错，所以继续它的用《坎》。《坎》是陷落。陷落
一定有所依附（来求救援），所以继续它的用《离》。《离》是附丽。

【注】

①有天地：这里已包含《乾》《坤》两卦，所以未提《乾》《坤》两
卦的名称，译文给它补上。

②受：《广雅·释诂》："受，继也。"

③同上："屯，满也。"这个解释是承上的"盈"来的，转入下文的
"物之始生"。与《屯》卦象传释屯为难不同，是各有取义。

④蒙：指蒙昧，知识未开通。"物之初生"，比孩童，故蒙昧。

⑤讼：争讼。饮食不足，容易发生争讼。

⑥比：亲附。众人中一定有互相亲附的，就不争讼了。

⑦畜：积蓄。

⑧物畜然后有礼：把积蓄的物分给大家，要不争，就要规定各人所
得的多少，这个规定就是礼。履是履行这种规定。《周易大传今注》："'履

者礼也'一句,今本无,注文有。乃传文误入注文。《集解》本及王弼《易略例卦》篇并有此句。今据补。"

⑨同人:与人同心同行。

⑩大有:所有者大,所有者多。

⑪豫:安乐。

⑫有事:为人干事。

⑬有所合:与人意相合。噬嗑:吃物而合其口,这里光取合意。

⑭致饰:文饰到极点,即文饰过头。致:极。亨尽:美尽。文饰过头,转而为丑。剥:剥落去掉过头的文饰。

⑮穷上反下:把过头的文饰剥落完了,这是穷上。再回到恰当的文饰上来,这是反下。反同返。复是回复。

⑯物然后可畜:《周易大传今注》:"今本无物字,《集解》本有,是也。今据补。物谓财物也。畜亦借为蓄,积蓄也。"

⑰不养则不可动:同上:"不养其身则身病","夺民之养则民乱,是以不养则不可有所作为,是过之大者"。

⑱此据《周易大传今注》,下同。朱熹《周易本义》于此篇不分章,只作"右上篇""右下篇",无说明。

有天地然后有万物,有万物然后有男女,有男女然后有夫妇,⑲有夫妇然后有父子,有父子然后有君臣,有君臣然后有上下,有上下然后礼义有所错。夫妇之道不可以不久也,故受之以《恒》。《恒》者,久也。物不可以久居其所,故受之以《遁》。《遁》者,退也。物不可以终遁,故受之以《大壮》。^⑳物不可以终壮，故受之以《晋》。^㉑《晋》者，进也。进必有所伤，故受之以《明夷》。^㉒夷者，伤也。伤于外者必反于家，故受之以《家人》。家道穷必乖，故受之以《睽》。《睽》者，乖也。乖必有难，故受之以《蹇》。《蹇》者，难也。物不可以终难，故受之以《解》。《解》者，缓也。缓必有所失，故受之以《损》。^㉓损而不已必益，^㉔故受之以《益》。益而不已必决，故受之以《夬》。^㉕《夬》者，决也。决必有遇，^㉖故受之以《姤》。《姤》者，遇也。物相遇而后聚，故受之以《萃》。《萃》者，聚也。聚而上者谓之升，^㉗故受之以《升》。升而不已必困，故受之以《困》。困乎上者必反下，故受之以《井》。^㉘井道不可不革，^㉙故受之以《革》。革物者莫若鼎，^㉚故受之以《鼎》。主器者莫若长子，故受之以《震》。《震》者，动也。物不可以终动，止之，故受之以《艮》。《艮》者，止也。物不可以终止，故受之以《渐》。《渐》者，进也。进必有所归，故受之以《归妹》。得其所归者必大，故受之以《丰》。《丰》者，大也。穷大者必失其居，故受之以《旅》。旅而无所容，故受之以《巽》。《巽》者，入也。入而后说之，故受之以《兑》。《兑》者，说也。说而后散之，故受之以《涣》。《涣》者，离也。物不可以终离，故受之以《节》。节而信之，故受之以《中孚》。有其信者必行之，故受之以《小过》。有过物者必济，故受之以《既济》。物不可穷也，故受之以《未济》，终焉。^㉛

　　右第二章　　此章释下经三十四卦之顺序。

【译文】

　　有了天地然后有万物，有了万物然后有男女，有了男女然后有夫妇（因此继续它的用《咸》。《咸》指夫妇）。有了夫妇然后有父子，有了父子然后有君臣，有了君臣然后有上下，有了上下然后礼义有所施行。夫妇的道理不可以不长久，所以继续它的用《恒》。《恒》是长久。事物不能长久地留在它的处所，所以继续它的用《遁》。《遁》是退隐。事物不能永久退隐，所以继续它的用《大壮》。事物不可能永久壮，所以继续它的用《晋》。《晋》是前进。前进一定有所受伤，所以继续它的用《明夷》。夷是伤。在外面受伤的一定回到家里，所以继续它的用《家人》。家道穷困的一定乖违，所以继续它的用《睽》。《睽》是乖违。乖违一定有困难，所以继续它的用《蹇》。《蹇》是困难。事物不能永远困难，所以继续它的用《解》。《解》是缓和。缓和一定有所损失，所以继续它的用《损》。损失不停一定转为得益，所以继续它的用《益》。得益不停一定转为溃决，所以继续它的用《夬》。《夬》是溃决。溃决一定遇到补救，所以继续它的用《姤》。《姤》是遇。事物互相遇到而后聚集，所以继续它的用《萃》。《萃》是聚集。聚而后上叫做升，所以继续它的用《升》。升而不停一定困难，所以继续它的用《困》。困在上面的一定回到下面，所以继续它的用《井》。用井的道理（久了要淘井）不可不改革，所以继续它的用《革》。改革的事物没有像鼎那样，所以继续它的用《鼎》。主管鼎的没有像长子合适，所以继续它的用《震》。（《震》是长子。）《震》是动。事物不能够永远动，要它静止，所以继续它的用《艮》。《艮》是静止。事物不能永远静止，所以继续它的用《渐》。《渐》是渐进。前进一定有个归宿，所以继续它的用《归妹》。得到它的归宿的一定光大，所以继续它的用《丰》。

《丰》是大。大极的一定失去他的居处，所以继续它的用《旅》。旅客而无地容身，所以继续它的用《巽》。《巽》是进入一处。进入一处而后喜悦，所以继续它的用《兑》。《兑》是喜悦。悦而后离散，所以继续它的用《涣》。(《涣》是离散。事物不可以永远离散，所以继续它的用《节》。)(《节》是有节度)。有节度而后使人信服他，所以继续它的用《中孚》。(《中孚》是中心诚信)。有他的诚信的一定要推行他的话，(会造成小错误，)所以继续它的用《小过》。有小过的加以改进一定成功，所以继续它的用《既济》。事物不可以穷尽的，所以继续它的用《未济》，六十四卦终于《未济》。

【注】

⑲下经的第一卦是《咸》☰☵，艮下兑上，艮为少男，兑为少女。少男居少女之下，古代婚礼，男到女家迎娶，是男下女，指男女结为夫妇。这里虽不指名《咸》卦，实暗指《咸》卦。

⑳遁：隐遁是在国势衰落时，从衰落转为兴盛，故称《大壮》。

㉑壮盛时要求前进。

㉒前进中不免有挫折，故伤。夷是伤。

㉓缓指缓和，放宽，所以有损失。

㉔损失不停，注意改进，转为得益。

㉕得益而不停，则满遭损，如河水涨过堤岸，造成决口。

㉖堵塞决口，必遇有同心协力之人。

㉗众人相聚协力，必有为之首者，即上升。

㉘上升而不已，必脱离群众，故困。困后再回到下面去，故返下。反同返。井在地下，指下面。

㉙井需要淘治，故称革。

㉚鼎，煮物使熟，故称革物。

㉛六十四卦以《未济》终结，含有事物的发展变化是无穷尽的意思。

【说明】

《序卦》是讲《易经》六十四卦的顺序。《周易浅述》说：

《序卦》之意，有以相因为序，《乾》《坤》《屯》《蒙》是也。有以相反为序，《泰》《否》《剥》《复》是也。天地间不出相因相反二者，始则相因，终必相反也。

《序卦》说："有天地，然后万物生焉，盈天地之间唯万物，故受之以《屯》。""《屯》者，物之始生也。物生必蒙，故受之以《蒙》。"有了《乾》《坤》，才有万物，才有物之始生的《屯》，有了《屯》才有物之稚的《蒙》，这是相因。有了《泰》，又有与《泰》相反的《否》，有了《剥》，又有与《剥》相反的《复》，这是相反。《序卦》就是说明六十四卦有相因相反的意义，说明天下的事物就有相因相反这两种。

《周易浅述》又说：

吕氏《要旨》曰：《易》，变易也。天下有可变之理，圣人有能变之道。反《需》为《讼》，《泰》为《否》，《随》为《蛊》，《晋》为《明夷》，《家人》为《睽》，此不善变者也。反《剥》为《复》，《遁》为《壮》，《蹇》为《解》，《损》为《益》，《困》为《井》，此善变者也。文王示人以可变之几，则危可安，乱可治，特一转移间耳。后天之学，其以人事赞天地之妙欤？

又尝合上下经始终而论之。《乾》《坤》，天地也。《坎》《离》，水火也，以体言也。《咸》《恒》，夫妇也。《既（济）》《未济》，水火之交不交也，以用言也。上经以天道为主，具人道于其中；下经

以人道为主，具天道于其内。三才之间，《坎》《离》最为切用。日
月不运，寒暑不成矣，民非水火不生活矣……故上下经皆以《坎》《离》
终焉。

在这里进一步说明《序卦》的意义。认为《序卦》里讲卦的顺序有两种，
即事物的变化有两种，一种是由好变坏的，一种是由坏变好的。由好变坏，
如《需》变《讼》，《需》是用饮食养人，是好的。原始社会，把饮食的
饮料食品分给人时，由于饮料食品不足，引起了争讼，这是不好的。如《泰》
变《否》，《泰》是通泰，是好的。通泰变成《否》，《否》是闭塞，是不好的。
《随》变为《蛊》，《随》是追随安乐，是好的。《蛊》是有不好的事，是
不好的。由《晋》变《明夷》，《晋》是前进，是好的。《明夷》的夷是受伤，
前进变受伤，是不好的。《家人》变《睽》，《家人》是一家人在一起是好
的。变成乖违，是不好的。天下事就有这样由好变坏的，《序卦》里把这
种情况反映出来。也有由坏变好的。如《剥》变为《复》，《剥》是剥落，
是不好的。变到《复》，《复》是回到上升，是好的。《遁》变为《壮》，《遁》
是因时势不好而隐遁，是不好的。《壮》是壮盛、兴盛，时势好转，是变好。
《蹇》变为《解》，《蹇》是困难，《解》是解除困难，是变好。《损》变为《益》，
《损》是损失，《益》是得益，也是变好。《困》变为《井》，《困》是困难，
《井》是井水可以养人，也是由困难转为得益。这里认为《序卦》里把好
事变为坏事，坏事变为好事，都通过卦的顺序反映出来了。这就要人们
看到事物的几，几就是事物转变前露出的一点苗头。人们就要抓住这个
苗头，使它向好的方面转化，把坏事变成好事，防止好事变成坏事。《序
卦》讲卦的顺序，把由好变坏、由坏变好排列出来，就有这种作用。

　　这里又讲到上下经六十四卦排列的用意，说上经三十卦，以《乾》《坤》

开头,以《坎》《离》终结,即以天地开头,以水火终结,讲体。下经用《咸》《恒》开头,用《既济》《未济》终结。《咸》《恒》是讲夫妇,《既济》《未济》含有水火既济、水火未济的意思,是讲用。上经以天地开头,是讲天道。下经以讲夫妇开头,是讲人道。认为天地人三才,《坎》《离》最切用。《坎》《离》指月日,月日不运转,没有寒暑,就不行了。《坎》《离》指水火,没有水火,人就无法生活了。下经以《既济》《未济》终结,是讲水火的作用,水火配合把食物煮熟是既济,水火不配合是未济。这里说明《序卦》排到上经下经各卦的顺序,既分成以天道和人道为主,又分别体用,以《乾》《坤》《坎》《离》为体,以日月水火为切用,即都有意义的。

杂　卦

　　《乾》刚《坤》柔。《比》乐《师》忧。[①]《临》《观》之义,或与或求。[②]《屯》见而不失其居。《蒙》杂而著。《震》,起也。[③]《艮》,止也。《损》《益》,盛衰之始也。《大畜》,时也。[④]《无妄》,灾也。[⑤]《萃》聚而《升》不来也。[⑥]《谦》轻而《豫》怠也。[⑦]《噬嗑》,食也。《贲》,无色也。《兑》见而《巽》伏也。《随》,无故也。《蛊》则饬也。《剥》,烂也。《复》,反也。《晋》,昼也。《明夷》,诛也。《井》通而《困》相遇也。《咸》,速也。《恒》,久也。《涣》,离也。《节》,止也。《解》,缓也。《蹇》,难也。《睽》,外也。《家人》,内也。《否》《泰》,反其类也。《大壮》则止,《遁》则退也。《大有》,众也。《同人》,亲也。《革》,去故也。《鼎》,取新也。《小过》,过也。《中孚》,信也。《丰》,多故也。亲寡《旅》也。[⑧]《离》上而《坎》下也。《小畜》,寡也。《履》,不处也。《需》,不进也。《讼》,不亲也。《大过》,颠也。《姤》,遇也,柔遇刚也。《渐》,女归待男行也。《颐》,养正也。《既济》,定也。[⑨]《归妹》,女之终也。《未济》，男之穷也。《夬》，决也，刚决柔也。君子道长，小人道忧也。⑩

【译文】

《乾》卦刚健，《坤》卦柔顺。《比》卦（亲近）快乐，《师》卦（出征）忧愁。《临》卦（临民施行政事），《观》卦（观民求民情），或者施行政事，或者求民情。《屯》卦萌芽出现各得其所，《蒙》卦萌芽错杂而显著。《震》卦是动，《艮》卦是止。《损》卦是衰落的开头，《益》卦是兴盛的开头。《大畜》是储蓄。《无妄》是无灾。《萃》卦是聚集，《升》卦是不下降。《谦》卦谦虚故身价轻，《豫》卦享乐故怠惰。《噬嗑》卦吃东西。《贲》卦（上九："白贲"，文饰要返到质朴），所以无色。《兑》卦是喜悦显现。《巽》卦是谦逊，不外露而隐伏。《随》卦追随人，是无事故。《蛊》卦事情坏，就整顿。《剥》卦是腐烂剥落。《复》卦是回到好的方面来。《晋》卦是太阳升起，是白昼。《明夷》卦（称："明入地中"，是贤人受罚），是诛罚。《井》卦是（井水养人），通顺。《困》卦是（"困于酒食"），遇困。《咸》卦是（"盛感也"），感的效果速。《恒》卦是"恒，久也"。《涣》卦是"《涣》者，离也"。《节》卦是节止。《解》卦是"《解》者，缓也"。《蹇》卦是"《蹇》，难也"。《睽》卦是离家在外。《家人》卦是回到家里。《否》卦、《泰》卦是从闭塞反到通顺。《大壮》卦是停止再壮大。《遁》卦是退隐。《大有》卦所有的众多。《同人》卦是彼此亲密。《革》卦是改去旧的。《鼎》卦是取得新的。《小过》卦是有过失。《中孚》卦是有信用。《丰》卦多老友。《旅》卦少亲人。《离》卦是火向上，《坎》卦是水向下。《小畜》卦积蓄少。《履》卦是行动，不停在一处。《需》卦是停留不前进。《讼》卦争讼不亲近。《大过》卦是要颠覆。《姤》卦是遇见，柔遇见刚。《渐》卦是女子出嫁等男方来迎娶。

《颐》卦是正确的供养。《既济》卦是完成了。《归妹》卦是女子的出嫁，得到归宿。《未济》卦是男子的事业没有成功。《夬》卦是决定，刚决定柔。君子的道发展，小人的道消亡。

【注】

①《比》乐：《周易通义》："'初六：比之。'亲近他们。"亲近故乐。《师》忧：《师》指战争，有战败危险，故忧。

②《临》《观》之义，或与或求：《周易大传今注》："与，施也。《临》是临民。临民者施其政，故为与。《观》是观民，观民者求其情，故为求。"

③同上："起，动也。"

④同上："时疑借为庤。《说文》：'庤，储置屋下也，从广，寺声。'"

⑤同上："余疑灾上当有不字。""无妄，不灾也，谓人之行事无妄谬，则不灾也。"

⑥升不来：《周易浅述》："升，三阴升于上。不来，谓升而不降也。"

⑦《谦》轻而《豫》怠：同上："《谦》心虚，故自轻。《豫》志满，故自肆。"

⑧《周易大传今注》："'亲寡《旅》'当作'《旅》寡亲'。……人在外作客，则少有亲人。"

⑨同上："定犹成也。"

⑩同上："《集解》本忧作消，忧当读为消，古音相近而通用也。"

【说明】

《杂卦》是讲《易经》六十四卦的意义。不按六十四卦的顺序，错杂地讲，所以称《杂卦》。《周易浅述》说："《杂卦》但要取反对之义。反覆其卦，则吉凶祸福动静刚柔皆相反也。"这是说，《杂卦》是讲反对的卦比《序卦》多些。从《乾》刚《坤》柔，《比》乐《师》忧，《临》与《观》求，《震》起《艮》止，《损》衰《益》盛，《兑》现《巽》伏，《解》缓《蹇》难，《睽》外《家人》内，《否》塞《泰》通，《革》去故《鼎》取新，《丰》多故《旅》寡亲，《离》上《坎》下，这些卦都是意义相反的，《序卦》里也讲相反的卦，没有这样多。因为《序卦》要按照六十四卦的次序讲，相反的卦就不可能聚集在一起。《杂卦》不按次序，就相反的卦来排列，所以有这么多。

又称："又卦以《乾》☰为首，而终之以《夬》☱。盖《夬》以五阳决一阴，决去则又为纯《乾》矣，故曰：君子道长，小人道消，是又圣人扶阳抑阴之意也。"认为首卦《乾》与尾卦《夬》是有意义的，意义在扶阳抑阴。又称："又按《春秋传》有《屯》固《比》入……之语，疑古筮书以一字断卦义者多言之。"按《左传·闵公元年》："毕万筮仕于晋，遇《屯》☳之《屯》☳。辛廖占之曰：吉。《屯》固《比》入，吉孰大焉。其必蕃昌。"《正义》："《屯》险难，所以为坚固；《比》亲密，所以得入。"这里就用一个固字释《屯》卦，一个入字释《比》卦，说明这样简单的解释是有来历的。

《国民阅读经典》（平装）书目

元曲三百首　吕玉华评注

诗词格律　王力著

经典常谈　朱自清著

毛泽东诗词欣赏（插图典藏本）　周振甫著

三国史话　吕思勉著

中国史纲　张荫麟著

中国近百年政治史　李剑农著

中国近代史　蒋廷黻著

乡土中国（插图本）　费孝通著

朝花夕拾（典藏对照本）　鲁迅原著　周作人解说　止庵编订

中国哲学史大纲　胡适著

中国哲学简史　冯友兰著

东西文化及其哲学　梁漱溟著

世界美术名作二十讲　傅雷著

谈修养　朱光潜著

谈美书简　给青年的十二封信　朱光潜著

查拉图斯特拉如是说　〔德〕尼采著　黄敬甫、李柳明译

蒙田随笔　〔法〕蒙田著　马振聘译

宽容　〔美〕房龙著　刘成勇译

希腊神话　〔俄〕尼·库恩著　荣洁、赵为译

物种起源 〔英〕达尔文著 谢蕴贞译

圣经的故事 〔美〕房龙著 张稷译

人类群星闪耀时 〔奥地利〕茨威格著 梁锡江、段小梅译

梦的解析 〔奥地利〕弗洛伊德著 高申春译 车文博审订

菊与刀 〔美〕鲁思·本尼迪克特著 胡新梅译

沉思录 〔古罗马〕马可·奥勒留著 何怀宏译

理想国 〔古希腊〕柏拉图著 刘国伟译

国富论 〔英〕亚当·斯密著 谢祖钧译

名人传（新译新注彩插本） 〔法〕罗曼·罗兰著 孙凯译

拿破仑传 〔德〕埃米尔·路德维希著 梁锡江、石见穿、龚艳译

君主论 〔意〕马基雅维利著 吕健忠译

新月集 飞鸟集 〔印度〕泰戈尔著 郑振铎译

论美国的民主 〔法〕托克维尔著 周明圣译

旧制度与大革命 〔法〕托克维尔著 高望译